如何利用现有条件快速增加收入

INSTANT INCOME

Strategies That Bring in the Cash for Small Businesses, Innovative Employees, and Occasional Entrepreneurs

[美] 珍妮特·斯威策（Janet Switzer）著　张静 译

東方出版社

图书在版编目（CIP）数据

快钱——如何利用现有条件快速增加收入/［美］珍妮特·斯威策 著．张静 译．
—北京：东方出版社，2009.3
ISBN 978-7-5060-3464-7

Ⅰ．快…　Ⅱ．①斯…　②张…　Ⅲ．私人投资－通俗读物　Ⅳ．F830.59-49

中国版本图书馆 CIP 数据核字（2009）第 035762 号

快钱——如何利用现有条件快速增加收入

作　　者：［美］珍妮特·斯威策
译　　者：张　静
责任编辑：许　可
出　　版：东方出版社
发　　行：东方出版社　东方音像电子出版社
地　　址：北京市东城区朝阳门内大街 166 号
邮政编码：100706
印　　刷：北京智力达印刷有限公司
版　　次：2009 年 3 月第 1 版
印　　次：2009 年 3 月第 1 次印刷
开　　本：710 毫米×1000 毫米　1/16
印　　张：17.75
字　　数：250 千字
书　　号：ISBN 978-7-5060-3464-7
定　　价：39.00 元
发行电话：（010）65257256　65245857　65276861
团购电话：（010）65273937

如有印装质量问题，请拨打电话：（010）65266204

前言

据估算，在这个国家，每四分钟就有一个人成为百万富翁。你的目标应该是成为其中的一员。

——博恩·崔西，《财富之路》等40余本畅销书的作者

赚钱很容易。无论你做的是小本生意，还是为别人的小本生意打工，抑或只是在业余时间挣点钱。做一个我所说的“业余老板”，这种能够立即增加个人收入的方法和资源唾手可得。我为什么这么肯定呢？因为在过去20年中，我几乎每天都在为个人和小本生意创造即时收入。即时收入并不是一个夸张的说法。事实上，有一整套策略体系可以帮你赚钱，它们可以为你以后挣更多的钱打下基础。

而这本书讲的就是这套策略体系。

本书讲述精确的营销技巧、广告宣传活动、合资战略、交易决策方法、推销手法以及其他20年经久不衰的致富法则的完美结合。

它将教你如何措辞、打电话、写信、出价，也将教你如何使用文字材料、发电子邮件、网上下载，还有很多最终会给你带来即时收入的需要你一步步完成的任务和学习的技巧。

这本书讲的并不是有助于制造财富的思维模式、积极的想法、吸引人的理论以及其他创造财富的概念，因为这些方面无数作者已经写过，并且他们有自己的一套完整系统。

我写本书的真正目的是教你学会如何直接赚钱。

实际上，很长时间以来创造财富一直是我的工作。

我曾经默默无闻地运用设计广告、写信件、文字材料、回馈等一系列营销手段为世界知名企业服务，将奇思妙想转化为可观收入。日复一日，我的工作为这些传奇企业创造财富，保证它们的正常运转。

同时，我也帮助过普通人。他们有自己的工作，但是需要额外的即时收

入。我曾经帮助过家庭主妇、兼职珠宝设计师、公司经理，甚至还有需要额外收入的牧羊人。你不仅会遇到一些业余生意人，同时也能像他们一样，学会在保证自己的正常工作收入的同时，找到很多赚钱的方法，追求更多的生活热情。

但是我遇到过的最有趣的人也许是那些搭老板顺风车、在老板的生意中发现赚钱机会的人。应用巧妙的营销和精明的商业策略，他们在老板的生意范围内创造了新的强大利润中心，然后在拿到正常工资的同时分享丰厚的额外收入。我们把这些人叫做“内部企业家”。因为我自己也曾经走过这条道路，这部分内容在本书占了相当一部分篇幅，它将帮你找到一条既能稳定现有工作又能大幅度增加个人收入的途径。

以上所有情况，无论你有自己的小生意，还是为别人工作或是业余生意人，你都会发现：只要找到适合自己的策略，赚钱比你想象得要容易很多。

而且，只要你知道从哪里得到需要的信息，即使你不是职业生涯策划师也可以办到。

本书第一部分介绍小规模商业活动中暗藏可观的额外收入的7个主要领域：现有客户、合作关系、广告宣传、规划和抢占市场、营销手段、互联网活动以及被忽视的资产。我不仅详述了应该在这7个领域里寻找什么，而且教你开始快速挖掘这些潜在财富的必要实用知识。

什么叫做“实用知识”呢？

比如，很多陷入财务困境的企业和个人希望别人给他们带来即时收入。如果你属于这种情况，第二章正合你胃口。这一章讨论了合作关系，并指明未来可能给你带来客户和资金的三种不同类型的合作伙伴。

当然，你需要告诉这些潜在伙伴他们为什么要帮助你，因此我进一步提供了用来赢得与他们合作的机会的真实文字材料。一旦你们达成一致，你可以用我提供的完全指南计算和协商你和合作伙伴的利润分配。

有了这样一两个合作生意，即时收入就容易了。事实上，这时候需要的只是几个已经证明有效的策略，用这些策略向合作伙伴的客户推销你的产品和服务。

哪里可以找到这些确实有效的策略呢？

按照本书说的做，当然，要一步一步做。

当你读完第一部分的全部7个章节后，在整合现金流方面你会比其他大部分管理者懂得更多。你会知道怎样写广告、怎样把它登报并很快就能接到订单电话。

你将学会怎样和几年没有生意往来的客户恢复联系——快速得到成千上万的财富。

你将知道如何找到自己生意中被忽视的资产——库存积压、信用客户、剩余的服务能力等等。只要利用我提出的策略，这些资源都可以被转化为现金。

你不仅会收获如何在这7个主要领域创造财富的实用知识，而且利用35个容易操作的策略可以快速创造你想要的财富。

如果在开始实际操作之前你需要一个详尽的引导图，本书第二部分会带你走入即时收入的账目审核，帮助你按照优先级制定策略清单。你只需要简单地回答问题，用账目审核表计算收益，接着给你的回答排序，然后就可以使用那些策略开始最大限度地创造即时收入。（如果你想用我们的在线账目审核工具帮你计算收益，并制定包括任务清单在内的全面书面计划，请登录www. InstantIncome. com/audit. html.）

如果你为别人工作呢？

那么就准备马上收钱吧。事实就是这样的，经营小型企业对于你的雇主来说不容易，很耗费时间，并且伴随着压力，有时候甚至让人感到情绪低落。但是，想想当你仅仅利用早上刚制定好的即时收入书面计划，以企业现成的活动和资产为基础，就为他的企业带来额外收入，使他的生活变得轻松，他会作何反应呢？如果你做的是一项具体工作，想想你们会讨论一个更新、负责范围更广的角色（带来更多收益的角色），利用被证明的即时收入策略带来的额外收益。

第三部分教你如何做到以上这些。

第四部分是写给业余创业者的，即那些想保证一份稳定收入、但又想在一年中有几次能挣成千上万额外美金的雇员。

无论你正处于什么阶段，即时收入系统都可以帮助你。

正如我前面所述，你用不着成为一个职业生涯策划师就可以办到这些。

过去的很多年中，我与刚创业的企业主和有过几年营销培训经验的企业主都共事过。策略不看人，无论你是谁，你都能自信地掌握它们。

你不需要正式培训，实际上，当我回想自己这个“致富专家”的职业生涯时，还是有点不理解我会从事这个我并没有接受过正式培训的行业。

像很多人的经历一样，我上了大学，在大学做过兼职，大学毕业后，干了和专业没有关系的工作。

这些都毫无关系。

我所学的是国际关系、经济学和国际法。我在暑假的时候为美国国会议员工作过，在州议会大厦做过实习记者，梦想过进入外事服务部工作。

虽然我英语很好，但是法语却不行，没有通过外事服务部的考试，因此我成为下一个美国未来女大使的梦想破灭了。

一个21岁的年轻人能做些什么呢？

在被北约录用之前，为了打发时间，我申请了一家小型地区银行的初级支票分类员的职位。你可以想象当我被领进银行总裁办公室并得知我获得市场部经理的职位时，我有多么惊讶。

我惊呆了。

我没有任何市场背景。

但是不久我便看到了曙光，我有更宝贵的素质：我知道人们想听什么样的话。通过参加政治竞选、做记者、从事公共关系工作，我了解人们会对哪些类型的话做出反应，它们又会对哪些类型的话立刻做出反应。

我灵光一闪，只要我把这些知识与怎样运用策略、怎样设计营销方法等信息结合起来，或许能为我的老板赚钱。

事实上这奏效了。

我的第一封市场开发调研信的回复率高达26%，还获得贷款助理的赏识，因为他不用再自己寻找客户了。尽管打印机色带会经常歪斜，邮件中大多数字母都有歪斜，但是它们把跟我们银行业务中可以享受的所有好处的信息都传达给了收信人。

我认识到话语的内容总是比传达的形式重要得多，这是我永远也不会忘记的一堂课，在本书中我会进一步讲到它。

之后，我又作为市场经理进入了软件商业领域，负责一种在美国热卖、运行在苹果计算机平台上的税收筹划软件——MacInTax。我的那套方案又奏效了，我给我们的8万个注册用户发送了升级通知，然后就看着资金一点点涌入了。

不久之后，我被一家小型出版研究公司聘用，负责市场宣传和新书出版。3年间，我帮助公司从最初的7个资格领域扩展到320多项特殊报道、家庭学习课程、音频节目和视频培训。

在那里的第四年，我得到一份专门负责这些出版物市场的工作，被授权利用所有我引进的资源。我马上写了一份28页的目录，跟行业外一家执行中心合作，发展了一批全国性的电话销售员。我的收入几乎因此翻倍，甚至从一次促销中就净收2万美元。那时候我29岁。

当我明确意识到从替别人赚钱的工作中自己赚钱是个合算的买卖时，我开始拓展自己的事业和客户，成为一个勤奋的顾问。

《心灵鸡汤》的合著者杰克·坎菲尔德（Jack Canfield）与马克·维克多·汉森（Mark Victor Hansen）是我的第一个客户，12年后在我写这些文字时他们仍然是我的客户。

仅6小时内，我为杰克·坎菲尔德执行的第一个策略就带来了3.1万美元，第二个策略则在6周内带来了10.5万美元。

从此，我为其他无数人重复这两个相同策略。

换而言之，你不需要杰克·坎菲尔德或《心灵鸡汤》也能得到即时收入。你只要知道这些策略并执行它们即可。

开头的时候我已提到，你手头上已经拥有所有专门技能和资源快速增加个人收入。只要在生意上、工作上或副业上稍做调整，你就会看到现金流以及事业前景的显著变化。

但是我要提醒你：即时收入并不意味着你可以不付出任何努力就让金钱像变魔术似的流入你的账号，致富需要行动和现实的策略。

我非常高兴带你踏上这次旅程。

——珍妮特·斯威策

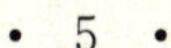

本书的阅读方法

无论你拥有一家小型企业或只供职于某家小型企业，无论你是否拥有一个家庭企业或只是刚打算开一家，不可否认你正处于人类历史上最躁动的“全民皆商”时期。每一天都有许多新鲜的赚钱点子从人们的脑子里跳出来变成现实，有数百万的小老板借助着比比皆是的资源、技术和服务将他们的生意维持下去。估计在未来数年里还可能有数百万人加入他们。

世界各地，尤其在拉丁美洲、亚洲、澳大利亚，企业家精神正在蓬勃发展。女性开创小型企业的步伐也越迈越快，特别是在美国，由女性开创的企业是男性的2倍多（根据国家协会对自主创业人员的调查），这其中也包括占全美小型企业市场53%份额的家庭企业（根据美国小企业管理局的小型企业经济报告）。与其坐等东风，不如抢占先机。不夸张地说，无论你供职于某家小型企业或盘算着开自己的公司，无论你是兼职还是全职，没有哪个时期比现在更适合做生意。

现金为王

如果运作合理，你的小型企业能够使你享受令人兴奋的生活方式，实现梦想。然而事实往往很残酷，运作一家小型企业需要大量现金。实际上，现金流是所有企业的生命源泉。只有你的存款账户上保有现金，你的生意才能免去倒闭的厄运。

你自己的那份薪水、工资等账单的支出仅仅是小企业现金流的很小一部分，现金流更重要的角色是为新的营销活动集资、开展新产品的研发、为处理重复任务而设的外部服务买单或者只是使生意更加人性化。

一些企业主每天都在考虑一个问题，现金从哪来？对大多数人（尤其是微型企业主和个体企业主）而言，寻求外部的资金来源难于上青天，经常只能求助于信用卡这唯一可用的信用额度筹措启动或发展业务的资金。

但是也许你还有其他解决方法，更简单且不带任何附加条件。

也许你可以在启动业务或制定扩充计划时了解清楚一些适当的策略和体制，从而使这些策略从第一天起就可以创造现金——有的甚至在你开展业务或启动新产品线之前就可以。

本书介绍了这些策略，即时收入策略不仅对平衡你已经开展的商业活动意义重大，而且在筹措现金以率先启动你的业务方面也表现得尤为出色。

如果你受雇于他人的小型企业，当我详述策略或好像只是在说给企业主听时，请不要大失所望。换句话说，不要因为你可能想当然地认与己无关而忽略某个策略，本书的内容我同样也说给雇员和业余创业者听。

在本书中你将学到的内容

如果你已经开展了一段时间的业务，本书将帮你找到隐藏在那些独特的、往往由企业逐渐积累起来的资产背后的现金。这些就是“资产负债表之外”的资产，例如你的客户列表、你的行业关系、你的广告活动、你的销售文字材料，还有你的企业网站。

如果你拥有自己的企业，第一部分“赚钱的策略”将在帮助你平衡已经从事的商业活动的同时，帮助你在令人振奋的新领域里开发出利润流。借助35种不同的策略，第一部分将通过提供有助于在银行账户里积累现金的实际步骤，帮助你有条不紊地改善业务中的现金流。第二部分“即时收入收益审计”将帮助你通过精确计算各种策略的实际产出决定35种策略中哪个应该首先执行。

如果你是一个小型企业的企业主，第一部分和第二部分会对你有所帮助。

雇员也能带来更多现金

如果你是一家小型企业的雇员，那么现金对你而言更加重要，因为不仅你的收入回报依赖于你的雇主赚取现金的能力，而且你还能做很多事帮助你的雇主增加企业的现金流——而你个人也可以从这些额外收入中获益。

在第三部分“和老板一起做生意”中，我向读者提供了能够找出隐藏在雇主业务背后的现金的实际步骤，这样你可以遵循一整套完整的计划，你甚至可以要求你的老板给你提薪，因为你创造了更大的价值，多劳多得。你可以借助即时收入审计找到企业业务利润的新增长点，还可以学到如何与你的雇主沟通、如何阐述你的创意、如何谈判提薪以及如何负责实现你的首要策略。

业余创业者获利的机会更多

如果你只想每年在做好自己本职之外小赚几笔、捞点额外收入，那么第四部分“成为业余创业者”将告诉你如何应用即时收入策略使你的赚钱计划以最小的代价和短期的义务发挥最大效益。

第四部分还告诉你如何根据你的赚钱计划从本书所讲的35种策略中挑选出最合适的即时收入策略。一旦你制定好自己的赚钱计划，通过阅读这些策略，借助策略审计，你就可以确定你的首要执行策略。

无论你处于何种情况，无论你是雇主、雇员还是业余创业者，本书都能使你受益匪浅，你可以在第二部分指导创建的计划基础上逐个实施这些策略。

一旦你掌握了这些创造即时收入的策略，你就可以将它们整合在一个持续发展的企业里——无论是你的还是你雇主的，使即时收入成为持续性的资金来源。

第五部分将告诉你如何从长远角度上使你的即时收入行为实现最大效益。

后面还有更多精彩内容

前7章关于即时收入策略可能使你迷惑，但千万不要半途而废，因为在第三部分、第四部分和第五部分中你将了解到35种策略的更多实用知识。我敢保证：本书的最后三个部分绝对值得你花费时间仔细阅读。

你从最后的三个部分中能学到什么呢？

你将了解如何从你现有的职业中谋求更高的薪酬、如何使你在自己的企业中挣得更多、如何从容地开展营销活动、如何制定实施日程表、如何通过谈判解决赔偿问题、如何使别人帮助你赚钱、如何减少经营业务里的“障碍因素”。你还能学到如何将各种策略整合到你的小型企业的营利机制中。

成为一个即时收入企业家，你的锦绣前程即将开始。让我们拭目以待吧！

目录
contents

目录

第三部分　和老板一起做生意

第四部分　成为业余创业者

第五部分　将即时收入变成终生财富

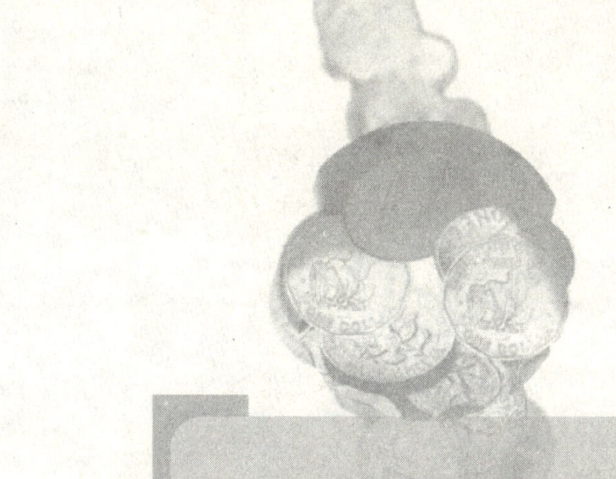

第一部分

赚钱的策略

第一章
让顾客支付更多的钱

你的小型企业是宝贵的资产，它赋予你利用产品或服务赚钱的能力，它使你从忠实顾客那里得到连续的现金流，它让你能做宣传、打广告、发电子邮件吸引有迫切需求的顾客。

如果你的财务状况糟糕，它也会是你一夜之间赚钱的最好机会。

事实上，几乎所有像你的企业一样的小型企业只要稍微调整策略，都能轻易地在日常活动中创造数以万计（甚至数以百万计）的即时收入。

每天有像你的企业一样的成千上万小型的企业错过了从现有生意中赚钱的机会，只是因为他们没有充分开发企业现有的商业资产、市场资产和关系资产。

为了达到现在的地位，你已经投入了很多时间、努力和金钱。为了创业，你投入自己的金钱、雇人、建立外购关系，你花时间和金钱研发产品或服务；日复一日地投入更多时间和金钱宣传、销售和配送。

同时，你也在不知不觉中创造了市场资产，这些资产不一定会显示在财产清单或资产负债表上，它们包括你的客户名单、供应商关系、广告安排、网站、核心雇员所掌握的有关部门知识、销售人员的推销手段等等。

在第一部分的 7 个章节中，我们将一起快速把这些非常规资产转变成即时收入。

我将教你需要知道的一些基础，涉及可以创造资金的 7 个领域——合作、广告、规划、销售等等。在每一个基础指南里我都将给出适合个人、容易操作的产生现金的策略。换而言之，你不仅会收获思考方法和专业技能，同时可以在处理实际问题时“学以致用”，使你独有的商业资产转变成即时收入。我们将从最容易被人们忽视的资产开始。

你取得即时收入的最直接资源

这些年来我为无数公司担任过顾问，最令我惊讶的莫过于大部分公司的管理者不懂得开发他们最宝贵和最可依赖的资产——他们的顾客名单。事实上，更令人惊讶的是很多公司在和顾客做成第一笔生意后就再也没试图向他们卖过别的东西。

这个事实尤为让人惊诧，因为企业主普遍会花费几万甚至几十万美元在商业关系中。

事实上，你的数据库中的顾客是你生意中能创造即时收入的最丰富资源。向现有的和过去的顾客出售商品比出售给大街上的新顾客更容易，而且利润更高，因为你省去了先要赢得这些顾客的成本。

顾客具有终生价值

如今，获得一个新顾客的成本巨大，市场成本、广告成本、建立新账户的成本，甚至要加上你熟悉新顾客业务所花费的时间成本，这些都要算在成本里——不管是以金钱形式还是以能够创造收入的时间形式。

但好消息是你可以预算好自己应该和能够花费在获得新顾客方面的成本。

怎样预算呢？

计算每个顾客的终生价值。

顾客的终生价值是这位顾客惠顾你的生意时的所有花费。当你知道一个顾客的终生价值时，你就能计算要赢得他可以投入多少成本，并且此后的时间里仍然可以从他那里赢利。

你不妨看一下自己的顾客名单，然后平均计算一下每个顾客终生会在你的生意上花费多少。顾客只购买一次你的产品或服务吗？还是他们会每周光顾一次？他们会更新年度合约吗？他们只为孩子买，而且只在孩子上中学的时候购买吗？无论他们的购买情况如何，统计并计算顾客的平均终生购买力。

下一步，计算你从这些生意中获得的利润。

然后，确定你愿意花费这些利润的百分之几获取这个顾客。

例如，你拥有一家草坪护理公司，你或许可以计算顾客与你的平均交易年限和每个顾客支付的月平均费用。假定一个顾客的终生价值是 3 年里每月 40 美元，总计 1 440 美元，其中你的利润是 1 080 美元。有超过 1 000 美元的利润，你知道如何有价值地使用 100 美元（或更多）获取这个顾客吗？

当你为自己的企业（或老板的）算这笔账时，你会发现顾客是多么有价值的资产，值得你精打细算地确定你可以投入多少成本赢得新顾客。我总结了一个公式：

顾客的平均终生购买力－卖出产品或提供服务的成本＝总利润

当然，确定顾客的终生价值不仅能让你知道你可以多快扩充你的顾客名单（在你预期花费的基础之上），还能促使你用尽一切办法增加他们的终生价值。

与顾客经常性的定期交流是增加终生价值的关键。

当顾客始终与你和你的业务有接触时，当他们觉得有理由、有愿望和你做生意时，当你提供的产品或服务始终和他们的生活保持联系时，他对你来说的终生价值会增加。众多企业主在保持交流方面存在缺陷，他们的老顾客不知道他们的企业现在在做什么，也不知道顾客可以从他们的企业获得什么。

你知道你的顾客是谁吗

要从老顾客身上创造即时收入需要从哪方面做起呢？查看你的顾客数据库，确定你有每一个现有顾客及曾有顾客的姓名和联系方式，还有他们的购买记录。（如果你没有数据库，买任意一个数据库软件，开始从信用卡、复印件、送货单上寻找名字输入进去。）例如，你有如下信息吗？

- 所有现有顾客
- 所有曾有顾客
- 姓名和地址
- 电话号码
- 电子邮件地址
- 购买历史记录
- 第一次联系的原因
- 每个顾客回应过的广告/宣传

如果你还没开始收集顾客的姓名，现在就开始吧。这里所用到的策略几乎不需要支出任何费用。

收集姓名并利用它们进行快速无成本销售的最快方式是获取顾客的电子邮件地址——在他们购买时或他们来电时，然后就在当天给他们发送事先写好的电子邮件，提供产品或服务清单。

你可以提供一种价格合适的特殊产品或提供对他们的企业有用的独特信息，也可以再加上一份合作邀请。如果你的顾客是消费者，邀请他们以优惠价格购买你一年的服务。

你还可以授权制作一本电子书，记录顾客在你这里买过的产品或者怎样更好使用这些产品。这样快速高效的信息传递和产品推介不仅受顾客欢迎，而且使你显得更专业，同时使顾客随时知晓你、你的公司和你提供的优惠。

当然，还有很多其他方法“贿赂”你的顾客，让他们留下联系方式以便建设你的数据库。

提供无配送成本的免费产品或服务

我曾经为一个教育网站开发过数据库建设程序，这个网站每年有几百万的访问量，但是却很少有人留下电子邮件地址。我建议该公司开发一个新产品——“测试试用版”程序，通过这个程序，有学龄儿童的家庭可以注册成为参与试用的家庭并在产品未进入市场前免费使用他们的教育产品。产品提供商很乐意提前获得产品反馈，网站管理者也可以免费协调产品分配，同时这些家庭很高兴能只提供电子邮件地址和教育需求信息就免费使用产品。

在另一个案例中，一家特制工具产品店给模型商店供货，然后商店再把这些工具出售给消费者。这家工具店老板每月给模型商店一份盒带，录有各种商业专家的营销建议以帮助他们的工具零售。那时候每个盒带的成本是 75 美分，而现在同样的音频资料可以以 MP3 或 WAV 文件形式零成本地发送到顾客的电子邮箱里。（你可以仿效这项音频策略，访问 www. instantincome. com/freeB-to-B. html，下载即时收入免费音频文件，将已录制好的样品节目发送给你的商业顾客。）

你可以提供哪些价值含量高、不打折的、可以低成本配送，无需花费太多时间的免费产品呢？以下问题可以帮你找到答案：

- 你的典型顾客的最大问题或机会是什么？
- 你能为顾客解决这个问题或利用这次机会提供哪些帮助？
- 你从哪里可以找到这些信息、服务以及其他免费或低成本赠品？
- 怎样轻松地让你的顾客知道如果他们留下联系方式你就会提供这些东西？

将数据收集转化为即时利润中心

比赛或有奖节目也是收集顾客联系信息的好方法，尤其适合零售场所，因为零售场所一般没有理由询问顾客的姓名、地址、电话和电子邮件地址。

虽然只有少数人会在比赛中获奖，你仍然可以把比赛变成即时利润中心：给每个没有获奖的人提供产品或服务信息。利用顾客的个人“愿望清单”，针对他们写下的产品、型号或愿望通过电子邮件提供产品或服务清单，告诉顾客很遗憾他们没有获奖，但是你准备了安慰奖——只要他们在接下来的 7 天内购买你的产品或服务，即可享受打折优惠。

告诉顾客这是必需的

最容易收集电子邮件地址的一种方法（对任何人来说都最节约成本）就是直接告诉顾客这是必需的。如果你是接受信用卡付款的零售商或服务公司，告诉你的店员让顾客在付款签名的时候留下电子邮件地址。

即使特定专业的人员也可以用这项技巧。最近我去看医生，收到一张患者更新信息表，表上有电子邮件地址一项。我问："为什么医生需要知道我的电子邮件地址？"回答是："这是必需的。"

虽然这听起来有点霸道，但你会吃惊地发现大部分顾客从来不会问你为什么需要这些信息——他们单纯地认为这是必要和必需的。当然，我从不建议给任何人发垃圾邮件，并且你要坚持做到从系统里删除要求退订邮件的顾客。但是，大体上如果你与顾客有合法商业关系，你就可以给他们发日常商业信息。请查看现行有关垃圾邮件的规定，以确定有关事项。

为了了解自己的生意，怎样才能全面收集每个跟你打过交道的顾客的姓名和联系方式？你所能给出的理由又有哪些？

如果你拥有一家国际性网络公司或者一家没有实体店的虚拟公司或顾问公司，怎样做才能吸引和招徕顾客？提供一份免费时事通讯、免费报道、免费音频文件或其他赠品？

开始把你的顾客转化为即时收入

一旦你知道谁是你的顾客，把他们变成即时收入来源的时机就到了。当然，如果你的数据库里已经有了他们的名字或者你的零售店或订货处正在营业，几分钟之后你就可以收钱了。

怎样赚钱呢？

需要用到顾客策略一"记录顾客购买模式，致电以获得再次订购"。紧接着还有四项有力策略帮助你从顾客交易中获利。像本书中的所有策略一样，这些策略有详尽介绍，带你一步步实行。

但是不要只限于阅读关于顾客的这章内容，通读第一部分的七个章节的内容，消化全部35个被验证过的策略，你不仅会看到这些策略应用在你的企业中，同时你还能列出可操作的策略清单。

顾客策略一

记录顾客购买模式，致电以获得再次订购

通过索引卡记录顾客购买历史，我得以在合适的时间致电顾客并即刻卖出成百上千美元的附加产品。我的顾客甚至感谢我打电话提醒他们。

——珍妮弗·施瓦布尔，哈维斯特羔羊肉公司董事长

和我共事过的最有趣的一个企业家是为本地个人购买者、餐厅厨师和酒宴承办商提供优质春季冻羔羊肉的羊肉经销商，她是个家庭主妇，为顾客提供了独一无二的服务，她亲自挑选一家专业屠宰店，与其合作承包了所有的工序：加工、切片和包装。她甚至把仔细包装好的碎肉和烤肉送到购买者家门口。

假期时，她给购买者提供精心准备的美食篮，内有她编写的烹调书、飘香的调味料和酱汁、蒜瓣，还有一本特别的小册子告诉顾客为什么她的美味羔羊肉比任何小店、肉类市场甚至最好的餐馆卖的都好吃。

她不断教授顾客怎样简简单单地在每天的饮食中做好每一片羊肉，而不是把羔羊肉仅仅看作特殊场合才吃的肉。

除提供这些服务以外，她还仔细记录每位顾客的喜好：比如羊肉怎样切、怎样包、切多厚、每包装有多少片、顾客想要烤腿肉还是炸肉排、顾客一般会买多大的羊、买肉的频率以及其他帮助她提供最佳服务的信息。

她的公司的运作是以顾客为导向的、可以被搬上教科书的出色经营。

毫不奇怪，她的优质冻肉几乎可以卖到现价的3倍，比其他肥羊生产和经销商赢利更多。

她唯一的问题是：每年春季和秋季，她要等待购买者的订货电话。经常会出现购买者打电话订货时，他们想要的货已经卖完的情况，或是在淡季（比如节日之后，没有人会想起开宴会）会剩下许多肉没有卖掉。

为了帮她将这个问题产生的影响最小化并及时卖出羊肉，我建议她以电话或明信片的方式联系以前的买家，提醒他们还有他们以前买过的羊肉类型并提出可以提供的加工服务。在买家做出反馈后，做好一切供货准备。

因为她详细记录过购买者的订购的频率，当她知道他们也许需要羊肉的时候，她只需回顾一下记录，发通知（或者打电话）给他们。一张简单明信片发送给一年以上没有购买过她的产品的顾客最终演变成宣传单，使她能重新获得这些本以为永远失去的顾客。

这个简单策略的收获是什么？她开始提前几个月接收订单，最终建立起一个等待供货的顾客清单。

换而言之，人们为了购买她的羊肉要等上数月。现在，谁不想有这样的生意？

应用被验证过的理念

这项策略成功的关键是通过软件保留联系信息，方便检索，提醒你保持与顾客的联系，帮助你记录结果。

如果你出售的是易消耗的产品，一定要建立一个有提醒功能的通信管理程序，督促你在顾客需要补货的时候致电给他们。实际上，保留记录绝对必要，因为许多顾客想知道他们上次购买了什么，作为这次购买的参考。

回顾购买历史，致电顾客以获得再次订购。不要等顾客联系你！事实上，这种服务方式会使你领先于行业竞争者。

如果你是一个顾问或特定专业从业者，不从事易消耗产品的销售或服务，这项策略也适用。

例如，广告代理和美术设计公司可以在客户写年度报告前的数月致电给客户；技术顾问公司可以在主要软件升级之前给客户打电话；专业美容师可以提前两周打电话给定期做欧式面部按摩的顾客。你只要观察客户的购买模式，在晚上打几个电话就可以做到这些。

实际上，每个公司和业余创业者都能用“电话提醒”的策略立刻增加利润。很多公司经常用到这种提醒电话，比如：

- 知道每个顾客衣服的尺寸和颜色喜好的专业服装店在新衣上架时可以给顾客打电话；
- 为顾客住房的一小部分搞过装修的室内装修公司能打电话告诉顾客适合他们房间现有色调的新材料已到货；
- 艺术品经销商、古董经纪人、私营店主用这项策略建立起了整个生意系统；

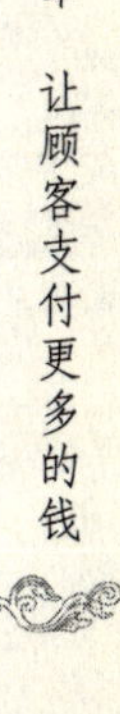

•职业学校和培训中心打电话通知学生他应选修的某一特定领域的新课程开课了。

提醒电话或通知的措辞

任何电话中，你都要确定：(1) 你能轻松友好地传达信息；(2) 你在提供服务时不要显得过于热心和具有侵略性；(3) 与顾客约定要他们来看新产品、订更多的货、参加调查顾客需求的会议或者同意给顾客发送含有商品介绍、照片或其他打印信息的邮件。

看一下我建议那位羊肉经销商的措辞和明信片内容：

哈维斯特羔羊肉公司

最近，我们注意到：您曾享用过我们可口的绿色肉制品，但您没有再次订货。

现在我们有您先前购买过的同样的春季羔羊肉，并提供各种切片和包装服务，几天内就可以把鲜嫩的家养可口羔羊肉送货上门。

请允许我们以您先前的规格为您提供储备，几天后我们会打电话确认您的订单。若您想提前联系我们，请致电（×××）×××-××××。

忠诚的

珍妮弗·施瓦布尔

美味羔羊肉电话材料

你好，我是珍妮弗·施瓦布尔。请问（顾客姓名）在吗？

你好，（顾客姓名）。我是珍妮弗·施瓦布尔。我打电话给你是因为又到了储备羊肉的季节。我们现有一批非常好的羔羊，并且我看过您的购买历史记录。

我有一些羔羊恰恰是您需要的重量，我能再为您订一只那样大小的羊吗？或者您想要大一点还是小一点的？

(续)

(如果回答是"好，给我订一只。")

好的，太好了。我们会立即处理您的订单，然后电话通知您何时送达。您总共需要支付________美金。我明天过去取支票可以吗？太好了。

过去您对切片的要求是________，需要改动这些要求或包装方式吗？

(如果回答是"不用了，我冷库里还有羊肉。")

我还有更小一点的羔羊会在四个月后上市，需要为您留一只吗？四个月后我会打电话确认配送事宜。

看到记录现有顾客的购买历史并追踪他们能怎样为你创造即时收入了吧？不仅如此，它还能帮助你更好地管理现金流，预测生产需求和工作量。它非常有用。

顾客策略二

在顾客购买时追加销售

我发现赚顾客的钱的最好时机是在他刚购买过你的商品之后。看似没有逻辑，但是确实如此，因为此时他们的购买欲正强。

——戴维·多伊奇，顶级广告撰稿人，市场顾问，著有《封闭思考》

每当我举行快速致富一日研讨会的时候，成百上千与会的小企业管理者通常都在第一次休息时就打电话给店铺或办公室，传达简短的文字材料给职员，让他们执行最直接有效的计策创造即时收入，增加现金流。

我们把这个有力的简短策略叫做追加销售。

简单地说，追加销售就是在顾客完成购买前追加出售额外的产品或服务。这意味着卖出更多的产品、附加服务、升级包装、更好的样品和不同选择。

当你提供顾客需要的更好版本、附件或附加服务使顾客更充分地享用他们购买的产品或服务时，你不仅在为自己增加收入，同时也使顾客更愉快地享受他们的购买过程。

想一想，你有没有买过一种产品或服务后发现由于没买附件而给你的使用带来不便？你是否希望推销员或店员跟你提起你的新便携式计算机所需要的新版软件或者你的新运动型多功能车所需的预装踏板？

最近，我走进本地的一家电子商店想购买数码相机，店员向我介绍了所有相关附件——给我带来最佳体验所需的重要附件。它们包括 149 美元的内存卡、89 美元的照片打印机、27 美元的文件袋、18 美元的皮革相机包，还有 38 美元的延长保修卡。结果我花了 480 美元，拥有了一架崭新漂亮的价值 159 美元的相机。我想说的是，这个销售员所做的追加销售使我有了更好使用该相机的附件、升级产品和配件。如果他没这么做呢？我会买一架相机，但是无法打印照片，无法拍更多照片，无法在旅行时保护相机，相机坏了也无法修理。

这个销售员做到了追加销售。他让我多掏了 321 美元，而我也因此对所购买的产品更加满意。

当然，追加销售并不只适用于零售商，对于其他情况也适用：

- 报纸或杂志出版商在提供 1 年报刊订阅时通常会建议顾客订阅 2 年或 3 年，甚至会提供附加报道、更新信息邮件和其他可能使顾客延长订阅的服务；
- 专业软件公司在销售软件时会追加销售其他组件，包括培训、技术支持和数据库传输等附加服务；
- 高级服装店和晚礼服店追加销售与服装搭配的珠宝、鞋和手提包。实际上，我常光顾的一家晚礼服店出售礼服、面试西装、珠宝、鞋，甚至特制内衣给美国西部成百上千的庆典佳丽选手。售货员只要在顾客试穿礼服时拿出所有附件，目的是让顾客走出商店时看起来很完美。店主甚至到庆典现场帮助顾客对衣服做最后的调整。

创造即时收入的追加销售

配件和附件

附件很容易销售，尤其是当附件或附加服务能使顾客更好地使用所购买的商品时。你只要简单描述这些附件，介绍它们的用处、为什么它们这么流行等等，最后轻描淡写地提到价格。顾客经常直到他该付钱的时候才会问价钱。

如果你没有产品或服务可以追加销售给顾客，考虑从其他公司取得授权，销售它的产品或服务。详情请看合作策略三“向你的顾客提供他人的产品或服务”。

升级产品或套装

我在做市场调研、培训和其他信息产品的20年中，发现一个奇妙的现象：只要给予选择和鼓励，人们经常会购买你所提供的套装中价格最高的。

你对此感到惊讶吗？毫不奇怪。

事实是我们生活在以消费者为导向的社会里，人们为了解决问题、满足占有欲和享受他们想要的生活方式而进行日常消费。他们通常不满足于凑合的解决办法或不符合标准的产品，他们想要最好的。如果他们能在心里接受价格，通常会付额外的钱买上等套装。

这就是为什么尽管有更便宜、功能同样完美的产品可供选择，价格不菲的汽车、手表、住房等生活奢侈品还会受到追捧。

这里你要学到的是创造一种上等选择——高标价，然后用一种描述方式使你的顾客有理由接受高价格。第三章我们会谈到写广告词的技巧，现在我们只要知道出色的追加商品介绍也很重要就可以了。

其他升级产品和套装包括：

- 更坚固的硬件、上等材料、流行色或高科技外观；
- 高层次人员而不是低层员工提供的服务；
- 个性化、定制的、带镌刻的或对顾客有其他独特之处的产品或服务；
- 配套的一系列产品；
- 两份或三份一起销售的易消耗产品。（事实上，如果你只卖一份产品，提供两份或三份产品的打折销售，你会惊讶于大部分顾客会购买多份的相同产品。）

制造升级版本或套装的关键在于使商品看起来更有价值，然后使用追加销售方式传达更高的价值。

当日特价

几年前，每当我打电话给我的苹果计算机经销商时，销售员都会找到我曾购买产品的目录，然后在结算前追加提供几个当日特价产品，通常是一些新开发的小应用软件、字体集或计算机桌，价格低于49美元。我喜欢买这些

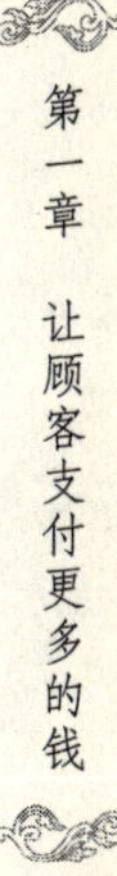

附件，对于一个苹果计算机迷来说，它们就像几分钱的水果糖。事实上，这家公司做得很好，提供特价服务引诱我在结账前考虑购买它们。

在我和侄女最近的一次购物中，她最爱的一家店提供了3个不同的当日特价商品，每个5美元，还被特意突出摆放在收银台周围。当然她找到了自己喜欢的东西，同时小店也从中多获取3～4美元的利润。

“您买面包和牛奶了吗?”

我惊讶地发现很多便利店和迷你超市一般都不问顾客是否需要像面包和牛奶这样的基本主食——尤其是在傍晚顾客下班路过的时候。如果你有一家零售店、外卖店或人们回家路上常去的小店，为什么不问问他们是否需要这些你可以提供的而他们也许忘了买的日常食品呢?

维修和支持合同

也许最容易的追加销售品就是维修合同、技术支持、授权和其他帮助顾客保持他们的购买物价值、避免损失的长期合同——包括时间损失，比如在技术支持方面。

大公司一直提供这种类型的合同，为什么你不试试呢?

如果你的公司规模很小，无法雇用提供长期技术支持和维修服务的人，你可以与很多能履行这些协议的专业外包公司合作。例如，在消费较低的国家，很多网络公司向一些专业“帮助台”外包他们的技术支持和客户服务。

简短的追加销售词

只要在这些不同销售场合写一个简短的追加销售词就可以增加至少20%的收入。虽然成功销售词的诞生过程听起来复杂，但实际上很简单——只要一句陈述加一句问话。

让我们看一些例子：

“女士，这个相机的内存实在有限，所以大多数人会买内存卡，这样就能拍更多照片。我给您介绍一下适合您这款相机的内存卡?”

“多数公司发现他们需要关于新软件的培训课程，所以我们提供这种培训。您需要买软件的同时确定一下培训时间吗?”

“这不是每个人都买得起，实际上，每年价钱都在上涨。但是我们有限量版的艺术家签名作品。需要为您预留一份吗?”

“一般我们会安排初级会计员进行标准账目审核，但是我想您也许打算直接与米尔特·科恩合作，他是我们的资深合伙人。需要我查看他的日程为您安排首次会面吗?”

注意这些追加销售词的模式。销售员假设一种如果没有附加品的潜在受挫情况，然后通过提供附加品解决这个问题，使你避免日后陷入困境。

同时，注意说追加销售词时的语气，应该假设顾客很自然想买这些附加产品，不买会显得不合情理。

所有情况下，撰写追加销售词时，使用有技巧的言辞确定得到顾客允许，比如“给您留着吗”、“您想现在就约时间吗”、“我能把它加到您的订单里吗”? 只要你把附加产品推销出去了，就用追加方式得到了即时收入。

顾客策略三

一次性顾客转化为持续性顾客

作为一个有广博市场背景的按摩疗法医生，我创建了一种每月帮助其他医生增加业务量的市场服务，每人每个月需要支付 1 500 美元。这个连续性项目在 60 天内就开始每月创造 6 万美元的收入。

——莱恩·施瓦茨，专业市场领导有限责任公司创建人

如果你有稳定的顾客群或者你出售的是需要重复购买的易消耗品，通过连续性商业计划你可以很容易创造大笔即时收入。

连续性商业计划提供连续的定期服务、定期发货、个人教育模式或特殊的每月要进行的选择，顾客注册是为了将来一系列的货流。

连续性商业计划不仅配送方便，而且比一次性销售更有利可图。为什么? 因为你不用总是推销或者投入成本招徕新顾客。

你只推销一次，然后就开始从顾客的账户里扣钱直到他要求停止或合同结束为止。

如果顾客对你的产品或服务满意，他们会定期付款给你。实际上，很多有连续性商业计划或长期合约的企业把这些收入作为资产或可预期收入算入资产负债表。

有没有可连续性销售的产品或服务的例子?

营养品、游泳池保养、物业服务、打印、空调保养维修、报纸或期刊订阅、订阅咨询等等。

即使你不出售这些顾客重复购买的产品或服务，你也可以跟其他公司合作提供这些产品或服务。（第二章详谈合作，“让其他人帮你赚钱”。）

连续性商业计划的一般类型

连续性商业计划有两种基本类型：开放式计划和封闭式计划。前者指顾客一直持续购买到要求取消或无法支付，后者指卖方和顾客对购买数量达成协议。

通常每当发货时，卖方通过顾客的信用卡自动扣除费用，偶尔卖方会要求先付清所有费用。

不管你用哪种方式，你要知道中断随时都可能发生。有些顾客会取消购买或停止使用他们定期购买的产品，有多少人会中止购买取决于你的产品、服务、计划、成本和关注顾客的努力。你提供的产品或服务越好，就越能保证顾客一直使用它们，发生中止的情况就会越少。

最容易的连续性计划就是为顾客提供日常需要的产品，对同一个顾客持续定期提供相同服务或定期提供维修保养服务。还有其他一些类型：

- **每月货运。**记录顾客购买习惯，熟知他们的购买频率和数量。然后联系他们提供定期服务避免他们出现缺货情况，也可以提供每月推荐计划发送每月特有的产品。
- **重复性服务。**从健身会员制度到害虫防治，再到定期美容护理，大多数服务都是持续性的。通常这些服务从开始就是持续性的，不能只选择一次。
- **每月递送大批相关产品。**如果你的顾客没有足够的能力一次购买一套贵重的产品或服务，你可以拆分整套产品分期递送给他们。这常被用于教育领域，比如出售相关课程和其他大型家庭学习计划。
- **长期合同。**以时间计费的顾问相比于出售长期顾问合同和发展计划的人而言，损失了大量收入。估算一下要给客户一个结果需要经过多少讨论、多长时间或其他工作，然后根据预期结果出售这个大项目。

连续销售

最成功的连续性销售是在顾客第一次购买的时候，但是你仍然可以对现有顾客提供“更好满足顾客需求的崭新计划”。这里是其他一些有效方式：

• **以长期项目的成果做广告。**如果把顾客的使用心得很好地运用在广告中，通常更具有说服力，顾客会打电话或来访说：“我想买她那样的。”事实上，他们很少问是否可以单独购买某个产品或服务，相反他们会认为要获得广告中的效果需要整套使用。

• **不可单买的产品或服务。**这是一种理想方式，因为它鼓励顾客要达到预期效果最好长期购买产品或服务。当然，为了你的连续性计划，你可以随时添加新产品或服务。你要给顾客提供什么呢（或你能经销别人的什么商品呢）?

• **必要时降低价格。**相比降价销售，我更愿意增添附加好处。但是如果通过长期合同，你真的能节省运输成本，你可以让利给顾客。但是你要在广告中说明，打折是因为大销售量节省了运费，你愿意把这种好处带给顾客。

• **朋友或配偶可免费加入。**与其在连续销售中打折，不如让顾客的朋友或配偶免费加入。考虑到一些商家会遭到50%的顾客退订，所以只要固定成本不会因新顾客的加入而增加，你完全可以在项目中安排新顾客。

顾客策略四

在合同到期前让顾客续订

顾客收到最后一份订货之前就开始续订与合同过期后再续订相比，前者可以帮我们轻松提高10倍销售量。

——加勒特·伍德，声音视界出版社，
《第二观点》、《女性健康》和《健康生活处方》的出版者

你订阅过杂志吗？订阅两个月后是否收到过续订通知？杂志出版商熟知在订阅到期之前让你续订的技巧。

当我在本地银行做市场总监时，我要求账户销售代表把他们每月完成的一个月、半年、一年、两年定期存款顾客名单打印出来，然后把这些记录仔细按月份放在分层文件夹里，以便储蓄到期之前一个月提醒顾客。这样，顾客会感谢账户销售代表的提醒服务，在顾客开始考虑选择其他银行之前，更容易续存或在本行进行其他投资。

当年我们使用的是简单书面记录方法，现在你可以更轻松地使用现代联系管理软件。

为产品或服务添加续订机制

虽然显而易见，但是你会惊讶于众多商家仅仅因为没有续订机制而损失了下一次交易。如果你出售消费者、零售商或商家重复购买的易消耗产品或服务，在每次运输或服务期间安排简单、价格低廉的续订机制是最基本的，尤其当你的顾客群是家庭零售店——不使用复杂网上订购、自动库存监视、没有产品代表进行定期库存检查或其他销售保证手段（或者是你不提供这些服务）。

增加销售量的续订机制

• 也许你出售有包装的产品、挂件样品或零售店每种只进一两件的商品。要快速续订，在使用保养说明书上贴标签写明你公司的电话号码、库存或零部件数量以及上次订货量。当管理者或仓库管理员发现缺货时，你的标签仍在，方便客户续订。

• 在每个货运箱里加一张续订单也是好方法。事实上，你会惊喜地发现马上能收到很多续订单——经常在客户尚存余货时，一定要在续订单上留出给客户签订货运时间的位置。

• 如果你出售大批货给有限的定期续订的客户，花时间在电话里向每个客户的采购经理介绍自己。询问怎样可以提醒他续订、用什么方式更方便联系，每周或每月发送提醒传真、含现行价格的提醒电子邮件、事先打印好的名片和订单表。选定对客户来说便利的方法，坚持下去。

• 如果你提供汽车方面的日常服务，比如加油、细节设计、轮胎服务、发动机调整，提供门贴纸提醒司机跑过一定里程之后回到这里。如果你提供办公室设施，用贴纸提醒职员打电话找你进行定期检修。

• 如果你出售打印表格，在一摞表格用完 2/3 的位置加一张续订单，提醒相关人员续订。如果你提供其他类型的打印材料，把你公司的名称、电话号码、每盒数量、工作或小册子编号、顾客编号或账户姓名、需要再打印的预约时间以及其他有关信息清楚写在每一个盒子上。

• 如果你定期向大型商店或连锁店出售货物，第一次交易时询问如何才能进入他们的自动续订系统。

•根据不同客户，你甚至可以利用自动发货系统实现续订，还可以直接发送更多产品或提前电话确认数量。

•如果你向生产商提供原材料，试着与生产经理、库存经理、采购员沟通，以便成为定期供货商——甚至成为他们库存管理系统的一个环节。这样，在竞争者投标之前，你就收到了续订单。

•如果你提供高端顾问服务，像软件编程、记账或会计服务、电话布线或设计、数据处理、网站开发或其他以顾客为导向的重要服务，提供所有对未来工作有帮助的必要细节和永久的联系信息，例如电话号码、网址、邮寄地址。当然，很多商家把这些信息纳入合同文本，在稳定的存储设备上保留备份文件，大量打印源代码及其他详情。这样，无论发生什么事情（跳槽或公司搬家），即使是几年以后，客户在需要改动、更新、升级或购买其他服务时都能找到你。

无论给客户提供以上哪种续订机制，你都不仅能提高续订速度，还能省去平时打电话或发信的麻烦（也许输给竞争者）。销售每一种商品都要主动，要在客户考虑从别处订购前先联系她。

顾客策略五

立刻激活老顾客

通过激活机制自动化，适时发放精心策划的礼物，坚持多样化的营销方法，我们的顾客活跃性和保持率立刻增长了30%。仅这项策略就带来至少10万美元的额外收入，而这些收入过去都损失掉了。

——克雷特·W·马斯克，跨平台网络通信软件顾问公司总裁

如果你还没尝试激活老顾客或还没查看顾客列表里有多少不活跃顾客，你也许正坐在一座金山上。

老顾客经常不知道他们为什么没继续选用你的产品或服务，他们需要有关曾在你这里愉快购物的提醒，这是一种让他们再次找你购买的驱动力。

怎样做才能激活老顾客？

如果你是零售店店主，不妨联系顾客，向他们介绍一些你不常有、但是

他们也许感兴趣的特殊商品。如果你是服务店店主，可以电话联系老顾客，建议他们用完已订购的服务（如果还有次数），还可以邀请长时间没有享受过服务的老顾客再次加入。顺便说一句，这是提供季度服务或月度服务等持续性服务的理想时机。

如果你是医生，不妨提醒病人每年都要做而他又没做的小检查，用简单的语言向他们解释关注健康的好处和忽视健康的坏处。业务不忙的8月和12月，给老患者提供成套体检优惠。你甚至可以签合同引进专业设备，在两周里集中邀请老患者前来检查。

激活老顾客的其他方法

• 店主亲自致电效果最好。我记起一家广告代理公司，他们雇用新首席执行官，盼望他能带来新业务。但是恰恰相反，新任首席执行官给所有失去往来的老客户打电话，与他们重新保持联系。

• 发一封致歉信。如果顾客和客户有理由停止与你往来，致歉并询问你如何改进以重新获得他们的订单。这种以诚意打动人的方式在商业领域很少见，一句真诚的“对不起”效果极佳。

• 对待顾客时表现出好感。通过信件或电话告知老顾客曾购买过的产品或服务正在特价出售。

• 具体详尽。像我所推荐的方法，如果你建立了顾客数据库，记录了顾客购买历史或“愿望清单”，你会对他们经常买什么一目了然。给他们提供这种商品的特价或把它作为促销套装的一部分，他们会感谢你了解他们的需要并帮他们省钱。

• 邀请老顾客参加店里举办的特别活动。如果你有一家顾问公司或专业性机构，不妨邀请老顾客参加晚间讨论会，探讨大家感兴趣的问题。讨论会结束之前，别忘了推销特别服务，这样你就把这次活动变成了真正创造即时收入的机会。

策划商业活动以激活顾客

如果顾客的购买模式有25％发生变化，你要警惕了，尤其当你出售的是顾客经常购买的易消耗产品或服务时。

怎样做能激活老顾客？回答下列问题策划你的商业激活计划：

• 查看数据库，哪个顾客群停止了与你的往来？

• 这些顾客同你往来时的商业或个人需要是什么？他们买了什么？他们有什么问题？现在还有这些问题吗？

• 你能提供哪些产品或服务立刻满足他们的需求？他们会对哪种推销方式做出回应？

• 你怎样能低成本并且轻易地联系到他们——电话、电子邮件、明信片或信件？

讨好老顾客以恢复生意往来

无论你采取特别赠品、免费顾问服务、一次性费用减免或其他哪种奖励方式，都要让老顾客知道你渴望再为他们提供产品或服务，还要让他们知道你为他们定制了特别的成套产品或服务。这很重要。人们喜欢被承认的感觉，喜欢享受特殊待遇。通过定制特别的成套产品或服务，你可以光明正大地讨好他们，使他们与你恢复生意往来。

你应该发什么样的电子邮件或信件？看下面这个例子。

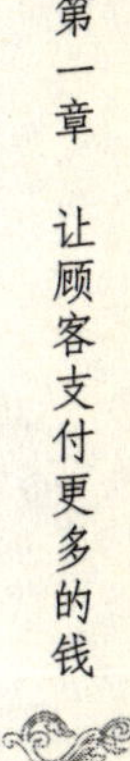

不要放弃——顾客和潜在顾客有不断变化的需求

即使你不能用第一封信激活老顾客，也不要放弃。事实是人们的需求是不断变化的，一个月前不感兴趣的东西也许现在非常需要，去年冬天觉得没有价值的东西也许现在会马上购买，去年感觉不舒服的东西也许下星期就会尝试。

坚持就是胜利。只要你能用邮件或其他联系老顾客的方式获取利润，我的建议是：坚持做下去。

为了证明这点，想想你自己的购买习惯。你回复过多少封收到过四五次的产品目录或信件？这在直接促销行业中是常识，购买者平均收到7次产品目录后才会开始购买。在我参与的很多商业活动中，我们给顾客寄东西或打电话10～14次，他们才表现出兴趣。

如果你的顾客很长时间没有购买你的产品或服务，不要放弃他们。只要你每次宣传能激活一些顾客（累加确定你的回复率），也许未来几个月或几年坚持给他们发邮件都是值得的。

亲爱的史密斯先生及夫人：

假日就要来临了，2006年很快就过去了。通过简略查看我们的记录，我们发现您2006年的纳税申报单有别于过去几年的纳税申报单。我们想再次担任您的报税员，同时请求您允许。

当您打电话与我们商定2007年的日程时，我们会同时安排从现在到年底的税务计划顾问免费为您服务。随着免税代码越来越复杂，了解所有选择是很重要的。我们有很多的推算要做，并且12月31日前必须决定选用哪种方式。

我们可以帮助您做决定，包括2007年的报税需求。您可以免费享受年底前价值249美元的服务，因为我们希望您重新成为我们的客户。

年底顾问计划结束时，如果您付清2007年的报税费用，我们会为您特别减少20%的费用。

我们的前台营业时间是从早7点到晚9点，周一至周六。为方便您安排时间，年底顾问计划工作日和周末都可用。电话：(×××) ×××-××××。您不要犹豫，现在就打电话吧。

注册会计师　詹姆斯·蓝赫特

附言：

一位老客户利用我们的年底报税计划在年底之前节省了4万美元的税务支出。我们同样愿意努力为您服务，但是您要快点打来电话。致电(×××) ×××-××××，预约您今年的报税计划和2007年的纳税申报服务。价值249美元的年底报税计划是我们免费送给您的礼物。

第二章
让其他人帮你赚钱

如果你曾经办过企业、开办过新公司、引进过生产线，你就会知道寻求客户应该成为你的当务之急。但是如果没有大笔的营销经费，或是没有足够的时间和经验合理利用这笔资金，该怎么办呢？

有没有可能只用自己的些许时间、资金和精力就能拥有成千上万蜂拥而至的消费者，并且收获巨额的回报呢？

绝对可以。

事实上，通过一种广泛应用的所谓的合作关系，就有可能使其他企业的老板积极热情地向他们的忠实顾客推销你的产品或服务，而你要做的只是在交易达成后支付一定比例或固定数额的佣金。无论你是零售商、服务供应商、制造企业、特定专业人员还是网上销售人员，都有可能从其他企业主的时间、精力、物力和财力上获益，因为他们已经构建了顾客资料库，保持了顾客的忠诚度，并且这种回报是既迅速又丰厚的。

着手准备

合作可以帮助你实现只需少量甚至不需任何资金就可以启动项目的目的。不需要注入你的资金，不需要开发你没有把握的新生产线或涉足新的服务领域，也不需要聚集你所拥有的先进资源，就可以为你提供几乎是无限多的途径发展壮大企业。在这个一步步的定位、创造合作项目并进行谈判的计划过程中，你将发现有数十种吸引新顾客、推销产品与服务的方案和机会。

这里你将学习如何寻找合适的合作伙伴，他们现有的顾客应该正是有可能购买你的产品或服务的最佳人选。一旦找到，你就可以支付一笔具有吸引力的佣金，促使对方向其顾客推荐你的产品或服务，从而轻而易举地确保双方在此项合作中的关系，并且妥善处理每一笔交易。

合作关系

合作是一种非正式的业务关系，双方为了同一目标携手努力，这个目标可能是单纯的促销活动，小范围内参与对方的经营，并且双方都会从中受益。

这种同一目标的合作关系形式多种多样：

• 单一的介绍关系，即合作伙伴每推荐一位顾客，就向其支付一笔介绍费。

• 一项共同发展的计划，即合作双方共同开发、推介某种新型实用的产品或服务。

• 一项支持销售协定，即合作伙伴向其顾客推销你的产品或服务。

• 共同发展副业或利益中心。合作双方均为项目提供重要的技术，比如你开发产品或服务、组织营销材料，而对方提供技术支持，如建立电子商务网站或启动并维持网上的联合项目。

合作并非意味着你要购买对方的一部分资产，它不是建立一种无所不包的合作关系，不是为彼此承担债务，也不需要签署接受更为繁琐的企业协定或合同制约。你仅仅是在利用通过与你合作获益的企业以及他们的顾客、资产、服务以及吸引力，与之合作并获得收益。因此，可以放心地考虑尽可能多的企业和潜在的合作伙伴。

潜在的合作伙伴包括所有能提供增效产品或服务的组织、直接的竞争对手或与你的行业毫无关系却拥有类似顾客群的组织。

接触增效型公司

增效型产品公司指的是销售与你的产品或服务相辅相成、相互促进的产品或服务的公司。

例如，你是一名注册会计师，有一项希望教授其他注册会计师业务技能的独特的市场计划，那么你的理想的合作伙伴就是一家为注册会计师提供长期教育服务的培训机构。

为什么培训机构会成为这种单一目标合作项目的最佳候选人呢？因为这类机构不仅定期吸收培养学生，而且他们还与在读和毕业学员之间保持着紧密的联系。学员们了解信任这类机构，并将其视为专家意见的来源，也普遍愿意听取他们的意见，以期提升自身的专业技能。简单来说，学生们信任他们的培训机构，愿意购买他们所信赖的人提供的产品的可能性远远大于购买那些他们不了解的公司所提供的产品，而不管这些产品或服务的质量究竟如何。

因此，寻找合作伙伴的第一步就是找到提供相辅相成的产品或服务的公司，并且这些公司的顾客、会员、订户或学员信赖其可以提供及时的信息与专家意见。更令人惊喜的是，这类企业可以非常容易地找到。事实上，你只需在网上搜索一下，便能获得一张长长的潜在合作伙伴的名单。根据你的企业类型不同，你甚至在当地就能找到合作伙伴。

接触竞争对手

竞争对手是另一种潜在的合作伙伴。向竞争对手提出合作的建议看上去虽然疯狂，可却是有道理的。你的竞争对手可能吸引了大批潜在顾客，并且不断将他们转化为实际顾客。可是其中一些可能永远也不会购买他们的产品，由于种种原因，他们对竞争对手的产品或服务不满意：或是过于昂贵、或是过于廉价、或是太花哨、或是太朴素。总而言之，这些潜在顾客有各种不购买的理由。如果你的产品或服务能够取悦他们，或你的营销材料比竞争对手的材料更具说服力，他们还是有可能从你这里购买的。

看到可能性了吗？

与此相似，曾经购买过竞争对手的商品的顾客可能已经不再购买了，或许他们的联系方式仍在你的竞争对手那里，但是一直没有更新，也可能是他们只能被动地购买你的竞争对手所提供的产品或服务。这两种情况都十分普遍。

如果你能说服你的竞争对手，将你的产品销售给从不购买他们产品的顾客或曾经的顾客，那么这将是一个引人注目的合作机遇。

原因何在？

这些不再购买的潜在顾客曾一度寻求解决问题的方案，他们在寻找能够购买的商品，可是由于种种原因，你的竞争对手的产品或服务恰恰不符合他们的要求。

你的竞争对手已经在发展潜在顾客方面花费了大量的资金，可是从这些人身上却无利可图。你的任务就是向竞争对手提供一项合作方案，使那些潜在顾客和他们曾经的顾客变成利润，为双方都带来收益。

接触毫无关系的公司

最后，可以从业务上与你毫无关系但其顾客的心理恰恰符合你要求的公司中寻找合作伙伴。

可能你听说过人口统计数据，也就是年龄、职业、家庭收入等等，不过心理统计数据透露的是你的潜在顾客将会是哪种人、揭示他们的购物场所、是否精通计算机、阅读哪种类型的杂志、听取哪些人的意见、有什么兴趣爱好等等。

当你开始花费时间调查清楚顾客的心理状态时，你就可以列一个在业务上不相关但是却拥有相同类型消费人群的公司名单。

例如，你提供景观美化服务，你就可以从那些为当地住户提供居家美化服务的公司中找到新的顾客，比如当地的泳池修建或维护公司、室内装潢公司、空调零售商、屋顶维修承包商等类似的承包商。这些顾客已经购买了修缮房屋的服务，并且很有可能决定再加上一个新院子。如果你正好能提供新院子的一系列服务，包括草坪、花坛、树木、天井还有一年的维修保养，那么很有可能你的合作伙伴在提供屋顶、空调、室内装潢或其他服务的同时推销你的景观美化服务。

另一种与业务上不相关的合作方式就是，当对方的顾客消费时，把你的产品或服务作为赠品，你也可以尝试为其他产品或服务的推荐提供附带产品。

寻求合作良机

看下面的表格，它能够帮助你找到你希望与之签订合作协议的公司。表格最左边一列是公司或组织的类型，表格最上面一行是我们刚刚讨论过的合作类型，即互补型、竞争型及无关型。

寻找这三种类型的企业，可以使用因特网的搜索引擎、让国家贸易协会的执行理事向你推荐可能的合作者、参加行业会议及研讨会、在当地的黄页中寻找或询问当地的商会，这些方法都可以采用。当然，在借助这个表格的帮助寻找有前途的合作者的同时，你也可以在雇员中或销售商中进行一次头脑风暴或仅仅从你的名片簿中寻找，都有可能获得大量的合作伙伴。发现后就可以把他们的名称写在所提供的表格空白处。

企业类型	互补型	竞争型	无关型
制造商	________	________	________
服务供应商	________	________	________
零售商	________	________	________
专业学校	________	________	________
杂志与电子期刊	________	________	________
公司	________	________	________
贸易协会	________	________	________
当地民间组织	________	________	________
网页所有者	________	________	________
风险资本企业	________	________	________

发展潜在合作伙伴

可能接触未来的合作伙伴的想法起初看上去有点令人生畏，不过牢记你同时也在为你的合作伙伴创造利润。他可以获得在不与你合作的情况下根本无法获得的额外收益，还可以为顾客提供某项深受欢迎的产品或服务，与此同时却无需投资存货或培训员工。

为自己列一张单子，以便更好地准备第一次电话联系，在此我推荐通过电话进行第一次联系。单子上要列出自己可能因为紧张而忘记的要点和需要提出的问题。

打电话的时候要确保自己联系的确实是最终决策者，往往应该是公司管理者或销售经理。

与潜在合作者建立关系的一种捷径便是建立类似于下文所提到的这种单纯的介绍协议，每达成一笔交易都向对方支付一笔介绍费。你可以参考下面的草稿，也可以根据自己的实际情况写一封。

詹姆森女士，您好！

我是朱莉·比克曼。请原谅我冒昧地给您打电话，我注意到贵公司为船只和海上设施提供服务与维修，我们公司为船只提供内部的翻新与设计服务，而且我们也注意到我们很多的客户，尤其是拥有旧船只的客户曾费力寻找我们这类公司。恰巧贵公司的很多客户正是旧船只的所有者，所以我们想知道您是否对我们的合作感兴趣，我们每为您的客户提供一次船只内部服务后，就会支付给您一笔客户介绍费。我们有了一整套营销方案使您的客户熟悉我们物超所值的服务，而且近几年来我们已经与几家公司成功合作，支付了上千美元的客户介绍费。整个合作促销项目只需一封简单的信件就可以完成，而且由我们支付邮费。我能给您寄一封我们的信件样本并及早将您列入我们的邮寄日程计划吗？

不用说，电话结束后，应该立即为对方提供所要求的各种信息。

合作项目谈判

无论你将哪类公司认同为潜在的合作伙伴，合作关系背后最基本的要点就是要提出双赢的方案。

谨记，你希望获得的顾客对你的合作伙伴而言不仅仅是一个个名字或联系方式，还是他们经过日积月累不断投入人力、物力、财力而获得的宝贵的消费者。在谈判中一定要将这一点牢记在心。

一种既可以认可合作伙伴的顾客线索，又能表明你所带来的机遇的方法就是在扣除营销费用与产品成本之后，双方平分利润。

不过要注意，利润计算往往是很复杂的。有时候你销售的不是一件一次性交付的产品，而是一项长期的服务，需要一定数量的员工工资、相关的配送费用、销售佣金等等。所以不要让自己产生损失，先确保已经扣除所有费用之后再计算将如何分摊利润。

如果合作者希望按照销售总额分摊怎么办？尽量不要把硬成本计算到销售总额的百分比中。即使你的份额超过了一半，也要先计算出成本所占的份额，然后再进行分成。

比如你提供零售价为495美元的产品，用于生产、包装、仓储、运输的硬成本是45美元，外加其他各种交货费用，比如折扣、特价优惠、产品发布前期的特价或你想提供的所有赠品，还有市场营销费用，比如邮寄费用、网站开发与针对外地客户的电话推销——特别是需要打成千上万个电话的时候。最后，把这些费用都加起来的，你的交货成本可能达到95美元，而不仅仅是45美元的硬成本了。

从495美元中扣除95美元，也就意味着只剩下400美元供你与合作伙伴五五分成了。现在再来计算一下你搭档获得的200美元的百分比（即总收入的40%）。

如果你们谈判约定的是对方获得总收入的40%，那么就一直是40%，而不是每月按实际收益重新计算。

考虑"各负其责"协定

另一种向合作伙伴支付费用的方法是同时也必须由对方接收订单及收集款项情况下最好的协定，被称为"各负其责"协定。

在此类协定中，你负责撰写推销信件、电子邮件或其他能够销售产品或服务的方法，使顾客登录你的合作伙伴的网址、光顾他们的店铺或拨打免费电话购买产品或服务，而你的合作伙伴则负责获取订单与收款。

你的合作伙伴收到订单和货款后，只需给你一张支票（每笔交易的金额事先已固定）以及你配送产品或服务的用户地址明细。这种协议既简单易行又十分有效，原因是：(1) 你的合作伙伴不需要给你一份他的顾客信息；(2) 你们会事先计算清楚配送货品的硬成本，然后协商决定每完成一份订单你的合作伙伴将支付给你的费用。

这项协议同时也保护了你的权益，因为你在没有收到款项的时候不需要执行订单，并且一旦出现任何问题，比如在执行订单或利益分配上有分歧，那么你的合作伙伴将会以更积极的姿态化解误会，因为他已经事先收取了顾客的费用。

利用合作项目获取即使收入

通过合作营销产品与服务能带来巨大收益，不过令人吃惊的是，大多数企业主并不经常性地使用这一方法，特别是那些可能拥有成千上万热切代理商的企业主。

单单一项合作的推销项目就可能一夜之间给合作双方带来丰厚回报，特别是使用了接下来将会详细讲解的推销策略。

合作策略一

提供有担保的服务

传统的市场营销与广告变得举步维艰且费用高昂，合作正是获得别人对我们产品担保并创造百万利润的良机。

——卡森·科南特，南丁格尔-科南特的《前沿》杂志主编

合作中最重要的方面就是如何将你的产品或服务出售给其他企业的消费者。当然，为他人提供直接服务的营销途经多种多样，可是进行合作推销的关键却是你的合作伙伴给予你的产品或服务的支持。

简单地说，担保的价值是无法估量的。通常这意味着销售量会比无人担保的推销活动多出好几倍。

事实上，获得担保往往是进行合作的首要原因。

为什么担保如此重要呢？

对方企业已经与其购买者建立了良好的密切关系，并且获得他们的信任，所以消费者往往会选择购买你的合作伙伴推荐的产品。

提供受担保的服务

无论你是发送电子邮件、邮寄信件、打电话或是利用其他传播手段，记住传播手段无足轻重，重要的是信息本身。你的合作伙伴应该向他的顾客说些什么才能使其从你这里购买呢？

很多。

事实上，第三章里你将学到的信函模版会使你认识到直接回应式销售信函的16个不同的组成部分。你在这些组成部分中再加进担保者的推荐后，一夜之间创造可观财富的可能性就变得越来越大了。

首先，担保者的“定位”应当出现在广告、宣传册、宣传单的标题中或信件的第一段中。请看下面的例子：

詹姆斯·哈特利先生
哈特利-黑尔登管理咨询公司
×××大街，×××市，美国×××

亲爱的吉姆：

我从来没有写过这样的信，而且将来大概也不会再写了。不过最近我发现了一个我们注册会计师事务所解决吸引客户难题的方案，所以我给你写信希望这对你也有所帮助。

接下来担保人就应该讲述他遇到过的麻烦以及从你的产品或服务中能够得到的解决方案。

很多年以来，我们一直依靠专业人员的人际关系网与介绍人寻找新客户。不过说实话，介绍的客户数量有限，人际交往又变得越来越费时间。我们明白应该努力发展自己的业务了。

我们终于找到了答案，这就是即将向你推荐的服务。

堪萨斯市的千年营销实施了一项专业全面的推广活动，在短短的90天里，在报纸、无线广播、定向邮箱，甚至当地的午餐会上对我们进行宣传，使我们在众多注册会计师事务所中脱颖而出。

用详细的语言告诉读者具体的结果，运用实际收入的金额、数量以及时间段，但是暂时还不要提及服务费用。相反，可以将其与读者能够推算出来的或是已经购买了的价格合理的服务项目相比较。

项目总共为我们带来了26名新客户，年收益超过了10万美元，而我们所需支付给千年营销公司的，仅仅是第一位客户带来的收益。

接下来，提出服务意向。

现在我希望千年公司也能给你的公司介绍新的客户。他们已经同意，作为对介绍人的优惠，他们将为我的每一位客户提供一小时的咨询服务（价值235美元）。

他们甚至还为你们准备了一部专线电话，可以直接与千年营销公司的总裁杰里·鲍德温通电话，号码是（×××）×××-××××。我保证，杰里能在短短一小时内为你们公司描绘一张完整的推销路线图。他讲完之后，你就可以听取我的意见，和我一样，立即与千年公司开始合作。

强调你的合作伙伴因与你合作而获得的收益。事实上，就是你合作伙伴写这封信的真正原因。提醒读者如何回应信件，最后签上你的合作伙伴的姓名。

多亏了我给千年营销公司打了电话，现在我公司的收入增长了10多万美元，现在就打电话发展壮大你的公司吧。告诉他们是我推荐你来的。

此致

敬礼！

吉姆·邓恩

正如你将在第三章中学到的，附言是一种重要的手段。许多人在收到信后，首先看的往往是附言部分，所以可以利用附言用简单的话重述收益和提议，并且鼓励读者付诸行动。

附言：我很少写类似的信，但是千年营销公司的杰里·鲍德温为我的会计师事务所带来了26名新客户，年收益超过10万美元。比我们自己发展客户的费用低廉且省时省力。出于对介绍者的优惠，杰里将会在电话里免费为你提供一份完整的营销计划，并且以合理的价格帮你实施这个计划。现在就拨打电话吧，（×××）×××-××××。

读这封信的时候，注意信中友好的交谈式语气，仿佛在说："我是一个值得信任的朋友，正在跟你面对面地谈有关你切身利益的事情。"

同时注意信中还用了专线电话以及"说吉姆·邓恩推荐来的"，这样容易计算被推荐的客户创造的收益。

不过在写类似的合作项目推荐信时，有一点特别值得注意，就是你要亲自动笔，而不是你的合作伙伴。这样做的原因如下：（1）你可以把握措辞，使之具有说服力和卖点；（2）你可以保证即使你的合作伙伴日理万机，推荐信也能及时完成。永远不要让别人写。不过要让你的合作伙伴有机会阅读信件，并作适当的修改，无论如何你的合作伙伴是要在信件末尾签署姓名的，一定要让他对内容满意才行。

可能你第一次写这样的信会花费很多时间，不过一旦写好了能够有效地创造财富的推销信或宣传册后，你也可以适当修改将其用于其他传播途径，这些将在本章的后半部分讲到。

直接邮递的材料

把你写好的一页纸推荐信（像刚才所给出的那样）和略长的讨论能带来很多收益的产品或服务的宣传册放在一起。

在宣传册上附上曾经购买过你的产品或服务的用户的感言（参见广告策略一"让顾客讲述自己的亲身体验"）、你合作伙伴为你担保的原因、你提供的为合作伙伴的顾客量身定做的特别报价、担保人说明如何从你的聪明才智中获益以及合作的愉快经历等材料。

这条特别的信息可以放在宣传册里或做成活页。所谓活页就是小型的可以对折的宣传材料，其中包含你所提供产品或服务的额外的重要信息。

发送电子邮件

迄今为止，最快捷、低成本的向他人的顾客推销产品或服务的方法当属电子邮件，它已经创造了数百万美元的即时收入。

发起一场通过电子邮件的有效的促销活动，你只需改变一封历经考验行之有效的推荐信（类似上文提到的那封）。将其改写，督促顾客打电话咨询更多信息，也可以将顾客链接到提供详尽产品或服务说明的相关网站（参见网络策略四“通过电子邮件传送仅限互联网的交易信息”)。

这种链接到网站的电子邮件对国际客户尤其适用，他们不需要在工作时间打电话，而是可以在一天中任何时间打开电子邮件，点击进入网页，阅读产品或服务的相关信息，然后注册或通过网页上安全可靠的购物车进行购买(信用卡支付页面)。

在包装中插入宣传页

向合作伙伴的顾客进行营销的最简易方法之一是在货运包装中插入宣传页，内容可以是宣传你的产品或服务的专线电话号码、特别定价的套装、一页长的担保销售信或你的合作伙伴答谢顾客订单的致谢信，上面可以加上一句：“大概您也会对这种产品或服务感兴趣。”

电话销售

虽然大多数顾客反感电话销售（即直接给合作伙伴的顾客打电话）已历经考验成为获取即时收入的方法之一，尤其是当做法得当地让人感觉你的产品或服务是合作伙伴客户服务的一部分时，效果更佳。

最理想的是你的合作伙伴直接致电顾客，你的员工打电话给顾客也可以。无论是哪种方式，要尽量把底稿写得简单些。

> “我是顶点家居维修装饰服务公司的，我们现在为您提供一项家居装修的免费咨询活动，我们顶点与家装无限联手，在6～8周内使您的居室焕然一新。我们本周仍有洽谈时间，为您安排一次面谈吧?”

当然，最迅速的收入往往是当顾客正在接受一项服务，而你的产品或服务正是你的合作伙伴推荐的附加资源。

撰写特别报道

还有一种立竿见影的方案：发送一封你的合作伙伴签署的介绍信，督促顾客阅读附件里事关紧要的特别报道。报道提出当下的争议、问题或危机，并且将你的产品或服务作为解决方案。

与上文提到的谈话式语气不同的是，这种特别报道应该是记者报道风格的，就像写给一家主流新闻杂志的特写一样。

你的合作伙伴也可以在自己的商店或办公场所发放这样的特别报道。你也可以将其做成 PDF 格式的文件，通过病毒式营销在网上传播（参见网络策略一“发布病毒式报告及精简页面”）。让你的合作伙伴给客户发送电子邮件，告知他们有免费的特别报道，并将他们链接到网页上下载这份报告。

值得注意的是，特别报道在网上流通的时间一般会很长，所以只有当你与合作伙伴长期合作的时候这种方法才适用。

找不到担保人怎么办

担保的价值高不可估，因此有些营销人员在缺乏真正担保人的情况下，使用暗示担保人的方法。

什么样的促销手段能让人感觉到有担保人呢？

杂志上对你及你的产品或服务高度赞扬的文章就可能使人感到有担保人。因为无论文章对你的评价如何，都向读者传达了这样的一种消息，即杂志对你评价很高，因此才有可能为你写专题报道。这也就是杂志文章比广告价值大得多的主要原因，即使在同一份报纸或杂志上刊登的广告也比不上专题报道。

另一种给人有担保感的方法就是模仿他人给自己写一封高度赞扬的直邮信件、电子邮件或其他书面的营销信件，然后让这个人签署这份文件，即使他只是你公司中有着冠冕堂皇的头衔的员工。

合作策略二

建立口碑推荐圈或专业联盟

当今社会，仿佛每人都有所专长。医生们或是内科或是小儿科，律师或是在遗产计划方面或是在诉讼方面有所专长，甚至专业组织者也分成文件整理者或垃圾清理者。没人一无是处。这对你来说是好消息，因为你可以从中获益。

无论你的专长在哪方面，书店销售员、会计师、企业咨询师、保险经纪人、财务策划师或私人培训师，都可以从这周开始迅速创造财富，需要做的就是与其他专业人员沟通联系，只要他们的顾客可能成为你的潜在顾客。与此相似，如果你提供某一专业领域的服务，例如劳务派遣或档案保管等等，你就可以与不对你构成竞争的企业建立网络，他们可以为你介绍顾客，作为回报你也可以为他们介绍顾客。

推荐圈和专业联盟

合作项目最佳类型之一是与在不同行业或在同一行业不同专业方向的专业人士松散的联系在一起。没有哪个专业人士能够满足众多客户的种种需求，不过其他人却可以，那么这恰好是介绍合作的良机。

五六个业务繁忙的专业人士积极主动地为彼此介绍客户，我们把这种合作称为推荐圈。

举例说明，在激励演讲行业里，企业往往每年雇用3～4名演讲员，在大型的年度销售会议、公司年会或是其他活动中进行演讲。当推荐圈中的演讲员做完展示的时候，他们往往会询问会议组织者是否已经请到了负责下场演示的演讲员。如果还没有的话，他们就会热情地推荐圈子里的其他演讲员。

推荐圈是一种非正式团体，成员之间一般不支付任何费用。相比之下，专业联盟的成员却像企业搭档一样携手合作——共同拜访客户、撰写包含双方服务的建议书、在同一份合同下提供合作服务，甚至发放印有彼此专长的宣传册。当联盟中一个成员获得一份大订单时，需要向其他成员支付转包的费用，以答谢他们所提供的服务。

与勇于开拓的商人合作，他的现有顾客会成为你的潜在顾客

对你而言，最佳的团队成员是这类商人：他们拥有的顾客可能成为你的潜在顾客，并且他们经常组织营销活动，使有价值的顾客源源不断地光顾。

例如，接受你的咨询服务的通常是公司员工数量不低于100人的公司人力资源经理，那么你最好接触顾客是200人以上的知名劳动法律师，而不是当地为小企业服务的律师。

想一下那些经常给你打电话的企业，问自己：“他们是不是有可能也在给

我的潜在顾客打电话或邮寄信件呢?”是否有零售商或是定期服务提供商从你的潜在顾客那里定购购物袋或发票?他们是不是恰好可以成为你提供特价优惠的理想对象呢?

再多举几个例子吧。

•庭院设计师可以为出售房屋的人提供特价服务,只需2 000美元就能让他们的前院看上去增值5万美元。他还可以接触房地产开发商,提供价值2 000美元的设计,在房子卖出后再收款。向开发商承诺设计后的房子更容易售出。

•注册会计师可以为税务杂乱无章的客户推荐适合于家庭的理财管理服务,从而为专业组织提供商机。

•数学家教可以与教授其他课程的家教结成推荐圈。

•汽车装饰商轻而易举地就可以为接受装饰的老车推荐座位内部装修服务。

•美工设计师可以为小型公司推荐专业联盟中其他成员负责企业标志设计和个性包装设计,包括网站开发、广告版权、商品展示间等服务项目。

说明给他们带来的益处

初次接触潜在合作伙伴的时候,记住合作是要实现双赢。为了保证做到这一点,可以考虑你在为自己争取到大量介绍来的顾客时,同时也在帮助对方。不要让你的提议听上去是在哀求或推销。

制定一个接触其他企业的计划,说明这个提议对他们也是大有裨益的。

来看几个例子。

比如你是美术设计师,你认为当地的打印店、公关公司、市场咨询公司以及特别活动策划公司可以与你结成理想的推荐圈,那么你就可以给他们每人写一封信,信的开头就要具有很强的说服力:

如果长期以来你都希望能为顾客提供美工设计,每周收入增加上千美元,但却苦于没有资金雇用全职美术设计师的话,那么我可以在这方面助您一臂之力。每位顾客的订单都将增加25～250美元,而您却不需要支付任何费用。

或者……

一位与我合作的印刷厂老板在不支出任何费用的前提下，每月纯利润增加了7 600美元。信中将详细为您讲述我们的具体合作事项。

或者……

我们提供的“附加”排版及美术设计服务使每位顾客的订单增长了75～750美元。并且我们免费上门取活，并在12小时内完成并送达大部分作品。

提出让人难以抗拒的建议的关键是设身处地地为你的推荐圈成员着想。究竟每个人希望能够达到什么样的水平呢？我发现大多数的小企业都希望：

- 在不增添麻烦、不增加资金投入的情况下为顾客提供更多的产品或服务；
- 无需严密的监管就能将工作准确及时的完成；
- 更高的价值——相同投入下生产出更优的产品或更低的投入生产出相同的产品；
- 极小的付出便能为企业增加收益；
- 无需付出太多的努力便能为顾客提供更愉悦舒适的购物体验以及独特的产品及服务；
- 可以使他们省钱、挣钱或不赔钱的产品或服务，使之更具竞争力、拥有更多的时间、减轻压力、无需额外的工作或资金投入便可发展壮大企业。

无论你认为哪点会对你潜在的推荐圈成员最具吸引力，都要保证在信件或电子邮件的第一段中将这一信息突出地传达出来。如果采用打电话的方式，在说明自己身份后马上讲清这一信息。

只需有影响力的人

在考虑接触哪些人的时候，要记得有影响力的人是顾客或客户在购买重要或贵重物品之前的咨询对象。有影响力的人可能是个人或者企业，他们通过建议或所提供的产品与服务对顾客产生影响。

这些人具有非常强的影响力，推荐的顾客可以源源不断，使你一年到头忙个不停。寻找这类有威望的人可以询问你的顾客，问他们决定购买你提供的产品或服务时会听取谁的意见，然后开动脑筋想想如何使这些有威望的人为你推荐顾客。

 营销你的推荐圈或专业联盟

营销你的团队服务的方式多种多样。

分担高额的广告费用

有些城市中，报纸广告、黄页广告、当地电视广告的费用过于高昂，势单力薄的零售商根本无力负担。不仅如此，广告的覆盖面也经常过于宽泛，使大约75%的受众无法成为你的顾客，原因就是他们所住的地区离你太远了。

如果上述情况正是你的境遇，何不组织一个专业联盟做广告（在每则广告上分别列出四五个成员的服务项目）？我认识的一位脊椎按摩师就成立了一个法人实体，在广告中宣传提供同样服务的多个按摩店，于是他们就可以分担广告费用了。如果你在这样的团队中，那么将从以下几方面获益：

- 可以以少量的资金投入在大型的报纸上刊登更多广告，还很有可能因为在一年中刊登了一定数量或版面的广告，而获得相当可观的广告费用减免待遇；
- 有可能在主流黄页上刊登整版广告，以前每人单独支付费用的话，可能只能做1/4甚至更小的版面广告，现在你可以支付比以前的小版面广告还少的费用却获得整版广告所能带来的收益；
- 在不减少播出频率的前提下，可以将广告从有限电视网络扩展到区域更广泛的广播电台中，甚至还有可能负担得起在黄金时段或当地新闻中插播广告，获取广告投入的最大回报；
- 从推荐圈成员那里结识更多的顾客，因为他们可能向你推荐亲戚或朋友，而这些人是以前可能因为住的太远而没有向该推荐圈成员推荐过的。

形成零售团队

零售团队的经典例子是古董商店联手创办的杰克逊镇古董商行、葡萄酒业的海岸峡谷葡萄酒商会、提供住宿及早餐的旅店结成的团队以提高所有地区的徒步旅行及旅店预订率——特别是那些在不易进行营销的偏远地区的

旅店。

如果你不将对手视为竞争关系而是推荐顾客的来源的话，那么你将不仅能够为消费者提供更舒适的消费环境，同时也为自己创造更大的商机。印制一些标有你们所有商业点和观光景点的地图，可以标出年度活动、巴士游览、礼品登记、销售服务以及其他促销活动。给每个商店和热门的旅游地与餐馆都发放这样的地图。

提供服务与要求推荐并举

我的一位朋友是注册会计师，也是兼职中介的推销员，负责个人账户和财务管理。他的雇主一般是经常为他提供业务的首席财务官、首席执行官或是财务管理者。事实上，他的90％以上的业务都是通过介绍获取的，因为他使用了一种双向介绍，您也可以如法炮制。

- 每当中介机构吸收了一名有高超专业技能的兼职求职者时，我的朋友便会给他的客户打电话，看他们是否正好需要这样的人才，通常的情况是那些没有这方面需要的客户往往知道恰巧有这类需要的其他朋友。
- 如果中介发布一份招聘启事，需要一名在某方面有专长的会计师，而恰巧他们的数据库里又没有这样的人才时，这位推销员朋友便会打电话给其他客户，询问是否认识能胜任这份工作的人。虽然大部分人并不适合这份工作，但是其中有40％～50％的人会通过中介做这份工作，最终几乎所有的兼职者都会找到一份长期的工作，于是我的朋友就可以收取中介费用了。

仅仅通过客户们提供的线索，兼职中介就与各种公司与专业人士建立了友好的互助关系，而且日后还发展成为利润丰厚的中介关系。

从问“我能帮谁”着手。

你在定期为其他企业推荐客户创造价值之后，你就成为他们珍贵的客户来源。他们希望能够答谢你，所以也会为你推荐客户。

合作策略三

向你的顾客提供他人的产品或服务

像可以向他人的顾客销售自己的产品或服务一样，也可以建立这样一种合作形式，即为自己的顾客提供他人的产品或服务。

为什么要向自己的顾客提供他人的产品或服务呢？原因很多。

首先，也是最重要的一点，这样做可以大规模地扩大你所提供商品的范围，而无需在额外存货方面投入资金。可以为顾客提供独特的服务，而无需投资购买专业的工具、设备或培训员工。可以几乎不费吹灰之力便获得丰厚的回报。

事实确实如此。

出售他人的产品或服务

靠出售他人的产品或服务获得即时收入有几条有效的营销策略可供使用。

• 对青睐的顾客进行测试。告知你的顾客和潜在顾客你想为他们提供一份你刚刚发现的优秀商品，但是你需要跟自己最青睐也最重要的顾客联系，看他们是否感兴趣。如果大多数人感兴趣，那么你将开始出售这件产品或提供此项服务。注意要给出明确具体的回应方式。

• 提供特殊折扣。如果你的合作伙伴为你提供了一项特殊折扣，你可以通过邮寄明信片、邮寄信件、发送电子邮件或打电话的方式告知你的顾客和潜在顾客这个消息。你也可以将特殊折扣转化成特定时段的限时抢购或购买此商品的大幅减价。

• 寻找特殊或与众不同的商品。如果发现了一件你不经营，但是你认为消费者可能感兴趣（而且你会获利）的商品，可以考虑买下这种商品的优先购买权，并把你的新发现用你最快的方式告知你的顾客。

• 着重说明要点与原因。告知你现有的顾客，你正在为他们提供“超前通告”，告知他们一些激动人心的产品、杰出的服务项目或是稀有的服务。措辞一定要激发顾客的购买欲望，还要定价合理。当然最不应该做的就是宣传人们正在使用的或可以从一件商品中受益而这件商品事实上还未生产出来。

• 作为赠品附加在其他商品上。如果你一直在考虑赠品是否有助于增加销售量、促使未购物的潜在顾客进行消费的话，额外附赠一件产品或一项服务能够很好地检验你的想法。挑选少量潜在顾客尽快给他们打电话或发送电子邮件告知这项优惠。

合作策略四

与你的合作伙伴召开远程会议

我们经常最大限度地利用远程会议的方式召开行业会议。仅仅60分钟的电话研讨会就能创造出价值数万美元的注册资本，注册资本在当天晚上和次日早上源源不断地涌入。

——马克·维克多·汉森，《心灵鸡汤》丛书的作者之一，
为作者、演讲者及企业家举办大型事件的MEGA公司创始人

近十几年来，电话会议技术不断发展，能够容纳500甚至更多的人同时在线，所有参会者都能与“主讲”互动或是洗耳恭听。可以选择由电话服务供应商控制或不受控制，可以有列着参与者姓名、地址、电话号码的单子，还可以要求预定电话，并且令人惊喜的是这些服务往往收费低廉。

现在，全球各地的大企业集团、小公司或家庭式公司全部采用电话发布新产品或新项目，同时为众多潜在顾客提供产品或服务信息，电话告知可降低费用，为广泛分散在各地的经销商和销售人员举办集体会议提供新信息或提供服务“样品”。

过去这样的电话可能每小时需要花费上千美元，现在这样的电话只需几百美元，而且如果是不超过30个人的小组通话还有可能免费。

我们首先看一下这项技术的工作原理以及如何最大化地从中获取利益。

工作原理

全国各地的电话服务商出租或拥有电话“桥接器”，即巨大的转换开关，可以在一个电话号码上接听上百个（甚至上千个）电话，然后将其连接到会议的电话上。作为会议的主办方，你会拥有一个电话号码，无论身处何地的参会者都可以用各自的长途电话拨打并且各自付费。根据服务种类的不同，你可能还会有一个密码，只有经你允许的人才能拨通电话参加会议。

服务的提供者通常向你（会议的主办者）收取费用，以占用的线路数量、使用的时间长短以及其他一些诸如接线员监控、会议全程录音、分组预备会议等服务项目作为收费标准。

利用电话会议作为营销手段

电话会议的用途十分广泛，但是大规模电话会议的最佳用途（并且是对你付出的最大回报）就是将潜在顾客转化为你的顾客——尤其是那些需要大量解释才能出售的高端产品或服务。

举个例子，当著名的《心灵鸡汤》丛书的作者之一、美国自信培养领域的泰斗级人物杰克·坎菲尔德（Jack Canfield）第一次请我为他的公司制定营销计划的时候，距他举办的“自信提升技巧研讨会”开幕仅剩六周的时间。研讨会培养能够获得令人羡慕的高收入的“杰克·坎菲尔德大使”，也就是由于杰克事务繁忙而无暇走访所有地区，他为所有无暇顾及的当地公司以及社会服务项目开办研习班、提供咨询服务。

我见到杰克的时候，他已经向他的 1 200 名潜在顾客寄出了研讨会的通知，并且收到了 15 份报名表。但是每位学员学费 1 350 美元的话，杰克需要大约 60 人报名才能实现收支基本平衡，所以当时他正认真地考虑取消研讨会的事情。

我在他的办公室待了 30 分钟，观察了他接的电话和他与员工之间的谈话，我发现如果他的潜在顾客能绕过那些“守门员”直接与他通电话的话，他可能会说服他们报名参加研讨会。不过显然杰克不可能整天在电话旁接电话说服人们参加他的研讨会。所以当时唯一的解决办法就是远程电话会议，只有这样才能使最多的人与杰克直接通电话，让他有机会说服足够多的人在短时间内报名参加研讨会。

详细步骤

下面就是我当时为杰克提供的具体方案（也是我一直以来为所有类似活动提供的方案）。首先，我会邀请三名参加过杰克举办的研讨会的毕业学员作为“客座嘉宾”，与杰克共同参与电话会议，讲述他们各自的经历，分享他们所知道的其他接受过杰克培训的学员面临的机遇，同时协助杰克回答潜在顾客提出的问题。

接下来我为 1 200 名潜在顾客寄送一封内容简洁的明信片，内容如下：

我们诚挚地邀请您参加这次与众不同的电话会议，我与我们竭诚为您服务的专家团队将与您探讨如何在自信、发展以及培训方面扩展机遇创造激动人心的机会。6 月 21 日东部标准时间下午 5 点，与我们连线，聆听一小时的灵感与信息。能否参加请在 6 月 16 日之前回复，拨打电话 1-800-000-0000。

期待您的参与……

杰克·坎菲尔德

也可以利用其他低价或免费的手段宣传这次电话会议，例如电子邮件、小广告、挂号信或在他人的文件中夹宣传页等等。如果你发送了信件或是进行了宣传，那么参会者打进电话时，就应当记录下他们的姓名及地址或引导他们登录你的网站并注册，记录每一位打进电话或是登录网站进行回复的参与者的姓名、地址、电话号码、电子邮箱地址以及传真号码。这样，你以后就可以给这些人发送后续信息了。如果你白天工作，不希望亲自接听这些预定电话，可以雇用一名当地的“在线接线员”进行这项工作。

客户服务底稿

我为杰克的客服人员起草了一些最常见问题的答案，以便他们能巧妙地回答这些问题，比如关于这次会议的种种事项、如何拨通电话、电话会议的具体事项以及举行这次电话会议的目的。尤其是考虑到众多电话会议的预约者从未参加过类似的会议，更不用说与 60 多人共同进行了。

当时具体的客服底稿如下：

有关电话会议项目问题的答案

我收到了明信片。这次电话会议是关于哪些方面的？

嗯，很多杰克从前的培训师与研讨会成员都想与杰克谈谈如何更好地培训或服务他人，杰克想与每个人通电话。可是这个月的大部分时间他都不在城里，所以这次电话会议成了唯一的解决方案。嗯，怎么称呼您？哦，您好，________，我能为您预留一个位置吗？

（续）

电话会议有哪些具体事项？

杰克将从宏观上讲述如何运用自信培训促进您自身的成长或帮助其他在自信方面有问题的人。另外，杰克还邀请了一些人，他们已经开始在不同领域就自信进行演讲了，他们会讲述各自的经历以及您如何像他们一样工作，还有开创属于您自己的自信渠道。杰克和他的团队将带领您体验不同的场景，为您讲授他们开发的新方法，即时回答您提出的所有问题，当然这要根据时间而定。不过有一样是可以肯定的，那就是只要杰克接听电话，总会有惊喜等着您，而且您绝不会感到无聊！

需要交费吗？

与杰克和他的团队交谈并不收费，您只需支付给芝加哥会议电话桥接公司电话费用就可以了。西海岸大约是每分钟20美分，东海岸可能有七五折优惠。

如何连接到电话会议上呢？

会议的时间是6月21日，星期二，东部标准时间下午5点。您在哪个城市？那么您的当地时间是________。

会议开始前2分钟拨打这个号码，您身边有笔吗？接线员会让您按密码及＃号键，输入之后就可以连接到电话会议上了。有一点非常重要：在杰克的助手珍妮特·斯威策上线前不要挂断。不要因为听不到杰克或珍妮特讲话就挂线，因为届时您将与许多人同时在线，所以根据人数的多少，您可能会暂时处于只能听的状态，所以当您讲话无人应答的时候，不要紧张，不要挂断，可能要等待一两分钟。

我不能参加。杰克会录音吗？

会的。他会按照要求给顾客邮寄录音带，您只需支付2.47美元复制录音带及邮寄的费用。希望您能理解这项收费，因为届时将有上百份录音带的需求，要是不收费的话，对杰克而言也是一笔不小的开支。请在纸上写好“6月21日电话会议”，连同您的姓名及支票一起寄给我们，地址是________。

为什么我会收到邀请？

你曾经表示有兴趣帮助在自信方面有问题的朋友，所以您是杰克从成千上万名顾客中挑选出来的1 200名之一。这次电话会议并非每个人都可以参加，只有杰克特别挑选的人才能有幸参加。杰克选择您的另一个

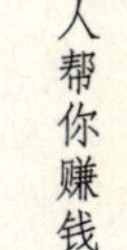

（续）

原因是，他希望以后每年都能为他的顾客举办几次这样的电话会议，所以他觉得先与您这样的与其说是客顾客、不如说是朋友的人尝试一下这种形式，他会感觉更好些。

会有多少人同时参加电话会议？

我们现在还没有确切的数字。不过这和您与杰克、其他参会者共同坐在研讨会的会议室中感觉一样，只不过是通过电话进行而已。可能会有20人，也可能会有100人，我们现在也不能确定。

主持人的作用

开始电话会议之前，先让一名员工、朋友或你的合作伙伴欢迎参会者并向大家介绍你，这样可以为电话会议打下良好的基础，还会显得你很专业。会议开始后先让主持人调成“只听”模式。

不允许失误……这些通话是深度策划的推销讲话

记住，电话会议不是随便什么人都可以参与的问答环节，而是深度策划的推销活动，为潜在顾客提供他们做出决定所需要的所有信息，并且促使他们立即决定购买。

我为杰克起草的底稿在后面。不过，先有一个建议，在准备电话会议时，你和你的合作伙伴要首先和你们的客座嘉宾说明，让他们明白这次电话会议的目的、他们扮演的角色、怎样做对你们有利等等。还应该在正式电话会议开始之前与客座嘉宾开一次简短的电话会议，跟他们强调要点。

电话会议开始后，确保你的客座嘉宾讲述具体的成功经历和新机遇，还有参会者不曾想到的他们在当地市场或企业中的经历。

下面就是杰克当时使用的电话会议讲稿，它可以为你创作或完善自己的讲稿提供一个框架。

研讨会电话会议大纲

嘉宾：专家珍妮特、培训师鲍勃、演讲者辛迪、顾问吉姆

- 珍妮特发言：欢迎各位参加这次大规模的电话会议以及会议要点。
- 杰克致欢迎辞并简要介绍这次会议的背景。
- 杰克发言：自信培训领域发生的变化。
- 如何应对自信危机。
- 参会者所面临的机遇。
- 杰克介绍珍妮特，由珍妮特发言。
- 杰克介绍鲍勃，由鲍勃发言。
- 杰克介绍辛迪，由辛迪发言。
- 杰克介绍吉姆，由吉姆发言。
- 参会者开始向杰克提问。
- 杰克介绍教授培训技巧的课程，说明开课日期、费用及优惠。

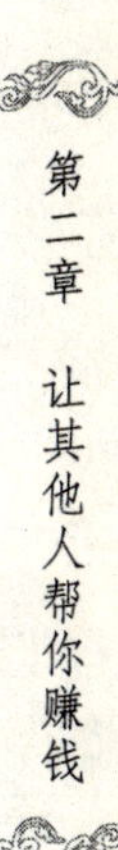

在问答环节上不要担心浪费时间，不要有时间限制。这个环节参会者会帮助你完成销售。如果你展示的机会足够诱人的话，他们一定会提出一些很理智的问题。通过问答环节，你可以了解你的措辞是否让参会者明白了你所展示的前景与机遇，你能得到及时的反馈。如果他们明白了，你会马上知道。

大家都没有问题了之后，记着督促大家购买！告知参会者会议之后你的员工会继续办公，接受他们的注册、订单或预定，并且提出在 24 小时内报名的优惠条件。询问参会者还有没有其他问题，以友好的非推销的口吻结束电话会议。这是一种软推销战略，相信参会者会做出购买决定。

为什么这类电话会议会起效以及应有怎样的期望

在我策划过的每一次电话会议中，参会者中很大的一部分都决定购买，通常是电话结束的 72 小时内。在杰克的例子中，六周内共有 130 人报名参加，银行汇款总额达 10.5 万美元。

为什么这种通话效果如此好呢？原因如下：

- 会议邀请使电话会议听上去不像是在推销，而像是一种宝贵的知识来

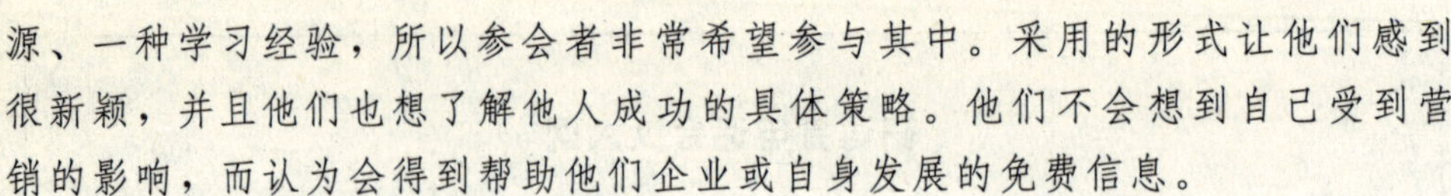

源、一种学习经验，所以参会者非常希望参与其中。采用的形式让他们感到很新颖，并且他们也想了解他人成功的具体策略。他们不会想到自己受到营销的影响，而认为会得到帮助他们企业或自身发展的免费信息。

- 你的客座嘉宾与参会者帮助你完成交易。客座嘉宾讲述他们的成功经历，现身说法，讲述如何轻松自如地运用你的项目或产品。他们在回答问题时没有幕后的动机（但是要是你回答的话，就很有可能遭到怀疑）。而且潜在顾客以前也可能会担心从未有人购买或使用过这种产品或服务，这样做也打消了这种疑虑。
- 电话会议上的集体力量有助于销售。有的参会者可能很有头脑，问一些巧妙的问题，其他参会者就会意识到他们不是独自做出购买的决定。
- 一些人只是想听一下，而不想与推销员进行一对一的交谈（因为很可能会被迫购买），这种电话会议的形式正好可以让他们这样做。如果他们愿意的话，再做购买决定。他们明白，电话上数十人同时在线，他们不用在不情愿的情况下参与讨论。令人惊喜的是，这种“沉默者”中有很大一部分后来都打进电话购买了——即使你根本没指望他们会购买。
- 你可以录音并将其作为日后的营销服务。这也是召开电话会议的最重要原因——即使你日后再也不举办类似的电话会议了。你可以在邮寄宣传或广告中为消费者提供“音频预览”，无论是制成 CD 还是放在网页上。在电话会议后的三年里，我们用相同的录音，每年为杰克的公司带来了 200 人的注册量。

应知晓的资源

能够举办远程研讨会的电话会议服务大量存在，服务商可以使参会者用各自的电话打进来，还为他们提供一个密码，以便连接到正在进行的远程研讨会中。正因为这个唯一的密码，你就可以避免有误打误撞进来的不速之客。

你可以单一购买电话会议时间，比如周二上午的 60～90 分钟，也可以包月，每天 24 小时均可使用。费用往往根据你的使用情况而定，并且通常是可以商量的。关于这方面的服务在即时收入的资源网站上都有专门的说明（www. instantincome. com/resources. html）。

合作策略五

成为他人的产品或服务的附加品

我们通过与他人合作发展壮大自己的企业，我们咨询资源国际集团公司提供的个人及专业发展工具增强了合作伙伴的市场可信度及价值，而且因为我们允许企业使用各自的商标或品牌，我们已经成为他们服务项目中必不可少的一部分。这种经营模式使我们几乎所有的生产线都成为其他企业的专有基础。

——肯·基思，MBA，咨询资源国际集团公司首席执行官兼总裁

裁缝可以为高级服装店提供修改服务；美工设计师可以为小镇上的印刷厂提供宣传册排版及标志设计；面包房可以为当地饭店制作特色蛋糕与饼干。

这仅仅是成为他人企业不可或缺的一部分的几个例子而已。尽管成为他人的产品或服务的必要附属品简单易行，但是令人吃惊的是，有些企业家甚至从来没有想过要与其他人发展这种合作关系。

成为他人的必要附加品

很多零售商与服务供应商从未想过要为顾客提供他们可能需要的“额外”产品，因为所得回报不足以支付培训与设备的费用，也可能因为他们能力有限无法有效地提供这项服务。那么你就能帮这些零售商和服务供应商一个大忙，可以给他们介绍、推荐或者是转包。

事实上，许多与你合作的企业并不因为向你推荐顾客而要求分成，他们很可能乐意为你免费介绍顾客，因为他们长久以来一直都在寻找一家像你这样的公司，以便能推荐给他们急切想购买此项服务的顾客。

寻找可能成为其附加品的合作企业的简单方法就是列一张单子，列出那些他们的顾客有可能成为你的潜在顾客的当地或者外地企业，然后列出他们各自所销售的产品或服务以及你可能成为其附加品的产品或服务。

更新单子上的联系方式，经常增加或更新其他潜在合作者的信息，因为总会有新的企业开张。接下来，逐一与这些企业联系，最好是通过电话，并事先写好讲话稿，防止当时忘记要点。保证每次都能与决策者通话，在未同

决策者交谈之前不要放弃。

起初，为他们提供样品、文献、免费的服务电话或计划样本，供决策者阅读你的产品或服务如何增加他们的产品或服务的价值（并且增加收入）。

有没有行之有效的真实例子呢？我们看一个具体例子。

许多小型软件公司和源码程序规划员共同开发小型程序，以解决大型应用软件程序的某一特定故障或不足，比如打印机驱动、字号应用程序、报告撰写的应用等等。如果这和你的情况很相似，那么可以现在就打电话给这些公司，使他们可以使用你的产品而将其自身产品做得更完善。

如果你生产可以提高某种电子消费产品性能的零件、转换器或其他附加产品，可以提供给出售这些产品的零售商。通过这种做法，你还有可能通过谈判与其他企业达成捆绑协议或在 OEM（原始设备制造商）的基础上生产贴其他公司标志的零件。

如果你的产品是可以摆放在公共场所或办公室的美妙艺术品、摄影或雕塑，你可以与商业空间设计师或室内装潢师联系，使其在竞标或提供创意时使用你的作品。我曾经读到过这样一个例子，有一位女士与一家游艇内部设计公司合作，在接下来的几个月里，她单为一艘游艇就创造了 100 多幅画作。

如果你提供的是咨询服务，可以建议其他公司把最艰难、最耗费时间的部分交给你完成，比如员工面试、拍卖、库存分析或顾客调查。

如果你考虑开发新产品或服务，在最后做出决定之前，先要考虑以上提到的这个做法。或许你的产品会有大批的消费者，可是附加产品的合作者可能比单个的消费者购买的数目更大。

使推荐简单易行

有许多低价甚至免费的方法有助于其他公司向你推荐顾客，记住，向你推荐顾客的方法越简单易行，就能给你带来越多的商机。

• 在对方公司允许的情况下，设立展台摆放宣传册或产品。

• 为推荐企业提供统一形式的订单薄，教会对方员工如何填写订单，设计一个接收订单的方案，如果必要的话，考虑由你直接向顾客送货。

• 免费从推荐方收取货物，并保证在特定时间内送出。

• 设计一套方案，使推荐方可以与你的服务人员约定会面，你可以在每周四上午 9 点到下午 2 点为对方顾客提供服务，也可以指派一名员工专门负责所有ABC公司的订单，使ABC公司既不耽误本公司的工作计划，又可提供你的产品或服务。

• 如果你是私人教练，就可以为医生提供处方单，他们能开“处方”让病人向你咨询，并引导他们给你打电话进行预约。

• 如果你提供一项服务，可以与推荐方的工作人员共同拜访顾客，这样还可以分担交通费用及完成订单所必需的其他费用。

• 为你的推荐方提供宣传册、名片、可撕下的优惠券等等。

• 对推荐方的推销员、接待人员及订单员进行培训，以便对你的产品有所了解。如果有必要的话，组织全公司的会议。

• 说服推荐方为你提供新顾客的联系方式，包括电话号码，以便更好地为他们递送附加产品。

• 与其他专业咨询人员或承包人建立私人关系，他们可以将一些服务推荐或转包给你——记账、设计、版权、律师助手、咨询、建筑、第三方担保支付、餐饮、景观美化、教育或者其他服务。很少有顾客会质疑推荐或转包，他们往往认为这就是专业咨询师或服务供应商的一般做法。

第三章
制作能够带来业务的广告

如果你在当地经营小本生意，最简单快捷获取收入、吸引顾客的方法就是给当地的报纸写一篇具有说服力的广告，第二天就刊登在报纸上，然后在之后的 24 小时内等着看你的销售额上升、电话源源不断地打来。同样，如果你在地区或者国际范围内都有业务，你可以用同样的广告技巧制作你的销售信、促销电子邮件、宣传网页、明信片以及其他让接收者马上就联系你的方式。

为了让这些信息更具说服力，资深的广告撰写者都会使用一种叫做“立刻得到回应”的广告技巧。这是一种让读者马上采取行动的策略方法，它寻求顾客立即行动的决定。

这种方法的前提是你的广告能提供促使其购买商品所需要的所有信息。在此基础上，加上几个精心挑选的能够引起他们的情感共鸣的语句，那么他们就会马上回应你的广告或者你的信件，并且比不回复的可能性大得多。

无论你选择销售信、新闻报纸广告、电子邮件或者手册，写作手法都是一样的。实际上，如果你曾经在报纸上见过类似一篇文章的广告，这个广告有大标题，有一栏接一栏的诱人信息，那你看到的就是直接回应式广告。如果你收到一封邮件吸引你登录一个网页获取更详尽的信息，即采取下一个销售步骤确认你是一个潜在顾客，这是一个两步的电子邮件销售，一个经典的直接回应策略。

但可惜的是，很多企业雇主绞尽脑汁写这种直接反应文章，却收效甚微，效果不佳。所幸制作一份好的文本很简单，实际上，这种文章有一定的规律可循。

必然大卖的标准格式

在所有制作精美的能获得直接回应的销售信中都有 16 种不同的要素，每一个都是为了支持销售过程、在读者心中留下积极正面的印象而设计的。有些要素是为了吸引潜在顾客继续读下去，而有些则是为了克服当需要我们打开钱包付款时产生的自然抵制反应。

在接下来的即时收入策略指导课程中，我选择了一些真实的广告、媒体发布以及其他使用这些关键的直接回应要素的策略为大家讲解。

引导语

所谓引导语就是置于主标题之上的一个简短的词组或者句子，这是新闻报道中我们经常会遇到的一种技巧。在任何主流报纸上，编辑都会在主标题前加上由2～3词组成的引导语吸引读者。你可能曾经见过一些比如“信仰的颠覆”、“州长认罪”的引导语。

但在直接回应式推销中，引导语仅仅是一个具有激发性的陈述，它让读者预先知晓广告或销售信的内容。它是一个陈述，诱使人们在读完主标题后继续阅读。我曾经用过如下的句子：

营销奇人首次与你分享她让著名客户日进斗金的秘诀……

老练的高尔夫球员在比赛中轻松7杆入洞并揭示……

在1545年，西班牙探险者在玻利维亚的一个山脚下发现一个富含银金属的矿藏……

这种陈述句一定要具有激发性，并且要简短，最多两行字。在引导语中夹杂一些市场营销的热点词激发人们的兴趣，比如“免费”、“发现”、“揭露”、“不为人知的”，还有“秘密”。

标题和标题叠加

标题是所有希望得到直接回应的文章中最重要的部分。它是一个判断标准，读者用它决定阅读后面的正文是否值得。在很多情况下，一个主标题后紧跟着一系列的副标题，专职写手称之为标题叠加。

但是，不管你写一个还是几个标题，记住标题是为宣传广告服务的。它的主要目的是吸引人们的注意力，讲一些人们感兴趣的东西，然后传达这样一个信息——“继续读吧，你会受益匪浅”。

在写标题时，应该特别考虑读者目前的状况——他们的痛苦或者他们的渴望，因为潜在购买者是那些渴望解决自己的现有问题的人。他们都有一个既定的目标，可能是提高生活质量、发财致富、变年轻变漂亮、更多休闲时间、更好的职业前景等等。对此做一些市场调研会帮你确定顾客的目标，换句话说是确定他们的痛苦。他们在经济上是否存在着困扰？他们是否与自己正处于青春期的孩子存在沟通问题？他们是否因为没有继续深造而面临晋升失败的危机？他们的家庭环境是否太嘈杂混乱，并且觉得无从改起？他们是否因为工作时间太长而没有时间陪伴家人？这些是消费者遇到的几个常见痛苦，研究你的顾客在生活和工作上正遭遇的不和谐，可以帮你设置一个完美的文章标题——“如果你正处于痛苦中，我们的产品或服务会让你走出痛苦的泥沼”。

如果你的读者是其他商业领域的老板，那么他们的痛苦可能是低生产率、高旷工率或者高操作成本。如果你的产品或服务能够帮助他解决其中之一，把那个问题以及你能够为其带来的好处放在标题正中央。

有时候在标题中引用知名人士或者顾客的宣传推荐会是一个很有效的方式。把那些评论用引号突显出来，并且让发言者的名字足够大，这样就比较醒目。如果发言者在其领导的公司比较出名或者其职位比较重要，那么一定要将这些相关信息紧挨着放在标题引语之后。

问候语

如果你正在发一封销售信，那么你应该尽量用接收者的全名和地址（如果你有的话），在问候语中直接称呼他的名字，比如“亲爱的詹姆斯”、“亲爱的克莱博先生、克莱博太太”等等，使信件显得亲切。虽然打印和发送这些私人信件成本比较高，但是它却能极大地激发对方的兴趣。

如果你没有接收者的名字和联系信息，或者你没有那么多预算支付信件的个性化费用以及打印费用，那么大概浏览一下地址，然后把他们当作一个具有重要意义的团体中的杰出一员称呼，比如“亲爱的资深医生”、“尊贵的业主”、“尊敬的教育工作者”或者“亲爱的工业领域专业人士”。

一些资深写手会在地址簿上加上日期、时间以及信件从哪个城市发出等相关信息。他们认为这样会使信件看上去更友好，并且好像刚刚完成的一样。

引言或者开卷语

当写引言或者开卷语时，第一句话对大多数写手而言往往显得最困难。为什么呢？首先，它需要有足够的魅力吸引读者继续读下去。但是你又不能夸大事实，否则读者就会在读完第一段的第一句后戛然而止，不再往下读了。

这个尺度真的不好掌握。

实际上，这对大多数写手而言相当困难，所以我建议换个思维角度，从促销的另一个部分开始写，写你能够提供的产品或服务，也可以写顾客将获得的收益。当文章快成型且具有一定说服力时，再转过头写卷首语也不迟。

当然，一旦你开始着手写主体部分，这里就有一些你可以用到的策略。

最简单的传达信息的方式就是开门见山地直陈你为什么给他写信，让对方清楚你了解他们的情况，了解他们需要解决的问题或者他们渴望得到的东西，而且你知道下一步该怎么做。如果你和你的读者在某些方面相似，比如工作或者人生经历，你可以从述说自己的亲身体验开始。你的健康状况改善了吗？当你准备购买大件物品时，你存够钱了吗？最近你有没有学到一些改变你的人生或者职业的知识？在开篇的第一自然段写上这些。

如果你是在推销你和你的专业服务，那么最强有力的方式就是让某个人为你证明，这个人可以用旁观者的语气讲你的亲身体验。这种技巧给人留下一种支持赞同的印象，尽管这个支持者可能只是你的员工或者你邀请的朋友。

你可能听说过谢尔登·伍德拉夫（Sheldon Woodruff），他悄悄地建造了世界上绿色建筑公司最大网络，他现在被世界上最具前瞻性的市政机构聘用。伍德拉夫精心设计了世界上的很多大建筑，并且和最高级别的政府谈判，他帮伍德莱特工业集团开发了他们具有革命性的结构支持生产线。伍德拉夫还对世界上使用的其他绿色建筑产品进行咨询和建议。他还是一个拥有五个博士学位并在很多方面堪称专家的人，比如在环境影响、公共政策以及绿化研究方面。

对于绿色建筑，他所知道可能比世界上任何一位专家都多，但是很遗憾，过去似乎一直没人有理由认识他。

直到现在。

你知道，在下半年，伍德鲁夫博士和他的团队将改变世界对绿色建筑的想法，其中包括如何评价使用以及购买。实际上，他已经号召他的智囊团对世界的绿色未来进行一场革命。

但是在他和他的同事着手开始之前，你（作为当地的总承包商）可以捷足先登。

一个很好主意就是有意识地讲这个专家正在干的事情，而那些读者刚好也正想做这些事情。

另外一个开篇的策略就是这样开始的。

> 如果您想成就（……），那么你只需读读这封信，这是对您未来的一种投资。

另外一个方法就是消除一种迷信或者推翻人们某个公认的想法。

> 如果您现在还不到50岁且指望社会保险养老的话，请您三思。最近的研究显示您和其他780万退休人员可能在10年后面临社会保险的瘫痪——也就是您正准备功成身退之时。《财富》杂志也说过："您不能指望社会保险。您应该为自己的人生引航。"
>
> 这就是我今天写这封信的原因。
>
> 我叫玛丽安·温特斯，我将和我的温特斯咨询公司的同事们帮助您规划一个安适富裕的退休生活。

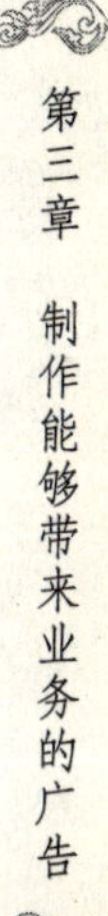

另外还可以用事实说话。

> 在当今美国，70%的学龄儿童的阅读能力居于他们在目前年龄段应有的水平之下。我知道你们正在努力改变这一现状，这也是我给您写这封信的原因。我们可以帮助学生们更准确快速地阅读。

以事实为依据并证实它，最后提出你解决问题的方法。

正文

你已经有了一个强大的标题、一个合适的称呼语并完成了开头的第一自然段，那么现在你就应该开始完成后面的段落进行促销了，这就是我们通常所说的正文。正文的内容、语气以及可读性都至关重要。

同样重要的还有促销文章的长度。

几十年来，在市场营销领域，人们都在争论正文到底应该多长。

虽然简短的几个自然段可以让顾客们看到希望并采取一些行动，但一般情况下为读者提供足够的信息是做成一笔生意的必要条件，这就意味着你应该尽可能地把正文写长些。

通常人们认为文章其实就是书面的销售技巧，而长篇大论无非是为了帮助你将亲身体验细细道来，它帮你增强说服力。一个确保你能把每一个关键点都涵盖的可行方法是记录你与所有顾客的电话谈话。作为公司的高层管理者，你应该比任何人更有能力促销你的产品或服务。实际上，当你和别人在电话上聊天时，你可能发现自己似乎在重复前一天的话。给这些对话录音，用荧光笔做好标记，浏览这些对话并给那些关键点做好记号。以后写类似的营销方案时，涵盖所有记录的关键点。

另外，坚持使用通俗易懂的谈话方式，也就是五年级学生的说话口吻。这并不是说人们无法阅读那些精心用辞藻堆砌的华丽文章，只是因为对于大众而言阅读小学五年级学生的作文更简单快速，他们不用想自己在读什么。把所有晦涩的词去掉，把那些复杂的句型也去掉，这样就会使读者产生情感上的共鸣，能激发他们富于创造性的感性右脑，而不是他们富于逻辑分析并能最终找出不应买这个东西的理由的理性左脑。

如何运用正确的语气呢？想象一下，你和一个新认识的朋友坐在咖啡屋，你用平白朴实的话语告诉他你所销售的产品、你的产品优势在哪方面、他凭什么应该对你的产品感兴趣。这个和写文章主体部分的难度差不多。

段落小标题

继主标题之后，段落小节是营销文本最重要的部分。研究显示大多数读者会先浏览各个小标题，然后决定是否有继续读的必要。把你的整个亲身体验以及你的承诺放在小标题上，这样你就给了读者足够的信息，让他们决定他们是否需要这些产品或服务。写小标题时，最好使用煽动性陈述，提出一个新的想法或者提一下他们将在正文中更详细了解的收益。

证明信和媒体报道

证明信的威力是如此强大，以至于如果你缺少它就应该先发制人，主动找一个顾客做采访，然后在得到他们的同意后让其给你写封表扬信。

最好的证明信客观具体，即在使用你的产品或者服务后产生了哪些积极的效果。具体的积极效果是什么？经济收益、节约成本、顾客数量增加或者某人亲历的一些改变或生活质量的提高。这些就是证明信应该告知读者的，并且越具体越好。提及能帮助你的顾客解决特殊的问题也很好。在得到对方同意后，将顾客的姓名和他的背景也加上去。

迈克尔·赫夫曼，安思顿酒店集团总裁，拥有诺华州以最快速度发展的快餐连锁店，世界100强雇主。

同样重要的是杂志和报纸的文章引用，在实际上提供了一种意义深远的支持和赞同。但是最好的媒体报道通常来自专业报纸和杂志，在特定领域，引用主要交易期刊上的文章肯定要比引用华尔街期刊上的有价值。

报价

你完成了说服人们购买你的产品或服务的部分后，接下来你就应该详细地告诉他们将会得到什么。你应该以一个确定的价格出售你的产品或服务，最好的报价是精确而简单的。不幸的是，很多写手总是给出很多供选择的价位，结果让读者一头雾水，更糟糕的是根本不报价，而是直接说："快来和我们谈生意吧。"

写报价部分时，应该说清楚具体是哪件产品或哪项服务，顾客在购买之后会得到哪些收益。先强调购买后他们的生活会发生的变化，然后再提产品或服务的价格。我喜欢用这样的语言。

全部拿走仅需2 495美元。

当他们读完，了解到他们即将获得的好处以及他们的生活即将因此而发生变化时，读者的自然反应便是：哇，我应该掏腰包了。

多花些时间全力做好你的报价。

之后，开始比较这个产品或服务在其他地方的价格，也可以比较一下买与不买这个产品或服务的不同结果。你还可以展示不久前刚买过同样产品的顾客的留言以及他所得到的好处。无论你使用哪种方法，你应该强调购买者可以立即获得的利益。

至于你可能给读者提供更详细的报价，比如直线销售、限时销售等等，看销售策略三“提供详尽的产品和服务介绍”。

心动不如行动

你可能会觉得奇怪，有些广告作者给了读者足够的信息让他们下决心购买，但是却没有告诉读者怎么与他们联系。号召行动（CTA）实际上就是如何回应的。你需要告诉他们拿起电话拨×××-××××或者登录网站 www.（你的公司）.com。语言应有一种紧迫感，比如告诉读者产品有限、时间很紧、欲购从速等等。

记住不管是广告、信件还是电子邮件，他们的共同目的都是让读者赶紧行动起来。最好为你的即时收入铺路的反应机制是电话，因为它快捷。让读者给你打电话，尤其是在买价格昂贵的产品或服务时更是一种很好的选择。而且你也因此有了潜在顾客的联系方式，还可以驱散购买者可能的最后顾虑。

确保你的雇员或者客服人员受过良好的训练，处理任何可能的订单。

理由

无数的广告证明：当你告诉读者为什么要购买时，销售额会直线上升。为什么你要销售这些产品？为什么你要现在销售？为什么你要以这个价格销售？这些问题的答案可以激发读者的购买欲。你的理由应该总是真实而准确的。

答案的异议

记住当你销售你的产品或服务时，你同时也在劝读者不要把那些钱花在其他的产品或服务上。你应该解决以下问题，比如价格、日程冲突、购买的必要、更便宜等问题。对大多数广告文章来说，有必要列出一个单子，写上顾客的疑虑，并且真诚而富有逻辑地回答他们的问题。

当然，最大的销售阻碍还是价格问题。但是如果你在广告撰写方面很熟练的话，价钱应该不是问题。实际上，只有当你没有真正说服读者购买你的产品或服务时，价格才是阻碍。在正文、证明信、报价、理由、他们将收到的清单以及其他直接回应式广告的各部分之间，你应该为读者营造一种必须马上购买而根本无暇考虑价格或是否值得的气氛。如何措辞和价格本身一样重要。

但要注意，你也有可能把你的产品或服务报价过低。我曾经看到一些很精彩的广告和销售信，但是读到最后我提醒自己："等等，出什么错了？这个价格比我预期的要低很多。有什么是我应该得到而还没有得到的呢？"在展开一场促销前，你先给一些会员顾客或者同事透露信息确保你的价格合理。你可以告诉他们你的心理价位以及你们的实际销售价位，让他们给你反馈。当然，最终的测试价格的方式就是简单地登广告然后再观后效。

和价格同样容易出问题的是我们称作"我们现在没有时间"的婉拒词。人们随时可以签支票，但是他们却没有时间仔细核对你的产品优势。要解决这个问题，你可以尝试以下几件事情。

• 营造一种紧迫感，告诉他们如果不马上采取行动会有怎样的后果。如果你销售的是一些文件存档和应用系统滞后会带有惩罚措施的专业服务，这样做尤其简单。你就直陈惩罚措施是什么，并且重申为了遵守法律或者准则，读者应该马上和你联系。

• 淡化所需的时间，提升自己的产品或服务的优势。用这样一种方式向你的读者传达如果喜欢就可以随时购买的信息。如果有可能，主动帮助他们解决最耗时部分。你也可以精确地告诉他们其他顾客花在你的产品或服务上的时间。

• 将读者花在产品和服务上的时间与他们花在其他活动上的时间进行比较，并找出你的产品和服务的优势。不要直接要求读者放弃其他活动，只是简单地将他的注意力吸引到"那些能替换你所提供的其他服务都很费时"就够了。

在促销中最后一个常见的反对声音就是担心自己是第一个吃螃蟹的人，是实验品。别人的证明，尤其是这些包含具体信息的证明可以很好地解决这个疑虑，比如已经克服的问题、和你一起工作是多么简单、挣了或者省了多少钱等等。

但是如果你的生意刚刚起步呢？

这也是可以帮助你的策略。比如，你开始提供一项崭新的服务，并可以将之称为“试点方案”。这不仅是好理由，也是一个大机会。因为你的项目是新的，你可以提出他们这些先期顾客可获得更加个性化的服务，并且还是在成千上万的人享受这种服务之前。

小圆点

这种直接回应式文本通常很长，又没有图标或者其他标志分开这些密密麻麻的文字。一些小圆点不仅在视觉上帮你区分这些文字，而且让你把产品的特点和优势划分成几部分，这样人们一眼就可以看到并说：“哇，我将会从这里得到很多!”实际上，即使你只空出小圆点的空间，你还是能够成功销售你的产品或服务。

用小圆点时，你应该列一个清单详细描述读者将会获益的每一点，把读者收到并使用产品或服务所得的收益联系起来。

- 我们将对你现有的会计服务、你的客户、你的辅助收入等进行一系列的测评，然后尝试各种方法使你从目前的工作中获取的收益最大化。
- 我们将派出经过特殊训练的实践管理团队训练你们的前台人员、年轻的会计师甚至你们资深的合作伙伴，教他们如何在各种可能的情况下使自己的收入产值最大化。
- 我们将提供整个市场报告，为你的会计核算列出每个可能的情况。你将会知道到底从哪里开始寻找新的顾客以及怎样让他们相信你的公司。
- 我们甚至会在未来6个月内协调你的直接邮递推广、公共关系、新客户的吸纳、保留目前客户所做努力，这都是我们最初6个月实践计划的一部分。

小圆点不仅在读者面前呈现一幅可见的图画，而且在他们心中也能描绘出你们的产品或服务给他们带来的变化。当你把具有视觉刺激性的文字与读者将会收到的关于他们收益的令人振奋的文件连接在一起时，你会更容易让你的读者产生情感上的共鸣，这是直接回应式文本的目的之一。

追加销售

追加销售是一种典型的附加产品或服务，顾客免费介绍新顾客，在顾客购买了主要服务后额外购买其他产品。这不是一个产品大礼包或者一条龙服务，追加销售是从每一单中获得额外增值的有效方法。（如果你想了解更多信息，请看顾客策略二“在顾客购买时追加销售”。）

再着手描写追加销售，简单地交代他们在购买主打产品时将会获得哪些附加产品或者额外利益。

结束语

和号召行动不一样，结束语只是简单地提醒读者怎么回应。重述电话号码、网址或者回邮明信片的地址等一切你可能使用的方法，并且再次提醒读者要行动就趁现在，附加原因提醒人们不要错过，比如重申时间有限、数量有限或者等待的代价，这都是好的结束方式。

签名档

在给你的数据库上的顾客或者潜在顾客写私人信件时，你应该在最后签上姓名，就像给朋友写信那样。如果是权威人士在对读者谈论你，那么他也应该在最后签上名，哪怕他只是一个你冠以权威名号的普通职员。让他们评论你实际上暗含了对你以及你的产品或服务的莫大支持和赞同。

后记

很多销售信的接收者都会马上翻到最后一页，看看发件人是谁。如果是一个陌生人，他们会阅读后记搞清楚为什么他们会收到这封信、信的内容是什么。读者的这种典型反应就促使大多数直接回应式信件的作者在后记部分重申产品或服务以及其优势。如果收信者没读信件的其他内容，那么至少他知道你为他提供了什么、他能从中获得什么。有可能他会觉得有必要从头到尾把文章看一遍。

写后记时，重申你为什么写，给读者你的理由，重述你所提供的产品或服务，并大略地写下主要优势。比如，告诉他们将省多少钱、其他人挣了多少钱、人们的生活改善以及其他人得到了什么等等。你可以在最后详细提到某个顾客或客户用过你的产品或服务后的收益，然后你再说“这就是我今天给您写信的原因”。这种方法的言外之意就是说别人已经用过我的产品或服务，并且他们感到很满意。别忘了提醒读者他们将会得到的增值服务。最后，再告诉他们如何与你们联系，而且是现在就联系。

虽然精通直接回应式销售信需要很多努力，但是它将你的销售技巧书面化并能稳定你的收入。它不仅让你在营销上浪费资金的情况成为过去时，而且你可以自己追踪每一个广告或者销售信，决定哪种产品、标题以及其他组成部分是最好的。

你还要和你最强劲的竞争对手过招。你可以开始制作市场营销日历、计划新产品的上市、宣传促销并且计算广告带来的现金收入。不要只看重收入，你可以全神贯注地拓展你的业务。这些全归因于你看了由世界顶尖写手写的即时收入技巧。

即时收入的直接回应格式

传播市场信息的方法有很多，下面几个格式对于小企业的运营不仅简单，而且稳定可靠，一定能立即产生效果。

广告展示。你在报纸或者杂志上看见的全版、半版以及小广告，这些都被称为广告展示，这是书写、生产然后赢利的最简单方式。如果你在新闻报纸上看到一则广告就像一篇文章，有大标题，还有大篇幅的文本介绍，那么你就看到了一个直接回应式广告。

电子邮件和网页。最快捷的即时收入方式是写一封振奋人心的电子邮件，发给你的数据库上的每个人，然后附上读者能够登录的网页链接，网页上有你的销售信。当你依照网络策略四“通过电子邮件传送仅限互联网的交易信息”一步步完成你的邮件时，剩下的也能确保同样的准则适用于文本撰写。你写电子邮件只是为了促使读者打开你的网页，然后再去看长篇销售信。

直接邮递包裹和销售信。迄今为止，对于那些昂贵的产品或服务而言，最有力的方式就是直接邮递的包裹或是打印好的销售信。我通常会写一页篇幅的自荐信，然后再装进一个精心制作的手册。当然这个手册是长篇销售信，一般是8.5英寸×11英寸大的版面，横版或竖版都可以。我通常会在文本中使用两种颜色，正文用黑色，小标题、圆点以及重要内容用蓝色。

如果你和合作伙伴一起工作，他若能向你的顾客为你美言几句，那就再好不过了。因为你能够写一个很简单但却因得益于你的合作同伴的肯定而更富说服力的信件，这就鼓励接收者读你的手册。

个人明信片。它不是事先已经用玻璃纸包好的成打的明信片，而是6英寸×8英寸大小、含有同样大标题和正文的明信片，这在任何报纸广告、销售信、网页以及其他直接回应式设计上都能看见。之所以能够让明信片成为即时收入强有力的模式，是因为他们很快能够被读者解读。也就是说，你的读者不用打开信封、翻开杂志、购买报纸或者打开邮件。

媒体发布。这么多的商业以及市场营销活动都因为简单的媒体发布而大获成功简直就是难以置信。当需要吸引编辑时，媒体发布就需要一种新的写作方式。他们同时也包含全部长篇促销信的所有要素。想要了解更多信息，请看广告策略二“进行引人入胜的媒体发布”。

实际上存在各式各样的市场传播系统，从传单、广告板到任何吸引人的东西，这些都是很好地传播你的信息并吸引读者购买的载体，但是最简单快捷的还是写作，也就是我们上面所讲到的一切。

广告策略一

让顾客讲述自己的亲身体验

让我们的顾客讲讲自己的经历并将其打印出来，这种做法使我们在事后3小时内便获得5个新顾客，当天一共有13个人注册购买我们的商品，那天我们的银行账户上就多了10 387美元。在那一个工作周，我们仅通过销售高尔夫课程便进账29 563美元，增幅达到800%。

——詹姆斯·E·史密斯，催眠治疗师

你使顾客感到满意，他就可以让你一夜暴富。实际上哪怕你刚刚开业，而且只有一个顾客或者客户，只要他愿意讲他使用过你的产品或服务后的亲身体验，那么你就可以写一个广告，而这肯定会为你带来财运。

还记得在本章的开始，我曾经提到一个对你的产品或服务十分满意的顾客的证明信是多么重要吗？现在，你可以将只言片语的赞扬改成详细描述的证明信，你只需要遵循几个简单的步骤。

看看我为一个催眠术培训项目撰写的广告，项目负责人想为高尔夫球员提供服务并提高他们的成绩。那时，专业服务需要多次谈话告诉那些高尔夫球员运用精神的力量提高他们的挥杆技术，并教他们在关键进球时刻如何放松。我要求那个催眠治疗师找一个曾经合作过的高尔夫球员，我采访了这位高尔夫球员后写下了这篇广告。广告刊登在当地报纸上的第一天，那个催眠老练的高尔夫球员在比赛中轻松7杆入洞并揭示……

“我是如何开创高尔夫生涯的最好局面……但却没有改变我的挥杆！”

我叫罗伯特·哈姆。在过去的20年里，我每月会打8～10次高尔夫球，受了12次严重的伤，最严重的一次我休息了84天。我自认为是一个很严谨的运动员。

我在高中时代还参加过业余选手赛，但是我一直不知道自己能够轻而易举地进球，直到我发现了催眠术。

多亏了催眠术，我在不到一个月的时间便可以7杆入洞，现在我的最佳纪录是77杆。

绝对没有捏造事实。

我就是一个真实的例子，催眠术确实有助于提高高尔夫球技。我现在一直保持着良好的状态。

首战失利

我过去总是花很多钱在课程上，在器械装备上也没少投入，甚至花高价上了一些世界顶级课程，一堂课大概要成百上千美元。但是效果却没有那么理想，我并不满意。我确信那时候我一点都不享受这项运动。

我的技术过硬，但是状态却不稳定。我可能刚开始表现很好，但是最后却会意外输掉。当需要出色的击球时，我可能笨拙地击在球座上。当压力增大时，我总是不能准确击球。

我短暂的运动生涯正摇摇欲坠，我的沮丧情绪也一天更胜一天。

更糟糕的是，每一次失利都会对我产生很大的负面影响，以至于失利接连不断。我不能聚精会神，总是分神。

亲友推荐

后来一个好朋友给我推荐催眠术。“那个花招？”我讽刺道。“为什么不试试呢？”我朋友反问道，“催眠术已经被证实具有一定科学性，实际上在很多医疗领域都已经采用了催眠术，比如快速学习、考试、减肥、戒烟甚至法律的落实生效也涉及催眠术。”他还告诉我刚开始的咨询是免费的。

于是，我打电话预约了。我一下子就被他们专业的服务以及测量员的丰富经验折服了。他们了解我的沮丧和痛苦，他们也使我解释了催眠术是如何被应用在高尔夫运动上的。

这个项目很有意义而且价钱很合理。

当天我就参加了这个课程，并且马上掌握了我以前未曾想过的层面——精神层面。

差点赛上7杆入洞，效果显著

催眠术帮助我学会怎样放松，怎样全神贯注于自己眼前的事情，它让我知道如何避免分神及如何减压。不仅使我的高尔夫打得更好，更重要的是我自己确实玩得很开心。

我也因此记得重要的进球并且将它们一遍又一遍地在脑海中回放。它帮助我计划并且在脑海中构想那些重要的推杆。

它帮我的潜意识传输我所有昂贵的训练中学习的技巧到我的比赛场上或者说每一次挥杆上。突然间，我能把球打到我想让它去的任何地方。打偏已经成为过去时，误打也似乎一去不复返了。

我觉得我不再需要更大的能量加分了。催眠术让我的潜意识找到真正适合我的挥杆动作，然后让我接二连三地打出漂亮球。我接受第一阶段的催眠疗程后的一小时内，在差点赛上我7杆入洞，这在我的人生中是最好的一局。

令人惊喜的额外收益

当然，你可能觉得使用催眠术帮助打高尔夫球只是另外一个训练花招或者市场营销工具。其实刚开始我也对此持怀疑的态度，直到我开始每局都达到77杆甚至更好的成绩。

不仅如此，我的人生也因为这个课程得到了极大的改善。我的工作效率更高了，在高压的环境下懂得了如何放松，甚至改善了我的睡眠质量。

催眠术简单地提升我的球技和生活质量，是一夜之间发生的。这些并不是仅仅发生在我一个人身上。

今天打电话，明天就能提高

我遇见很多其他高尔夫球员，从高中学校的球友到一个刚结束的友谊赛中认识的朋友，我甚至遇到一个当地的小伙，他打四人赛并最终将赢得的奖金抱回家。

如果你觉得你也可以在高尔夫球场发挥得更出色，那么我建议你参加这项课程。

他们是否能够帮助你，你很快就会明白。实际上，他们刚开始的咨询是完全免费的，如果他们觉得催眠术不适合你，他们会跟你说。

催眠术确实有效并且很安全。别在那想会发生什么不测。催眠术帮我在比赛中轻松7杆入洞，并且我比之前更享受这种运动了。

现在就拿起电话开始免费咨询吧。现在就开始！

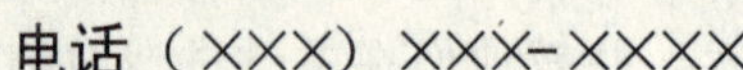

地址：XX街 XX城

治疗师的小诊所便接到很多其他高尔夫球员的电话，他们立刻预订了一个诊断疗程并且当天就支付了一个疗程的费用。

仔细观察这篇广告的风格，这是一个业余高尔夫球员的采访手记，目标读者也是其他业余高尔夫球员。它使用了一些高尔夫专业术语，实际上很多词我以前从来没有听说过，但是对于高尔夫球员而言，他们对此无比着迷，因为文章直接指出了他们在比赛中面对的挑战和压力。

怎样让你的顾客在你的证明信上添上浓墨重彩的一笔

为了写一个有销售价值的证明信格式的广告，最好的方式就是采访顾客或客户后得到你需要的重要信息点。当然，你肯定不能让顾客自己写广告，而应该你采访他们后写出具有他们赞赏点的广告，然后确保将有他们签名的广告和其自身信息（包括个人的亲身体验、图片、姓名、所住城市或者专业职位）一起发布。

先征得顾客的同意，然后录下你们的谈话，这样有助于你做笔记。为确保万无一失，你应该先打开录音机，然后征求他们的同意，这样你们的商议和最终同意的过程就都录了下来。问清顾客的全名、居住的城市以及专业职位（工作头衔、供职的公司等等），这样他的个人信息便可以逐一记下了。

写这篇文章最有力的方式是，首先问问你的顾客在使用了你的产品、购买你的服务或者和你做了生意后他的生活发生了哪些积极的变化、他的最大收益是什么。这样做可以帮你规范格式，严格按照引导语、大标题和开首段落的顺序，也就是前文样本广告所描述的一样。注意那个高尔夫球员是这样描述他的最大收益的：“没有改变我的挥杆，我却打出了 7 杆入洞的好成绩。”

接下来，请求你的顾客描述一下他的背景。他从事什么职业？他从事该行业是否很久了？他是否在你服务的领域很有经验？他结婚了吗？问这些问题有助于你在书面陈述时给人一种感觉——你的顾客是一个正常且聪明的人，读者能够一眼看出他的生活方式以及他的日常生活存在的挑战。

之后，要求顾客描述一下在他发现你的产品或服务时，他的生活或工作的情况，促使他说出当时面临的挑战，并尝试着让他细数当时的困扰，最好具体量化，比如“我们当时每月会损失 3 260 美元，这还仅仅在库存损失方面。”

然后，询问你的顾客他当时是怎么发现你的。在这之后有什么奇特的亲身体验吗？他一开始是否也持怀疑的态度？他是从一个和你有着良好接触的朋友或同事那里知道你的吗？在他最终拿起电话时，他是否已经知道你很多年了？

继续你的采访，让他谈谈第一次打电话给你、第一次参观你的店铺、第一次和你交谈的情况。那时的谈话愉快吗？是否对你的专业服务倍感惊讶？是否与其预想的有点小差别？是否就当时的境遇问过别人从来没有问过的问题？

接下来，促使你的顾客回忆购买产品的经历。那时这个举动是否经过深思熟虑？他是否节省了很多资金？他是否找到了一种物美价廉且更适合他的产品？你是否为他提供了服务的书面报告？

之后也是最重要的，问你的顾客第一次使用你的产品或服务后立刻产生了什么结果，鼓励引导他将结果的描述详细化、专业化。因为那些已经读到这里的人是你的潜在顾客，此时他们应该对你的产品很感兴趣并有意购买，但是他们还想知道这里面到底哪些对他们有好处。如果你能证明他使用你的产品后能马上收到实效，不管是在现金方面还是在其他方面，距离他们拿起电话拨通你的号码或者直接进入你的店面，你还有一段路要走。

鼓励你的顾客讲述他们从你的产品或服务中得到的附加好处，尤其是那些意料之外但却同样有价值的。然后再问他是否还认识身边其他人从你的产品或服务中获益，并精确地讲讲这些人都是怎么谈论他们的经历的。

如果你按照我所描述的顺序向你的顾客提问的话，你们便很容易地写出一份广告，这份广告的格式和我之前提供的高尔夫项目样本是一样的。

即使在你的广告中你没有涵盖所有要点，但在采访中涵盖所有的领域将帮你在脑海中形成一个完整的图画，即你的顾客是谁、他的亲身体验是什么。毕竟，你才是那个需要这些素材着手写广告的人。（如果你聘用一个人帮你写这个广告的话，那么他会对你这个采访的完整性十分感激。）

在写这些广告时，我通常会花半小时或者更多时间在采访某一个顾客上，因为我喜欢以不同的方式向人们提同样的问题。你会对你采访得到那些零零碎碎的信息和各种具有说服力的短语感到无比惊讶，这些都可以帮助你提升广告的质量。比如，曾经一个减肥成功的顾客告诉我：“我过去总是控制不住自己，我在加热冷冻的比萨的短暂时间里，就可以吃完一大袋薯片！”当然，我曾将那句评论作为我最突出的一个副标题。

广告策略二

进行引人入胜的媒体发布

现在，大众市场媒体（如电视商业广告、整版的新闻报纸广告、收音机广告以及直接信件广告）对于大多数小企业来说成本高得几乎不敢奢望。但是有一种已经被证实的免费好方法，它会将你的市场信息最大范围地传播，增加你的市场知名度并为你的公司带来效益。

媒体发布——印在报纸上、在6点整新闻中播放、在网站也可以查阅，能够搅动整个商业圈子并且引入资金，即使公司实际上根本没有资金投在市场推广上。

你可能已经看过很多怎样写好媒体发布信息的介绍，这里有一些技巧能使你的媒体发布更加引人入胜且增加采用的概率。媒体发布如果做得正确的话是一个强有力的市场武器，在即时收入“兵器库”中，它是必不可少的。

我曾经合作过的两位优秀的媒体专家是国际市场营销专家兰德尔·布劳姆（Randall Blaum）和戴维·斯科特兰（David Scotland）。毫无疑问，他们对于怎样运用媒体的力量赚取即时收入了如指掌。他们创造了一切，从精致的电影市场宣传到简单的一页纸媒体发布，他们为一些公司［比如，乔治·卢卡斯（George Lucas）的THX、帝王娱乐集团（Regal Entertainment Group）、NEC解决方案美国公司甚至麦当娜］挣足了上千万美元。

对于策划一次引人入胜的媒体发布并开展一次产生即时收入的媒体发布会活动，兰德尔和戴维有一个三步模式。

- **提供真实信息。**将你的媒体发布和最近的新闻事件联系在一起，也可以将你公司能够吸引别人目光的主要动向写进来，比如促销、新的生产线成立或者合资。
- **保持信息简洁明了。**亲身体验讲清楚便可以了，媒体发布不用太长。记住这不是商品宣传也不是广告，所以你只需要用尽可能简洁的语言将各个要点介绍清楚便可以了。
- **频繁的媒体发布。**有效的媒体活动是持续进行的，通常会与媒体保持一年的合作档期。很多公共关系专家就明确表示一个广告发布至少每月在同一个时间点发布一次。这是最低限。

将你的信息尽量广泛地传播，即使你处于小规模的利基市场

很多传播媒体都寻找新闻或者离奇的故事吸引读者的眼球，你的媒体发布如果被越多的人（包括读者、听众或浏览者）所知道，你的媒体发布就越有可能被其他媒体报道。而且一旦你在新闻中脱颖而出成为焦点，你将吸引更多的潜在顾客购买你的产品或服务。

当然，你的产品或服务只对一小部分人有吸引力，也就是某个特定的产业，那么你的媒体发布就应该针对这些人群，迎合他们的需要，找出特殊市场的需求。比如，如果你出售拖拉机司机需要的变速箱，你就不必把你的媒体发布刊登在《名利场》(*Vanity Fair*) 杂志上，那个范围太广了。你应该把它刊登在农业和机械等相关媒体上，这类媒体的大部分读者可能是你的目标客户。

促使读者马上行动并准备好为顾客服务，你就会获取即时收入

不管你的产品或服务是什么，你都应该写一份媒体发布，这样编辑和最终的读者或听众才能从新闻中得到更多的信息。附上你的联系方式、另外一些有价值的小贴士、照片，还有一些引言，这些都有可能使编辑登门采访或者使读者互动成为可能。

不过在开始写之前，请仔细思考当编辑和读者真的开始有所反应时，他们会有什么举动。你会怎样处理那些编辑的深度采访？你还有哪些额外信息可以以电子邮件的形式发给他们？当他们回应时，你能卖什么东西给他们？如果你想提供给他们免费文档，能不能在你的网站里上传可供他们下载的样本从而节省精力和成本？在你开展媒体发布之前，这些问题是必须首先回答的。

媒体发布成功的九要素

虽然撰写媒体发布材料的方式多种多样，但是兰德尔·布劳姆和戴维·斯科特兰共同打造的模式特别适用于各个产业领域的小公司。你接下来会读

到一些材料，看看成功的媒体发布到底是怎样的。一旦你了解到怎样将所有要素有机地结合在一起，那么你的发布便会因此增色不少。但是不管怎样，每次都必须包含九个要素。

• **“马上发布”。**如果你的新闻需要马上发布，那么在左上角（就是信头的下方）写上“马上发布”。如果你的发布另外安排时间且要等几天，在同样的位置写上“在（某日）发布”。

• **大标题和副标题。**把大标题放在第一行正中间，并且用醒目的字体。你也可以紧跟其后加一个副标题。通常意义上，大标题、副标题、第一自然段对吸引媒体的注意力并得到相应的报道机会具有重要意义。在编辑决定是否报道你的事件之前，你只有大约15秒的时间展示。

• **日期。**写上发布的城市和省名，并注明年月日。编辑需要知道你的新闻来自于什么地方、是在什么时候发布的。还有，世界上很多记者都会着重强调新闻来自于哪个地区，因此他们需要知道新闻发布的具体地区。

• **首要段落。**在第一自然段就要成功抓住读者的眼球。回答以下五个问题：是谁、是什么、为什么、什么时间、什么地点。

• **正文的主体部分。**利用文章的主体部分详细描述你的信息，确保文章有趣味性。以讲故事的方式，告诉读者为什么他们应该感兴趣。你的产品或服务是否具有争议性？它们是否会给生活带来变化或者它们是否会在一定程度上改变所在商业领域的面貌？写点关于这方面的东西，回答你的产品或服务的其他优点和独特性。

• **重申。**重申你发布的主要信息，包括事件信息和产品发布信息。

• **公司样本信息。**列一份关于你和你公司信息的清单，比如公司的经营项目、有多少员工以及公司的地址。如果你是一个咨询顾问或独资企业家，你可以在这个地方提供个人经历陈述。

• **联系信息。**在重申后空出1～2行，列出联系人姓名、头衔、公司名称、电话号码、传真号码、电子邮件地址以及网站地址。如果你将媒体发布信息发在一个周报或者在一个周末新闻栏目里，那么你还应该加一个你的周末时段联系方式。记住很多市场人员习惯把联系信息放在第一页的右上角，一般情况下这是可以接受的。但是如果你的发布信息不止一页，那么你应该将你的联系信息和电话号码放在每页的最底端，和页码紧挨在一起，这样的话，如果媒体把页码弄错了，他们可以和你联系。

• **结语或者下一页信息。**在结束你的发布消息时，在文本的最后一行后的页面正中间打上符号“###”。或者提示转入下一页，在括号中打一个“更多”。

成功媒体发布的故事

马特·巴卡克（Matt Bacak）是亚特兰大的小本生意老板，被人称为“厉害的促销员”。他清楚地知道一个成功的媒体发布意味着什么，在发布了以下新闻的72小时内，他从他那爆发性系统的销售中多挣了3.5万美元，不仅如此，还有成百上千的潜在顾客订阅了他的周报——一个他用来把潜在顾客变成顾客的工具。

这个媒体发布是通过PRWeb.com发布的，它是一个低成本的基于网络运营的传播基地。之后这篇报道被247家国家级媒体转载，包括《达拉斯晨报》(*Dallas Morning News*)。

马上发布　**厉害的推销者与您分享选择式电子邮件的秘密**

电子邮件市场营销大师马特·巴卡克与您分享他在选择性电子邮件订阅市场获得爆发性成功的秘密

亚特兰大，GA（通过PR网络向导到PRWEB），2005年3月28日——为什么那些响当当的电子杂志市场营销的权威人物能够吸引那么多的追逐者并且拥有那么长的电子邮件名单，他们是怎么成就这一切的？就这两个问题，最厉害的促销员马特·巴卡克，时任企业家电子杂志广播节目主持人，他透露其秘诀就在于“力量挤压”网站。这些网站有一个特性，他们收集来访者的姓名、电子邮件地址，然后建立一个清单，记录下这些狂热的跟随者。

普通人上网都会觉得每个商业机构只有一个网站，但是巴卡克认为实际情况并非如此。他说：“如果你想让你的订阅者像火山爆发一样急速增多，那么你必须有一个力量挤压站点。”巴卡克的力量挤压网站便是www.unlimited-leads.com.

（续）

巴卡克建议："保持运行你原来的网站，再建立一个网站专门负责搜索你的新闻信件、电子杂志或者电子课程。然后使用同样的策略把人们引到你的力量挤压站点，这样他们便最终来到了你正在宣传的官方网站。力量挤压网站的唯一目的就是得到读者的姓名、电子邮件地址，还有任何你想知道的信息，基本上就是这些。"

关于马特·巴卡克

最厉害的促销员马特·巴卡克最近正在主持企业家电子杂志广播秀节目，他在短短几个小时内便成为最畅销作者。他帮助无数顾客瞄准自己的专业优势，并且选择电子邮件直接促销系统。这个厉害的促销员不仅是备受推崇的网络市场营销员，而且还为世界顶级的专家作辅导咨询。如果他的跟随者发现他们崇拜的人还是在一个在线市场营销专家的培训指导下，那么这些顶级专家的声望肯定会大打折扣。要想知道更多信息，请访问以下网站：www.powerfulpromoter.com

媒体联系方式：

斯丹弗里·戴尔

（×××）×××-××××

＃＃＃

寻找正确的人应该采取的步骤

现在你已经知道写好媒体发布稿的基本要素了，那么接下来你就应该找媒体帮你发布新闻，并且促使他们在每日的新闻内容中都使用到。

媒体对于自己报道的故事都会采取一种保护态度，当然他们也会对获得信息的渠道很谨慎。因为在新闻记者行业，报纸或者电视上的新闻节目取决于外部的信息是否具有新闻价值。每一个编辑都是超额工作，他们根本没有那么多时间将每天成百上千个新闻发布一一过目。

所以你应该如何让自己的故事脱颖而出并被争相转载报道呢？

那就要靠正确的人和正确的信息了。为了达到这个目的，首先想象一下你和你的业务将如何影响当地居民以及你们彼此如何互动。太多公司好高骛远，眼里只有国际级媒体，只想在国际级媒体上报道。但是事实是当地和地方的媒体更容易合作，他们缺乏新闻素材，可以说他们一直在等着你的电子邮件或者传真。很多全国性传播媒体也依赖于地方媒体的新闻报道，因为记者通常在其他地区的出版物和网络上寻找下一个国家新闻头条。

与当地记者保持友好关系

看你的材料并决定是否采用的人有两种：记者和编辑。如果你想在新闻媒体中报道，那么你应该和他们保持良好的关系。

- **记者。**直接与当地和地区的记者联系出人意料的简单。很多媒体在他们的网站上列出记者联系方式，并且按他们所报道文章的性质将其分类，你还可以打电话给报社询问谁负责与你的商业领域有关的版面。
- **编辑和制作人。**你需要和相关版面的编辑保持联系，比如商业版、社会新闻版、娱乐版、生活版等等。找出你的媒体发布最可能出现的版面。至于小的出版物，你可能需要直接和主编甚至老板或出版商联系。编辑有最终决定权，他决定你的文章在哪个章节版面出现。如果你想发布在电视或者广播节目中，你可能需要与新闻或者早间节目的制作人联系。最简单的找到当地任何一个记者或者编辑的方法就是登录 www. bacons. com，那里有丰富的资源，基本上每个城市、乡镇的媒体联系方式都有，总共有 100 多万条媒体联系信息。

媒体并不欠你一个报道

媒体并不是你的市场宣传部门，但是你可以劝说他们报道关于你的产品或服务的亲身体验的文章。你只需写一篇足够吸引人的媒体发布稿件，当这个稿件含有很多对读者而言很重要的信息时，他们会心甘情愿地使用这篇媒体发布。

选择一个有新闻价值的故事，并且在写的时候永远牢记把顾客放在第一位。只把你的业务定义为有用的资源，而不是作为文章的中心，然后花时间寻找最合适报道你的产品或服务的媒体。你将成功吸引无数记者的注意力并使之欣赏你的媒体发布稿件，那么他们以后会比较青睐于你的发布稿件，而且采用的概率更高。

广告策略三

成为行业专家并在广播中进行宣传

我的广播之旅让我的声音点燃了第一把促销之火，它先于我的产品和其他人见面。产品预订率达到100%，我的促销范围扩展到北美各地。这个不可思议的策略让我在一周内赢得8个新顾客和3个合作伙伴，带来价值2.3万美元的生意。

——谢里尔·斯凯尔斯，企业家

每天，成千上万的广播脱口秀节目在美国播出，一些当地或者国家知名专家被邀请，就听众们感兴趣的话题发表个人见解。很多这些所谓的专家实际上只是当地一些企业的老板，他们把自己定位为权威只是为了推广宣传他们的公司。

虽然我知道上广播电台做宣传对你而言可能并不稀奇，在与世界最成功的企业合作后，我还是要说这是我发现的最有效的传播工具之一。就像媒体发布和其他熟悉的策略一样，广播确实是小公司或企业经常利用推广自己的产品或专业服务的获取即时收入的好工具，但广播不同于其他策略的地方在于他们使用广播时所采取的步骤以及带来收入的有效方法不同。

几乎所有媒体发布都可以通过广播实现。对于当地的商家而言，可以先于竞争对手一步，使用广播讲述他们的亲身体验，宣传他们的产品，并提供专业信息。这些会使当地商家受益匪浅。

谢里尔·斯凯尔斯（Cheryl Scales）是对使用广播建立自己的生意圈十分精通的企业家，她曾经为一些公司［比如宝洁（Procter & Gamble）和三角洲航空（Delta Air Lines）］服务，主要做市场营销策划。在一次逛街买鞋子时，她想到一个问题：为什么没有人为那些昂贵的女鞋设计生产精美时尚的鞋垫呢？谢里尔是一个令人震惊的鞋子收藏者，她收藏了700多双鞋子。她决定将她对鞋类的爱与创造时尚的鞋垫相融合，于是她创建了一个时尚鞋垫品牌——Sassy Shoe Lingerie。

谢里尔对女性服装市场做了调研，然后与制造商一起设计款式并选好可洗的面料，最终找出令女性感到性感和满意的设计，甚至让她的首批顾客试用了那些鞋垫。接下来，谢里尔开始辛苦地进行市场宣传，因为她从以往的经历中知道大众传媒的广告费很高，所以她把她的产品放在高档精品店和鞋店进行销售。

那么谢里尔是怎么解决广告的高成本难题的呢？她精心准备了一个演讲并参加新的电视真人秀《美国发明家》(*American Inventor*) 的录制。不久，谢里尔从全美国1 000个参赛者中脱颖而出，包括她在内的250个参赛者一起飞往好莱坞。她迷人的个人风格、自然流畅的语言以及为准备比赛而作的研究使她在电视上大放异彩，她甚至在人人羡慕觊觎的现场宣传促销专车上占据了一个位置。这样，她就成功地吸引了她所需要的大众传媒的注意。

令人震惊的是有1 400万人观看了那场开幕秀。

虽然最终谢里尔在比赛中被淘汰，但是她将自己的参与变成了一个令人难忘的广播秀，引发了一个全新的咨询行业。现在谢里尔向那些发明者提供服务，就他们创造发明的前景以及市场宣传提供建议和咨询。在广播中，她讲述了自己如何在大约一年甚至更少的时间内将想法变成市场。在一些广播脱口秀受邀者还要等好几天才能上节目的情况下，谢里尔独特而及时的运气使她立刻就受到邀请并上了节目。

广播节目之后，谢里尔开创了她的演讲生涯，并为其生产线开了另一家分销处。另外她还找到另一个赚钱的渠道，即培训其他发明者为他们提供知识支持。她甚至被邀请到全美最负盛名的时尚发布会上展出她的时尚系列鞋垫，这又为她带来了成千上万的利润。

广播给了谢里尔所寻找的获取即时收入的方法。

就像谢里尔一样，你如果也想上广播电台的节目，最关键的就是将你的产品、服务或者产业知识与时下的新闻话题或者与那些脱口秀主持人正在找寻的相关话题联系起来。在很多情况下，在被邀请之前，你就可以高调地给节目主持人讲述你的亲身体验。在比较大的节目中，你可能需要与栏目策划人或者制作人联系沟通。

布下诱饵，让制作人上钩

有很多方式可以上广播或者电视脱口秀节目，但是如果想把事情完成得很好，我会向我的媒体顾问米歇尔·安东（Michelle Anton）求助。她曾经担当《劳拉·施莱辛格博士脱口秀》(*Dr. Laura Schlessinger Show*) 的行政制作人，听众达到1 500万人，并且她还为理查·及彭斯（Leeza Gibbons）、蒙泰尔·威廉姆斯（Montel Williams）、丹尼·伯纳杜斯（Danny Bonaduce）以及 A&E 人物志等制作过节目，她还曾经在《欧普拉·温弗丽脱口秀》(*Oprah Winfrey Show*) 中担任副制作人。

作为一个有着多年邀请访问嘉宾经验的人，米歇尔建议使用以下几个诱饵应对你第一次接触脱口秀主持人和制作者时的情况。

- **提供现场诊断。**介绍自己时，宣称自己是某个领域的专家，能告诉听众如何应对一些特殊情况。为了增强影响力，把它和时下的热点新闻联系起来。
- **与听众互动。**帮助来电者理解问题、分析问题、克服困难、改进和达到目标。
- **介绍解决问题的不同方法。**为困难群体提供一些小点子，比如如何找到一份好工作、怎样提高婚姻质量、怎样马上还清债务等等。
- **进行测试。**给节目主持人列一个问题清单，然后让来电者或者听众朋友们回答。
- **和电影联系起来。**将你的产品、服务、信息或者专业技能和时下热播的电影联系起来。比如，迈克尔·穆尔 (Michael Moore) 颇具争议的纪录片《华氏 911》(*Fahrenheit* 9/11) 就与政治话题、爱国主义、伊拉克战争以及对布什总统诚信度的质疑联系在一起；节目《笔记》(*The Notebook*) 是关于老龄化问题和阿尔茨海默症；影片《后天》(*The Day After Tomorrow*) 则聚焦于因全球气候变暖而引发的一系列灾难。
- **和流行文化联系。**将你的主题和流行文化联系起来，包括电视上最近正热播的、离奇古怪的新闻故事、生育高峰以及其他一系列相关方面。问一些能够引发听众思考的问题，比如“那些真人秀节目《极限改变》(*Extreme Makeover*) 和《单身汉》(*The Bachelor*) 真的反映真实人生吗?”
- **和名人拉关系。**作为一个专家可以在节目中谈一些名人情况，比如整容、宠物、婚姻状况、吸毒、饮食紊乱以及其他名人特有的现象。
- **亮出观点。**当被采访时，主动亮出自己与众不同的观点并加以解释。
- **给自己取一个让人难忘的名字。**给自己取个别称，比如“离婚侦探”或“钱博士”，然后用一些与产品或服务相关的亲身体验和建议确定你的专家地位。
- **提出一个具有争议性的问题。**学校的午餐是否会导致学生成绩下降?为什么税收制度对单身人群不利?

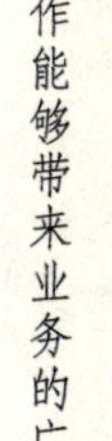

怎样接近脱口秀节目主持人和制作者

你只有两个机会使主持人和栏目策划人对你深刻印象并邀请你参加他们的节目：一是你发送给他们的具有前瞻性的文章；二是你打电话给他们并将他们吸引住。

你的新闻资料最好是以PDF的格式呈现并用电子邮件的方式发送，因此可以给人留下很专业简练且与时下紧密联系的印象。确保与人们当前的兴趣紧密相关的策略就是频繁地改变封面强调故事与最近主要新闻热点、名人事件或者其他热门话题有紧密联系。如果你的话题是有具体日期限制的，比如一个节日或者政府的截止日，那么请确保在你期望上节目之前上交你的新闻资料。那么新闻资料袋应该包含什么呢？

- 一个写有你白天和晚上相应联系方式的封面；
- 你的照片和简历，不超过一页；
- 媒体采访问题（之后谈论）。

在你第一次打电话给制作人或者脱口秀主持人之前，将一个30秒的简单介绍背得滚瓜烂熟，这些细节包括你是谁、为什么你能吸引听众或者对听众有帮助。先询问现在是否是合适的谈话时间，然后你再介绍自己的姓名，接着开始你的30秒演讲。让我们看看下面的例子：

你好，制作人先生，我是比尔·杰弗里斯。我是一个离婚侦探，会给听众传授一些方法试探他们的配偶或者女朋友有没有不忠的行为。我从事职业私人侦探行业已经23年了，我确信我能够让听众被我的故事深深吸引。我喜欢别人打电话向我咨询，实际上，在12秒甚至更短的时间内，我就能告诉咨询者他们是否要去离婚法庭。您收到我昨天给您发的电子邮件了吗？这个话题适合您的节目吗？

和制作人谈话最关键的就是要和他建立并保持和谐友好的关系。眼光放长远一点。如果制作人现在对此不感兴趣，别太在意，你应该找出其他你能做的事情，比如送样本、主动提供服务甚至提及推荐其他专家，从而使制作人能制作一档围绕你和其他相关人士的节目。因为很多节目都是由两个对立的阵营构成，所以你应该知道两边的话题并且主动告知他们的姓名、电子邮件地址，如果可能的话，不妨提供电话号码。

考虑编辑和制作人的兴趣。仔细聆听他们的话，提一些开放性问题，从这些话语中找到他们感兴趣东西的。努力把负面反应变成正面积极的反应，至少变成将来的一个机会。

最后，总是保持快乐的工作心情。生活已经很艰难了，不必与这些创造复杂事情的精英人士一起工作加重自己的痛苦。

在广播电波中好好表现

广播电台的脱口秀节目纯粹是娱乐节目，你在电波中表现得越有趣生动，越吸引听众坚持听下去。如果你的节目足够有趣和吸引人，并能让他们忍受中间的商业广告，那么你表现得不错，节目主持人可能还会再次邀请你呢。虽然和媒体保持友好关系是一门艺术，但是擅长谈话交流则使你成功一半。接下来介绍一些你参加现场直播节目时保持良好表现的小贴士。

• **制作一个采访问题页面。**当你发现主持人邀请了很多嘉宾，却对嘉宾了解得并不多，只能从新闻资料袋中知道一点皮毛时，你肯定会无比惊讶。所以，通过提供问题使主持人的工作变得相对简单是你的责任。这会造就一个成功的采访，创造一档优秀的节目。

• **写下最好的答案并将其记熟。**你确实需要吸引你的听众并提供给他们尽可能多的信息，但是同时你还要将谈话转向你希望的方向，这样你才能表现得到位并给人留下深刻的印象。为完成这些，首先将你对媒体采访问题的答案好好准备一下，然后将它们背下来，这样你在上节目时便可以思路清晰。正如销售脚本会帮助销售人员在电话销售中更快进入状态，了解基本的对话会帮你在现场脱口秀节目中收放自如。

• **主动要求以接听电话的方式和听众互动。**脱口秀主持人喜欢把听众拉进节目中，主持人会让采访嘉宾解决听众的问题或者和听众互动。如果你确信自己有足够的信心即兴回答问题，并且你参与的脱口秀确实采用了打电话咨询互动的模式，那么你可以在电话中创造生动的谈话交流。

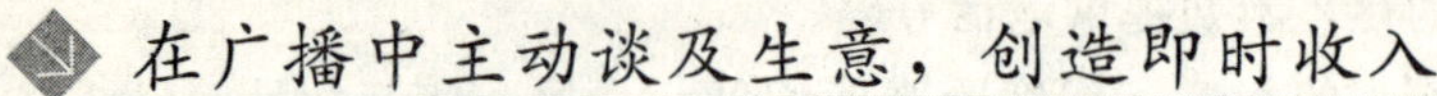

在广播中主动谈及生意，创造即时收入

尽管参与节目的表面目的是为了给听众透露信息、启迪并娱乐他们，脱口秀主持人明白你的目的并不限于此，你主要还是为了推广你的产品和服务，否则你为什么在节目中如此卖力呢？

在广播中获取即时收入，你首先应该事先写好一些台词，将它们牢记，这样当你在节目中接受采访时，你就能谈笑自如。你可以为每一位一周内购买你的产品或服务的听众提供折扣，如果听众打你的免费电话，他们也可以得到减价优惠，你还可以分发免费券给听众，使他们晚上光顾。总之不管你决定怎么做，你要记住一点：回应一定要简单。

记住大部分听众是在开车时收听你的谈话节目，所以你提供的免费电话的号码要容易记，并且注册的网站域名也要很容易记下来。

然后在节目做完几分钟后，做好接受成百上千个来访电话和反馈的准备。

广告策略四

购买剩余的时段或版面

我们的广告策略包含使用没卖出的广播时间，这种策略几乎马上给我们带来了每月100万美元的收入。最后，我们的媒体销售额达到每周180万美元。仅仅在五年内，我们销售收入就从300万增至630万，我们主要利用那些没被卖出的广告版面和低成本运营的媒体公司。

——杰弗里·威科夫，Sirius集团副总裁，Zap! Cleaner的发明者

即时收入有时候并非来自外部资源，相反它来自于你的银行账户里已经存在的钱。剩余广告（remnant advertising）帮你大幅度削减广告费用，因为你所购买的是新闻报纸或者媒体愿意以低价抛售的剩余空间。

怎样谈判得到剩余时段或版面的价格

在新闻报纸和杂志行业内，对于广告者有两种不同的截止日期，一个是空间截止日期，一个是材料截止日期。

当新闻报纸或者杂志在某个特定的问题上不再收集意见，比如说周二的议题或者 4 月话题，那就意味着在那个问题上它不再接受在广告空间插入广告的订单。空间截止日期一到，广告部门和编辑部门就会将所有的广告预定单和文本内容一起交给排版部门，排版部门负责将这些零碎的图画和文字拼凑起来并设计最终出版的排版格式。

这里有一个业内秘密：排版部门总是会有剩余的版面，有时是半个版面，有时一个，有时只是一些产生自各个广告和打印标记或者页数之间边边角角的小空白。

有些报道称：每年新闻报纸、杂志、电视、广播电台以及其他传媒没有被使用的广告空间价值高达 300 亿美元。

与报纸联系剩余版面的销售

很多新闻报纸和其他媒体并不将这个事实公布于众，即他们以剩余广告的价格销售广告空间。事实是很多媒体确实以 5 折甚至 2.5 折的价格销售广告版面，而且他们宁愿以低价销售给你，也不愿在版面上给自己的产品或服务做广告，因为这样的话他们一分钱也赚不到。

如果你有一张显示各个媒体广告标价的卡片，你应该至少在最低价（包含对于那些广告常客所收的价格）的 50%左右开始砍价谈判。在给你的广告商打电话之前做一道数学题，这样你就知道对你而言最终应该选择哪个价格才是真正捡了个大便宜。我已经成功地为自己和我的客户购买到了剩余版面，其中包括价值 1.1 万美元的《洛杉矶时报》(*Los Angeles Times*) 的版面，而我们仅仅支付了 4 500 美元，节省了整整 60%。

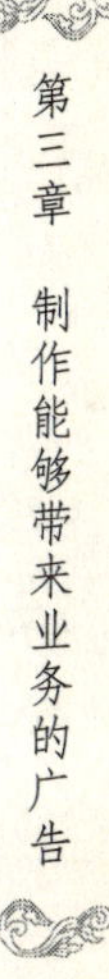

记住新闻报纸一般在周一和周二有更多的剩余版面。因为大多数销售广告会选择周四到周日的版面。如果你销售的是有关个人提升的产品或服务，那么选择周一和周二是最理想的。在吃得太多、花得太多、运动得太少的周末过后，消费者便会在周一早晨看见你的广告可以为他们解决这些问题。在周一和周二的体育版面，为你的男士产品或服务做广告可以帮你获得在刚刚过去的周末参加了体育活动的读者的注意。

准备好你的广告然后等待出击

确保刚好在空间版面截止日期临近时给你的广告代表打电话，告诉他们你想知道当不再邀请广告商时所有剩余的广告空间。

告诉他如果能给你一个剩余广告空间的范围格式，你可以立刻将设计交给这个媒体。

你还可以说你们是在测试这个特别的媒介，你们也只愿意在剩余空间上做广告。如果市场测试显示有赢利空间，那么你们再将广告搬到正常的广告版面上去。

关于从同一个期刊购买剩余广告版面，我还有一个重要的发现，那便是广告代理人会和排版部门合作为你创造剩余空间。

当代理人为你找好了剩余空间，你也应该准备好行动了。你的平面广告应该已经做好，如果可能的话以不同的大小呈现。至少你有能力使用一系列版面设计软件，如 Adobe InDesign、QuarkXPress 及其他页面设置软件将你的模板快速地改变。只要你有广告的电子版，并包含所有广告中使用到的字体和照片，你也可以询问那个报纸的排版部门是否可以依据剩余空间的大小为你的广告重新安排大小。

一旦你成功购买了剩余广告空间，你应该在材料截止日期前上交你的广告。这个截止日期就是你的广告、广播广告录音或者其他可接受的广告应上交的时间。给报纸和新闻媒体留下一些时间，让他们进行必要的法律检查。对于某些产品和服务，这是必需的。

随时待命，节省更多

比剩余广告版面还要省钱的是那些随时待命的广告，也就是只要媒体有剩余广告版面，他们就会使用你的广告的一种形式。你上交给他们你的设计或者商业广告，并支付你们协议的每月最大金额，这样的话，媒体就会把你的广告存档，使用时不通知你。这就意味着你上交的广告应该是你一直期望推广的产品或服务。

随时待命的诱人之处就在于你总是以超低价达到更良好的广告效果。

广告策略五

进行特价销售并提供特价理由

在讲了我控制外出演讲的理由后，很多年轻人参加了我的新演讲者培训项目。我们之后将价格从1万美元提高到2万美元，但是这个项目仍然大卖。

——莱斯·布朗，资深激励演讲家，《梦想着生活》的作者

世界著名的激励演讲家莱斯·布朗（Les Brown）是我多年的朋友，也是我多年的客户。当他与癌症搏斗时，他决定限制外出旅行上课的时间，但是却意外地通过培训演讲者拓展了自己已经从事了30年的世界顶级演讲职业生涯，从而将那些因疾病而失去的收入补偿了回来。

他决定讲授他的演讲技巧、为吸引预定而采取的策略、创造再次购买产品的模式以及其他类似信息。有人会问："为什么莱斯·布朗在自己每年从演讲职业中获得上百万报酬的时候会培训别人？"

他想离开这条职业道路，就是他的原因，事实证明这十分具有说服力。

在短短的第一年，就有很多演讲者花高达1万美元的价钱上莱斯的培训课程，而其中一些人现在已经跻身为世界炙手可热的演讲家。

为什么特价理由可以帮助征服潜在顾客

没有任何一个顾客想知道，作为一个商人，你的唯一动机就是从他们身上赚取大把大把的钞票。这个想法让人恼火。但是如果你有一个很合理的让人不得不仔细聆听的原因说明你为什么要卖这个东西给他们，那么讲讲你的亲身体验会使你显得更人性化，而且也会让你的价格、你的销售急迫性更加可信。

实际上，在直接回应广告中，特价理由就显得十分重要。如果你在销售时没有一个合理且具有说服力的理由，我的建议是：找一个。

在莱斯·布朗的案例中，他为什么要培训别人一开始是不被理解的，之后告诉人们他为什么要这么做，使这个想法听上去更可信，而且那个课程的高价格也更能让人接受。他甚至在广告上描述了演讲职业中会遇到的一些不太光鲜的事情，比如在安检中脱鞋、每个晚上都在不同的城市睡觉等等。这些能帮助读者更多地把莱斯看成一个平凡人，一个和他们很相似的人。

几十年的市场销售测试显示，说明促销原因会让更多人回应你的产品或服务。这不仅帮助你和潜在顾客建立更紧密的联系，而且会给他们营造一种时间有限的氛围或者让他们感觉情况特殊必须马上采取行动，他们相信这种情况不会持续太长时间。

想想你自己的广告。为什么你要出售广告中的产品或服务？为什么你选

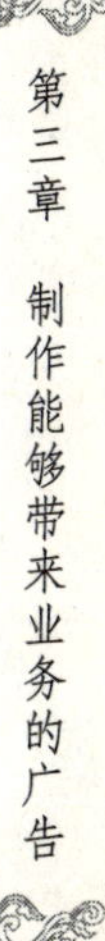

择这个价格出售？为什么你现在才出售？它们是最后一点存货还是库存过多？你有一个不寻常的原因吗？比如：

- 政府最近对健康保健服务提供商宣布了新纪录保持条例，那么你的文件储藏公司就应该相应地提供一些新服务；
- 你日程上的亚洲之旅已经被推迟了，你现在有两周的空闲时间，愿意以半价为顾客提供一小时的优质咨询规划服务；
- 你的供应商只给你提供了有限的存货，这对于你的主要店面而言货源远远不够，但是协议上却承诺以78%的价格卖给消费者；
- 你最近得到了一整套19世纪的法国家具，它原属于好莱坞的一位名人，对于普通大众而言，显然太昂贵，所以首先想到那些最忠诚的顾客。

不管你的理由和原因是什么，一定要将其说出来。

在促销时使用一个令人信服的原因

在即时收入战略中，最快捷的方式就是为你的促销商品做广告，指出促销是由于某种特殊原因，而这种情况不会持续太久。可能你只有有限的货源；可能你的货很独特，将来不再生产，也就具有不可复制性；也可能你的咨询公司面临一种独特的局势，这给顾客创造了百年一遇的机会。

和我一起工作过的咨询师曾经半价给顾客做咨询，他的家庭旅行计划因故取消，所以日程上便多出两周空闲时间，并且他还想接下来提高他每小时的咨询费用。于是，空闲的时间和马上就要涨价就成为提供半价服务的强有力的理由。

我提供咨询的一家珠宝公司每年都会在春季举行一次为期两天的珠宝促销展。我为他们写的广告主要讲述每款珠宝的故事，如它们为什么是独特的，并且在展销第一天大门打开的那一瞬就会被售出。不是简单地把那些二手珠宝放在盒子里，然后等待顾客光临，我们告诉人们所有的珠宝只销售一个，售完为止。

为了推广你的促销品，在新闻报纸中做广告、给你最好的顾客写私人信件推荐、给你的电子杂志订阅者发电子邮件或者使用其他有效的信息传播途径。

在每一种传播途径中，开篇告诉人们为什么，并使用以下类似的标题：

关于佩德罗·古拉卡作品，我们找到了他的平版印刷画的唯一储藏地——所有的画都完好无损并且都有那位于 1923 年逝世的艺术家的签名。

然后开始在正文中讲述你的亲身体验，第一自然段开始，像以下范文这样：

我很少会给我最好、最杰出的顾客写这样不体面的信，但是事实是我实在控制不住内心的喜悦。就在今天早上我接到一个电话，这个电话来自西班牙，他告诉我他们找到一个特别的宝藏。

在佩德罗·古拉卡的住处发现了 200 多幅平版印刷画，并且每幅画都有他的署名。这些画最近在现代艺术博物馆的地下墓室中被发掘出土，都完好无损。

我很快地竞买到了所有的画，并策划在《现代大师》这本杂志上刊登一张全版广告。但是在广告 6 月出版发行前，我还是决定先告诉你——我最忠实的顾客。一旦大众知道了这个珍奇的发现，我不敢保证我是否能在这些重要的画中留下一件。

为了让你更清晰地认识这些发现的重要性，我首先给你详细描述一下每幅画：

总共有 27 幅保存完好的、著名的佩德罗·古拉卡平版印刷画，其中一幅名为《女孩和她的同伴》，这是他在 1917 年夏天完成于玛拉噶的作品……

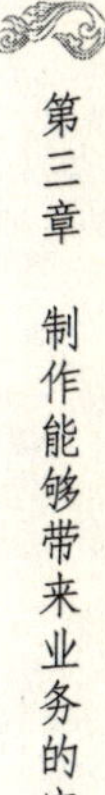

确保在促销页面中通过一个独特的价格告知人们具体的报价，把你们产品、服务促销的截止日期附上，并给读者留下简单易操作的联系方式。

第四章
开发即时收入

对所有小规模企业来说，发掘潜在顾客是他们的重要活动之一，然而这也是产生稳定收入的系统中最不为人喜欢、执行最差的一个环节。造成这种疏忽的原因之一是：人们往往认为发展潜在顾客是广告的副产品，于是经营者倾向于忽视它，而使用广告产生即时销售。他们相信仅仅通过广告就能产生潜在顾客。

但是比较明智的方法比上面所说的要复杂得多。

发展潜在顾客是你经营活动中非常重要的一部分，你必须对它单独处理。它是一种产生客户群数据库的方式，这些人了解你，喜欢你提供的产品，并且更容易被说服购买你的产品。如果你不通过各种策略形成一个稳固的主动咨询你的产品和服务的人群，那么你的资金流动将会处于危险之中。

将任意性开发转化成战略性开发

战略性开发是指你选择策略支持并且增强其他市场和销售。例如，如果你提供的奖金或利润在达成交易方面很有成效，那么你要努力确保将奖金或利润传达给对方，将它作为市场努力的基础，这样你很可能会发掘两倍的潜在顾客而且完成更多的销售。

战略性开发意味着你要成为频繁开发并且一直领先的人，而不只是当你需要更多交易的时候才行动。这对于那些一旦得到一位新顾客就停止做广告以便提供服务的行业来说尤为困难，比如咨询业、个体企业以及其他行业。这种不断地停止与开始是一个恶性循环，但还是有办法不断产生急切与你合作的潜在顾客。

找一个专门的市场并占有它

“你不可能满足所有人”，还记得这句古语吗？虽然它是陈词滥调，但却是不争的事实。在当今这个专门化的世界里，你不可能成为一站式商店，期望每个人都来买产品。那么你怎么样才能够发掘尽可能多的潜在顾客，让他们想从你这购买产品呢？换句话说，你怎样才能将自己与竞争对手区分开，成为顾客最终想进行交易的唯一公司呢？

答案很简单。

找一个专门的市场并占有它。找一个你所在行业至今无人发现或者至今还无人成功开发的领域，创造一个专门的、独特的、人人需要但是还没有人提供服务的领域。成为一个大家都向你求助的专家，你能解决他们都遇到的某个问题，而以前没有人能以你的那种方式解决。

但你不必为此改变你的经营方式。

通常，利用好的销售改变人们对你的信任更容易。

让我解释一下。

当你出售一件普通的产品或服务时，比如干洗、薄记、礼品篮、五金器具等等，你是在和当地的其他干洗店、簿记员或五金商店竞争两个要素：产品和价钱。你必须知道你的竞争对手提供的是什么；你必须知道他们的收费标准；你必须保持你的价目清单跟他们的相比具有竞争力；有时候，你甚至必须像他们一样发放优惠券。

不幸的是，不管你多么紧密地追踪你的竞争对手，在这场产品与价格战中你每天都有失败的可能。每当你的对手进行特价促销而你却负担不起时，或者当你的对手购买新的设备而你却买不起时，你就会面临顾客流失的危险。

如果有一个专门的市场，那么不管是你的专门技术、设备、价钱、价目清单、选择条款哪个方面，你都能把自己放在一个比你的竞争对手更好、更吸引人、更有能力、更专业、更有才能的位置上。在这个专门的市场，你能以一句话或更少的语言告诉人们你能多么好地解决他们的问题，满足他们的需要。

以下四个步骤将告诉人们你是如何的出众。

- **将自己置于顾客的位置思考。**将你的顾客最常参加的活动以及需求列一个清单。如果他们花相同的钱从你这里购买到一些基本产品或服务，他们会想要什么呢？两小时的递送服务？当场提建议并成交？还是接受服务时得到贷款优惠呢？

- **列一个产品和服务清单，特别是那些你很少做广告的独特附加品。**与你的员工进行头脑风暴式的集体讨论。很可能他们正在做一些额外的工作，将免费赠送礼品作为好的顾客服务或总的产品质量的一部分。或许当你的商品脱销时，他们可以给竞争对手打电话满足顾客的需要。可能为了在相同的质量条件下提供更快的递送服务，他们已经形成了自己的系统。不管是什么，你先给这些未打广告的“赠品礼物”列个清单。将来你能把这些作为广告活动的一个主题吗？顾客会仅仅因为知道这些额外小礼品而更乐意到你这里购买产品吗？

• **为了满足顾客需要，将你现在未提供但是未来会提供的附加品列个清单。**大多数顾客往往不是出于价格、产品以及服务进行购买，他们有购买的理由，比如便利、可靠性、投递、培训、保证、氛围、金融选择、零售支持以及其他因素。

如果你提供管家服务，你会进行培训、担保并联合所有帮助你的人吗？你会提供你自己的清洁用品吗？你会了解并安排对一些特殊项目（如地毯、窗帘等）进行定期清扫吗？你会在假期之前提供免费清扫服务吗？如果你是记账员，你会在每月月初的时候多请一位雇员，从而保证在每月5日的时候就能交财务报告吗？在你进行开发活动时，不要忘了谈及这些额外服务。

顺便说一下，你所附加的价值不应该是你能提供质量“更好”的产品，提供“更优质”的服务。这些在现今不过是空头支票而已。

• **告诉你的顾客和潜在顾客你为什么能比你的竞争对手更好地满足他们的需求。**如果你能成功地告诉人们你的不同点，那么你就能开发一个领域并拥有它。这就需要你寻求解决方法，并在广告中清楚地将这些方法描述给顾客。不要再问你的顾客或潜在顾客：“你想要什么？”相反，要问他们：“你想实现什么？”

使你与众不同的另一种方式

如果你提供的是一种很平常的产品或服务，那么在市场上突出自己的方法就是在你的竞争对手有机会介绍产品或服务之前先行一步。

你可以告诉潜在顾客你怎样选取原材料、为什么使用某种特定的钮扣以及每个产品都要通过18关质量检测，你甚至还可以描述你的包装和货运方式。当然，可能你做这些的方式和你的竞争对手没有任何不同，但是仅仅因为你描述了产品的制作过程而他们没有，你就能从竞争中脱颖而出。

潜在顾客会很自然地倾向于相信你的产品更好一些，而认为你的竞争对手没有仔细遵守那些流程操作。为什么呢？因为他们没有在广告中描述他们的制作过程。

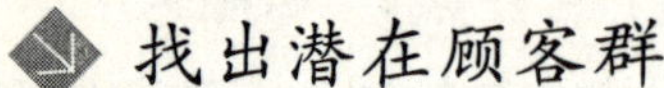

找出潜在顾客群

如果你清楚了解你所提供的服务，而且用从这本书中学到的技巧做广告，你就能很成功地获取潜在顾客。

但是成功地传递信息还只是成功的一半，你必须同时保证你的信息会被那些有购买能力的消费者读到、听到或看到，而非那些没有购买能力的人群。

还记得专门市场这个概念吗？你的潜在购买者会一直存在于那个特殊领域，他们有自己的兴趣爱好、有特定的职业和宠物、有特定的生意、去特定的地方旅游等等。当你确定了一个领域，并将他们当成有着相似点的个体看待时，你的广告和潜在顾客开发活动将会变得更容易，也更成功。

当然，取决于你的生意，你的潜在顾客可能就在你的店铺或办公所在地，也可能居住在国内其他地方甚至在国外。不管怎样，他们都是你所在领域的一部分。

让我们看几个例子，看你怎样能找到这些潜在顾客。

• 酒商可以租用当地订阅美食和美酒杂志的顾客的名单，邀请他们参加葡萄酒酿造厂举办的一些特殊活动。

• 营养专家可以租用当地订阅健康杂志或者邮购营养品的顾客的名单。

• 专做室内装潢的室内设计师知道他们哪些顾客拥有名贵的车、订阅高档杂志，但从不清理自己的游泳池。当地汽车购买者和杂志订阅人的名单很容易租到，并且游泳池维护公司也非常多，那么室内设计师就可以和游泳池维护公司建立合作伙伴关系。

• 正在寻找客户的广告公司可以阅读黄页信息簿，其中刊登了半页广告或者篇幅更大的广告的公司就是潜在的大客户，因为它们已经在广告上花很多钱了。

首先，弄清楚你最好的潜在顾客正在做什么、读什么、买什么、看什么以及听什么，给这些列个清单。然后，确定怎样通过租借名单或询问他们的合伙人得到这些顾客信息。有些公司已经在出售产品给一些人或者在做广告，那么你也可以通过这些公司获取那些购买者的名单。

利用多种开发手段提高你的可信度

利用多种手段使你在潜在顾客面前看起来更好，比如：先直接邮寄广告，然后进行电话销售，最后给他们发请帖参加一场晚上举行的研讨会。这些努力会增加你的可信度，让你的经营看起来更专业、更成熟。多种印象会让你的潜在顾客更信赖你。

当然，获取潜在顾客的方法（各种花钱做广告的方式）是多种多样的。根据我的经验，我将按照以下使用说明（清单中的斜体部分）着重讲五种最有效的策略。下面是发掘潜在顾客的不同方式：

广播节目
名片/CD
直接邮寄广告
广告展示
免费信息的发布
电子邮件
插入/卡片附件
媒体关系
预演研讨会
商业广播
电台采访
客户推举
宣传附件
电话销售
视频研讨会
电视广告
展销会
两步计划
网站交易

从你的时间、努力以及金钱中获取更多优势

我所列出来的这些策略来自不同的行业。观察一下你所在的行业，你会发现你的竞争对手都在以同样的方式发掘潜在顾客。不要用和其他人相同的方式开发，这种做得再好也只能在别人已有的基础上提升5%～10%。相反，你应该尝试一些不同于其他人的新方法，不要局限于行业标准。

首先销售给小部分人

绝对不要花大量的钱给10万个人寄广告邮件或者购买整版的广告版面，在这之前一定要先进行小范围的测试。

例如，或许你已经发现了 10 万个房主，这些房主都有粉刷房子的打算。在你知道哪条消息会给你的市场投入带来最大收益之前，不要租下整张清单给上面列的每个人发一张关于你们提供的装修服务的销售单。为什么不找准一小部分人，对这个更合适的人群做更有效、更频繁的销售呢？这样，当你最终将 10 万人都宣传到位的时候，你的成果肯定会更好。

下面这个例子很好地说明了这一点。我的一个朋友在一次糟糕的特许经营中损失惨重，当时他可以另外再找一份工作或者花数月的时间开发新客户。我建议他通过免费提供服务获得一位咨询顾问的担保，这位咨询顾问将他的服务推荐给了自己的顾客并提供担保。这样，他在一星期内赚的钱比他花一个月的时间做别的事情所赚的钱都要多。

开始我朋友的资金只够给整个 3 万人的担保名单中的 100 人发送信件，这个取样非常小，很可能一点钱也赚不到。

但是他后来赚钱了。

事实上，我朋友在后来的 6 个月中一共只寄了 600 封信，然而这 600 个收信人中有 50 个人成了他的客户。在 6 个月中，平均每个客户从他那购买了 1 500 美元的服务。

从小范围做起，你可以测验出哪些方法可行。接着，你就可以形成一个将潜在顾客转化为购买者的系统。自问哪种方法更有效：给 10 万人每人发一封信件，还是集中在 2 万潜在顾客身上，给他们发两张不同的明信片，免费提供报告，邀请他们参加视频研讨会，再给他们寄一封教育信，最后由你的销售人员给他们打电话。

别忘了要做得更多

明智地开发潜在顾客很重要，但进行开发活动的频率相对而言更重要。为什么呢？因为你经营的投资很大、资产很贵重并且开发活动有时间针对性，你不能依靠单个的策略随机地进行客户开发。你不能仅仅做一个广告、寄一封信、制作一个商业广告节目就期望它能给你提供固定的源源不断的资金流入。就算是最成功的项目随着时间的流逝，最后效益也会降低。

更安全的经营方法就是拥有 4～5 个或者 10 个新潜在顾客的来源。如果你的收入来自于能从不同渠道吸引顾客的持续、得当又有针对性的开发方法，那么你就不用担心因为失去某一源头而陷入商业困境。

潜在顾客策略一

组织预演研讨会宣传产品

自 1990 年起，我们就一直在全国范围内为各种企业提供全程研讨会营销体系。研讨会是最具成本效益的销售方式，它成功后支付佣金成本最低，但回报率最高。平均计算，我们推广一次研讨会就能产生 92 个研讨会预约，而支付佣金却只有 43 美元。

——凯瑟琳·邓恩，凯瑟琳-邓恩联合公司，

一个以业绩为基础的市场营销公司

如果你的企业要从你的家乡或当地市场吸收客户、病人或者顾客，那么提供一些免费的晚间研讨会或周末预演课程是让你的潜在顾客试用你的产品、服务和技术的绝好方式。

这些研讨会和课程不仅帮你吸引新的顾客，而且还能帮你留住老顾客，他们会觉得你提供的服务比他们从你这个行业中所得的一般服务要好。家居装修用品商店、皮肤护理沙龙、书店、花园中心、计算机零售商和其他类似的生意都提供免费的讲座、示范以及课程，他们知道参加这些活动的人以后会优先选择自己寻求帮助和购买产品。

如果你出售建材、拥有一家美术用品店、经营一家厨房用品店、提供居室景观美化用品、教授潜水课程或者其他一些顾客想自己安装或有兴趣亲自尝试的事情，你可以开设一些自己动手或学习基本技巧的课程。能帮你带来即时收入的方法有很多：

- 通过课程让你的顾客开始做一个项目或拥有一个爱好，这样课程一结束，他们就需要购买工具和用品；
- 让你的顾客能在某个他们以前不知道的领域欣赏你的技术，这样他们会因为新的服务而购买你的产品或推荐别人购买；
- 激活那些曾经的顾客一直想参加课程的欲望。

此外，开设课程是一种绝佳的办法，它能建立起你和顾客之间的纽带，让你找出为什么他们会购买你的产品或服务，知道他们为什么推荐或不推荐

其他人给你，并且还可以寻找潜在的支持者或者拥有你的潜在顾客的合作者。

使用得当，预演研讨会也能成为很好的销售场所。

从后期收入开始考虑

当你决定举行晚间讨论会、学习研讨班和其他项目时，要从后期收入方面考虑。也就是说，顾客一旦参加了这些活动，你最终就要将产品或服务卖给他们。想想你将给人们提供什么产品，计算一下你的预期收入，然后设计一个方案将产品呈现给参加活动的人。用下面的清单引导你：

• 你将提供什么产品，价格是多少，你的套装中包括什么；

• 设计广告、传单或者其他用于研讨会的促销单吸引那些会购买套装的人；

• 设立一个回应机制，比如呼叫中心、网站或者在你的办公室或其他地点安排经过前台培训的员工，以便人们能在这些地方购买产品；

• 尽量用各种可行的促销方法吸引你的潜在顾客，从给你现有的顾客发送邮件让他们邀请他们的朋友或家人收听广播、看广告到媒体发布、请合作伙伴帮助邮寄等等。任何的方法，只要你能想到的，都要尽量用上。

通过举办研讨会和教授课程取得即时收入

最成功的讨论会稿件包含行业信息、操作示范和其他能给参加者提供实用价值的细节信息。但是除了以上这些，他们还会发送有说服力的邀请，让参加者马上购买试过的产品、描述过的服务或你在演讲台上刚讲的咨询事务。为了产生最大化的即时收入，你可以采取以下方法。

• **在台后的房间出售产品。**确保套装包含课上示范的所有内容，因为参加活动的人在模仿示范过程时需要它们。

• **以特价套装形式给顾客提供咨询服务。**不管是广告服务、商务咨询或是其他服务，尝试着把所有可能的服务放入一个套装，并给当晚购买套装的人打折。一种常用的方式是给套装附带一件看起来好像有很高的面值，但实际上成本很低的赠品，然后将这些赠品的成本加到整体价格中去。

• **追加出售项目。**紧接着主要项目，你可以出售进修课程、执行摘要或其他特殊项目。你也可以预先以低价销售，在出售主要项目的销售资料中提到它们。

- **将参加一整天研讨会的人员纳入长期项目人员。**这些包含能持续数月的强化课程或者课程计划。
- **接下来是电话销售。**有些人参加了研讨会，但没有购买产品。过几天后，给这些人打电话，向他们推销你所提供的产品。

在当地广泛宣传你的生意

你不必把自己局限于当地的购物中心或自己的商店进行的研讨会。服务俱乐部、教堂、青年组织和其他团体每周或每月的活动都需要发言人。在当地宣传你的产品，说明它能立刻满足人们的需要，这是将你的专业服务出售给当地的潜在顾客的理想策略。

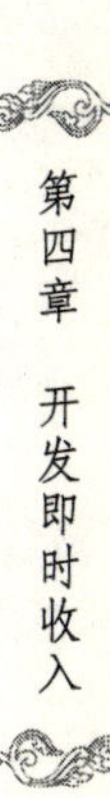

在行业展览会和讨论会上发言

同样，如果你的生意在一个纵向的市场操作或者是在一个常举行会议、展览会等其他事件的行业中进行，那么你应该与交易协会或组织者联系，让他将你加为会议教育论坛的发言人。

潜在顾客策略二

组织两步策略活动

教育是销售产品给潜在顾客的重要部分之一。有时候，一种产品或服务需要很多教育，本来一整页纸或是一个精致的网页就可以很好地传达的内容，教育却需要更多的空间、时间和口头阐述。如果潜在顾客需要更多的信息，你要让他们直接与你联系。

这便是进行两步策略活动的时候了。

两步策略活动以一系列精心设计的步骤开始——一个广告、一封信、一封电子邮件、一张明信片或者是语音广播——这些可以说服潜在顾客，让他们继续下一步并且与你联系。当人们回应的时候，你便提供一份报告、电话研讨会、现场销售电话、晚间讨论会、短期电子邮件课程或是其他交流形式完成这笔交易。

当然，除了作为销售的一个强大的工具外，这种两步策略活动同样也在名单建设方面有很强大的功能。它能将你的潜在顾客的名单上填满那些已经通知过的，对你的产品感兴趣的人的名字。他们说："对，我有兴趣了解更多，或许我会从你那里买产品。"那些都是高质量的引导。

两步策略活动究竟是什么样

进行两步策略活动的方式有很多，而且在很多情形下两步策略活动能立刻为你的销售转换过程创造成千上万个高质量开端。有些常见的方法：

- **从许可使用的合作名单中产生购买引导。**你的合作伙伴通过信件、电子邮件或者电话的方式支持你，热情地将你推荐给他的顾客，这种形式往往比其他购买引导更好。这种方式产生的购买引导通常已经预售了，特别是如果你给你的合作伙伴写了一封很好的介绍信或者电子邮件签名。在这种活动中，回应者会直接联系你并要求要一份信息册子，获取更多信息；预定一个试探性磋商，看他们是否有能力和你合伙做生意。
- **产生初级样品"体验者"的购买者。**为你的两步策略活动付款的理想方法是出售一个便宜的样品，然后用其他创造即时收入的策略引导那些顾客购买更贵的产品或服务。我的所有产品（包括 49 美元的特别报道和 2.47 美元的录音磁带）都做过广告。这种方法的好处在于，它不仅能产生热切的潜在顾客，这些顾客会找到你的公司并发现那些昂贵的产品确实很有价值，而且你的两步策略活动能迅速产生利润，也就是说它自身就能支付成本。我所能给你一个建议就是以成本价提供样品，比如 3.68 美元，将你的所有成本都加起来所得的实际成本（邮寄的信封、邮寄费、呼叫中心、员工薪酬）然后如实地告诉顾客，你是以成本价提供样本的。别为了凑整数算近似值。带零头的数字会让顾客更容易相信你的话，并且更喜欢你。"我不是在欺骗你，我没有从中赚一分钱，我只想把产品信息传递到你手里。"
- **为你的自动回复系统设定一个最优时刻表。**你可以从网络策略一"发布病毒式报告及精简页面"中了解关于这个强大技术的更多信息。总之，你可以为多重教育邮件系统创建选择使用，每一个邮件都根据你事先确定的日程通过一个自动回复器发送。将销售文案嵌入网络邮件，并将邮件发送给在线的潜在顾客，促使其成为产品或服务的购买者。通过精心制作的新闻发布、向他人担保的顾客或者租来的客户名单发送电子邮件能促使潜在顾客访问你的网页，订购你的产品或服务。

• **向你的顾客推销一种新的产品。**你在市场上开发新顾客时用到了一些技巧，你也能使用同样的技巧从老顾客中开发购买你的新产品或服务的潜在顾客。

将两步策略提议进行改进

一个说服别人进行下一步，如打电话寻求更多的信息、点击网站、与顾客事务代表预约见面的两步提议能双赢的条件是在“下一步”提供的项目有价值且吸引人。你能提供什么呢？

• 就某条有争议的新规定或者其他影响潜在顾客的生活、生活方式、健康或事业的事情开一场电话研讨会。你也可以将电话研讨会录制下来，发布到你的网站上供你的潜在顾客下载。

• 提供免费的CD或者DVD，介绍一种新的产品或服务。你也可以将CD作为样品以9.9美元出售。

• 可以将一张免费打印的报告或者彩色PDF文件发送给订阅者（或者让他们从你的网站上下载）。

• 免费订阅你发布的网络杂志月刊或者其他期刊。

• 提供免费购物指南，帮助潜在顾客对比某种特定产品或服务的供应商，使他们了解你的产品和服务的优点。在写文档的时候，可以用彩色图片，然后将文件转换成PDF格式，以便更容易通过电子邮件发送。

• 通过邮箱自动回复的功能发送关于某一话题的14日短期免费商业课程。

• 提供周末或晚间免费研讨会，会上你可以展示某种昂贵的服务或出售咨询套餐。

• 一个免费的专家评估（这个人实际上是你培训过的销售员）。

• 由你的评估团队举办一次会议，调查那些潜在顾客是否能成为你的顾客。如果你有丰富的咨询经验，有某个区域的独家代理权或者能限制你的顾客，你可以进行一个“看你是否符合条件”的活动，通过发掘和选择，找到那些你真正想为他们工作的人。这个技巧对即时促销也有效，因为它在潜在顾客头脑里设置了他有可能无法得到你提供的产品或服务的概念。当人们了解到他可能得不到某些东西时，他们会怎么想？他们想得到的欲望会更加强烈。

什么是即时的两步收入

虽然来自两步策略活动的收入不像产生于其他方面的收入那样快速，但它更容易产生。当你让人们联系你以获得更多信息、想得到一些免费产品或服务或者看他们是否合格时，你完全改变了销售模式，使自己更容易将商品出售给潜在顾客。特别成功的是“看你是否符合条件”这一销售策略，它改变了买方与卖方的角色定位，使潜在顾客开始尝试说服你出售给他们你的商品。

两步策略活动更费时，但可以帮你将产品出售给更多读者，而无需通过增加广告成本的方式。广告可能并不能在一个有限的空间全面展示你的商品。

这些活动也能减少你的广告开销。你可以做一个小广告或者邮寄一封标题引人注意并带有营销信息的邮件，以“拨打或点击”的邀请形式结尾（通过打电话或浏览你的网站）。

潜在顾客策略三

将你的信息放在顾客需要的地方

通过接触其他企业经营者、并以将他们的相关信息放在我们的资源上进行宣传作为回报，我们的特价优惠和贵宾礼券在整个城市的100多个不同的地方进行宣传。这种双赢的方式不仅能说服他们和我们合作，而且给我们带来成千上万的即时收入。

——厄尼·萨拉查，纽布利公园运动俱乐部经理

自助洗衣店将优惠券放在当地汽车旅馆的大厅；专业高尔夫球员将名片放在当地高尔夫课堂上；按摩师将宣传小册子放在豪华汽车销售商的休息室里。

最近似乎随处都可以发现商业信息，因为恰当地将信息放在能被看到或随手取阅的地方可能是最省钱的方法。当人们需要你的产品或服务时，他们能随时方便地得到你的信息。

不仅小册子和名片可以这样发放，有声CD、软件、目录册以及其他形式的宣传品也可以用来做广告。为了真正有效地利用这个战略方法，我们需要列出一张地点清单，列出潜在顾客可能会想到你的产品或服务的地方，比如购物场所、出差旅途中或者体育运动场所。不要把你的信息随便放在某个信息栏，也不要委托昂贵的发送公司，他们可能随便把你的信息放在干洗店或者熟食店。通过选择顾客可能出现的场所使你的宣传更具针对性，潜在顾客可能恰好会对看到的广告做出反应。我们来看一些例子。

我曾经在一家为女士服务的高尔夫专卖店上高尔夫球课，课程提供者将一叠小名片放在我经常光顾的柜台上。当时我在那家店买了一桶球，并且我想参加课程，而她的名片正好让我非常感兴趣，于是我拿了一张并给她打了电话。

不久以后，我到了佛罗伦萨的一家小酒店，在意大利待了两周以后，我有很多衣服要洗。一家当地的洗衣店很聪明地把一张优惠券放在大堂的小桌上，当我问服务员哪里可以洗衣服时，她递给我一张优惠券就打发我走了。那里有优惠券并不让我感到吃惊，让我印象深刻的是，洗衣店老板在优惠券上用英文和意大利文提供了详细的说明，有完整的价格、地图、营业时间、投币机的使用说明（于是我带了足够的零钱）以及其他我需要的细节。很显然，他知道很多说英语的旅游者经常光顾那家酒店。他真是很聪明。

我认识的一个按摩师将他引人注目的、信息全面的手册放在市中心奔驰汽车销售店的休息室，上面印有全天的温泉服务项目。那些等待汽车保养的女士将被小册子吸引，到只有两个街区远的地方做40分钟特价按摩或者脸部护理。这些传单只花了几分钱的复印费，但它们吸引了那些等待中的有钱女士。通常按摩师至少有一间空闲的按摩室，散客可以在这里裹着华丽的浴袍等候——拿着一本时尚杂志、喝着绿茶——直到她们可以按摩为止，这比在汽车专卖店的休息室等待更吸引人。不用说，这个按摩师在这方面非常成功，按摩和脸部护理所赚的每一分钱几乎都是纯利润。

我咨询过一个外币兑换公司，他们把可撕优惠券发送给当地银行经理，而这正解决了顾客走错银行要求把美元兑换成外币的问题。这些优惠券可以用来兑换外币而无需服务费。这家公司位于当地，给当地的银行经理省了很多麻烦——不用向顾客解释为什么银行不提供外币服务或者如何能够通过邮寄获得现金（另外一种选择）。其他可以分发这些优惠券的合理地方是：旅游局、行李寄存处、书店的旅游专区。

投放你的传单、名片和宣传册

为了将你的信息传达给潜在顾客，要找到他们可能出现并接受你的信息的地方，或者找到他们在看到信息后会马上打电话或光顾你的商店的地方。

下面是一些有效的策略：

- **列出你的潜在顾客可能光顾的固定场所。**他们经常去某个运动场所吗？他们经常在某个专卖店购买特定商品吗？你的产品或服务和他们的兴趣爱好有关吗？这些潜在顾客或许会经常光顾诱饵店、棒球店、古董店、人工冰场或者其他独特的日用品店。还有，你的产品是否迎合旅游者、老年人、年轻妈妈、找工作的人或者其他光顾固定场所的潜在顾客的需要？他们经常光顾的分别是什么地方？

做好这一步的一个巨大的记忆机器就是翻看电话簿和报纸，或者以商家优待券发送单确定你的潜在顾客可能频繁光顾的场所。

- **给每个场所设定一个独特的策略。**从商家和顾客的角度思考每个场所，你怎样确保每个人都受益，怎样改善经营者的环境而不会造成破坏？对于不同的商家要采取不同的方法，比如宣传架的材料、工作台上的陈列、海报或者其他设备。你要为了适应商家而开发不同的方式以展现你所提供的产品，你还可能需要购买、交易或交换展示空间，所以应该提前想好怎么做。
- **提前给你的谈话打好草稿。**由于你必须征求业主的许可，所以提前想好该怎么放置你的信息，而且要使这种信息能为他们的顾客服务。接下来亲自访问或者打电话给这些场所的管理者，主动提出你的展示将井然有序——保留一份摆放展品的地址清单以保证自己的承诺得以实现。

实际上，你是在利用当地商家的花费给自己赚取丰厚的利润。为了表达对他们的尊重，展示要采用合适的材料、吸引人但又不是很大的展示品、定期更新以及制定合理的价位。

利用你的知识获取利润

我曾经读到一个脊椎指压治疗师将他以往写的文章、新闻通讯收集在一起，然后按照人口统计数据对其分组，以做出独特的健康报道。把这个自己创建的健康文集呈列在架子上，作为一项免费服务合情合理地放在商业部门的大厅或等候室。

比如，他有20篇有关采用交替法治疗儿童疾病的文章，于是他在自己办公室旁边的日间托儿所摆放了健康文集。第一个月他就吸引了45位新病人——是前五年平均每个月找他看病人数的3倍。他还将有关老人医疗的文章放在当地老人中心，将关于运动员保健的文章放在运动用品店。这个策略非常成功，他专为高尔夫球爱好者、新妈妈、举重运动员甚至是养宠物的人都设立了专门的健康文集。

在你的信息中做强有力的推销

因为这些陈列需要常年保持，所以不适合作限时促销、特价出清存货和其他时间敏感性的项目。合适的项目包括能建立潜在顾客的项目、随时可以提供服务而无需依赖某种特殊产品的项目、吸引顾客情不自禁地拿走你的优惠券、宣传册或者其他回应方法的项目。

同样起作用的是一些拓展市场产品的分发项目，这些产品包括预演CD、介绍使用的小册子和免费试用品（特别是在潜在顾客必须带优惠券才能取得免费试用品的地方）。取决于你出售的东西，一次成功的销售就可能与你在拓展市场产品上投资数百美元带来的收益相当。

潜在顾客策略四

让顾客和其他卖主推荐你

> 三天前我让我的咨询客户将我推荐给他的朋友或顾客，我还给他们一份命名为《网络商业宣言》的报告，让他们把它当作我的名片发给别人。现在，也就是72小时后，每天有超过5 000人从我的网站下载报告，并问我他们怎样成为我的客户。这些即时产生的回应几乎超出我的想象。
>
> ——理查德·施福仁，策略利润网站

大多数公司都是由于偶然的机会被人推荐，但是精明的经营者会主动与客户联系，引导他们热情地将自己推荐给家人、朋友、合作者和同事。同样，你从其他卖主和供应商那里购买产品，他们便是你获取其他公司或顾客的理想渠道，然后让这些公司或顾客购买你的产品或服务。

让顾客带给你即时业务

首先，与顾客联系并请他们给你推荐新顾客，这是一个简单的过程。你可以采用以下的方法：

- **附一封特别的信。**与顾客做成一笔交易后，感谢他们并请他们将附带的宣传单发给他们的朋友或家人。在宣传单上突出特价内容，注明做出回应的截止日期。
- **请浏览你的网站或电子杂志的访问者将你的网址发给他们的朋友。**他们的朋友可以在注册后获得你的免费咨询服务，然后向这些新注册者发送特价邀请。
- **提供推荐奖品。**如果一位顾客向你推荐了另一位顾客，那么给同时这两位顾客购买的产品或服务打折。
- **发送私人信件。**请那些积极参与的顾客把你推荐给他们的客户群，向客户群中做出回应的客户提供一次免费咨询。
- **奖赏顾客。**当他们给你介绍了新顾客后，给他们提供某种优惠。为了得到免费的产品或服务，很多顾客能给你带来更多的新业务。
- **给带朋友来的顾客促销价。**如果一个顾客带了朋友或配偶和他一起享受服务，那么给他们都打折。这是在淡季产生即时收入的理想方法。

赠送礼物给顾客的朋友和家人

如果你所从事的行业价格竞争非常激烈，很多人提供相同的产品或服务，那么你可以通过赠送礼物的方法吸引一批新的潜在顾客，那些小礼物看起来要有高价值，并且对新的潜在顾客来说在日常生活中有用。

假如你是遗产计划委托人，为什么不给你的客户发一封信，提出免费提供一本有关遗嘱和信托的书？他们可以把这本书给他们可能还没有设立长期计划的成年子女。不要忘了把免费咨询也作为礼物的一部分，那么当顾客的子女打电话索要免费图书的时候，你就可以约定见面时间了。

用这种方式产生时即收入，你必须：

- 选择那种你不必花费太多资金，但顾客相信很贵且又有价值的礼物；
- 别把礼物放在信里面。相反，对它进行生动的描述，告诉顾客你如何精心为她挑选了这份礼物、为什么礼物很有价值、这份礼物对她有什么用、如何使用、她从中获得什么好处以及这份礼物的售价等等；

• 告诉顾客你为什么只给她的家人或朋友送礼物，告诉她很特别的原因；

• 请顾客帮助她的家人或朋友回复——无论是索要礼物的凭证还是电话获取礼物。将这些打电话的人或者使用优惠券的顾客的联系方式记下来，这样你以后就可以给他们发送更多的信息。

要求一封推荐信和三个提名

这个策略很简单，然而正是这个方法使马克·维克多·汉森和其他高价演讲者总能受邀参加重要会议和企业会议的重要演讲。

在演讲后的两天内，马克的预约代理就会给客户打电话，请他写一封推荐信，同时给客户提供马克的联邦快递号码，这样推荐信一个晚上就能发送过来。此外，她还请客户提名三个可能有兴趣请马克做演讲的组织或部门。收到信后，她便立即将这封推荐信的复印件（外加她自己的介绍信）发给那三个被提名的组织或部门。

凭借其他卖主的推荐获取即时收入

向你提供产品和服务的那些卖主和供应商恰好知道他们顾客中的哪些人需要你的产品和服务。

说服其他卖主，让他们向其顾客推销你的一个简单办法是给他们一些特殊的好处、免费的礼品或者优惠券。使他们相信，如果他们的顾客能接受你的服务和产品，他们能获得更多的利益。你的任务就是说明你的产品或服务能帮助其他企业创收。

潜在顾客策略五

在展销会上创造即时收入

展销前、展销中、展销后的市场开发是你从竞争对手中脱颖而出的方法，而且它能确保你赢利。

——米奇·卡森，影响产品公司

研究表明：在展销市场或展览会上获得一个顾客的成本远远比通过其他市场手段获取顾客的成本低。

展销会更具时效性。它们能最大限度地缩短刺激购买欲望产生的时间。如果你花5 000美元展出，得到500名具有迫切需求的潜在顾客，那么你就已经建立了一个高质量的客户名单。你的销售人员以后每年都可以只用10美元就把他们留住，这比打电话、派送推销员或者邮寄精致的信息广告省钱。

两种类型的展销会，两种不同的展出者

如果你向其他经营者出售产品或服务，你需要参加全国或地区性的大型展销会，本行业成千上万的买家和卖家都会聚集在一起。作为交易会的展出者，你的选择和成功的机会是无限的。

另一方面，如果你将产品出售给顾客，你参加的展销会就要倾向于本地化，比如室内装修展、小商业展、工艺展、新娘礼服秀、艺术展、婴儿及儿童用品展等等。参加者中你的潜在顾客可能并不集中，但是你创造即时收入的选择却跟参加大型北美展销会一样多。

通过展销前销售成为“三十五”中的一员

精明的市场人员在大型展销会前16周就开始准备，为了最大限度地利用展出时间。这虽然不一定能完全转换成即时收入，但充分的准备总能从实质上缩短客户购买商品所需的时间，让你尽可能在展销期间现场签下更多订单。你可能已经阅读过其他展销策略，比如在展销教育论坛中作为演讲者突显自己或者在展销前开展媒体广告活动，但比这些都重要的是展前销售，将购买者带到你的展位。

调查显示，大约80%的展销者从来没有提前促销过他们的产品、服务或者特价商品——尽管进一步的研究显示多达76%的参会人员都预备好了要去哪些展位参观。既然大多数参会人员在三天的展销会内只能去35家左右的展位，你必须做好前期销售的准备，让你成为他们的访问对象之一。

会展管理者通常会在会前给你提供一张注册参会人员的名单。如果名单暂时还拿不到，可以要一张前一年的名单。然后开始对名单上的人进行销售，当然也包括对自己已有顾客群的销售。

米奇·卡森有着23年展销会经验，又是美国市场展销会的专家，他和无数小企业合作过，帮他们在展销会期间在全世界范围内取得了上百万美元的

销售业绩。米奇的展前销售策略是经过证实有效的，任何参会者都可以采用。

展前赠送

米奇·卡森最喜欢使用的展前销售活动是选择那些对你产品或服务表示出兴趣的参会者，然后直接发送一个邮件给他们，包括展销时的特价产品和赠送品的第一部分，第二部分必须要去你的展位索取。

发送的邮件至少能让收件人产生一种不得不去的想法、一种至少要到展位停留一下索取礼物的兴趣。你甚至还可以把赠品增加到三个部分，最后一部分要在展会后派发。

有哪些具体的办法呢？

- 在会前发送一个杯托装饰品，并邀请潜在顾客到你的展位领取配套的咖啡杯。
- 赠送一支精美的钢笔或者其他书写工具，并邀请潜在顾客来你的展位领取配套的铅笔等等。

在邮件赠送活动后开展电话销售

如果你有一支销售团队，在给注册会员发送了邮件后，让他们继续进行电话追踪销售。此外，让他们打电话给已有顾客，欢迎他们来你的展位，讨论你的新产品以及明年的订购计划。

传真请帖

发传真是一种有效的邀请客户来你的展位并购买特价展销品的方法，传真比邮件能更广泛、更快地被人阅读。确保只给客户名单上的人、注册的会员以及其他跟你有业务往来的人发传真，给不认识的人滥发传真早在10年前就是违法的事情了。

电子邮件促销

如果你有将要参加展销会人员的电子邮件地址，如果你有自己的顾客以及潜在顾客的邮件地址，你可以很好地利用直接回应和广告编写技术写一封很有说服力的邀请函。参看第三章“制作能够带来业务的广告”。

当然，对于所有展前交流，关键的一点是将合适的信息与合适的产品结合起来递送给合适的人群。此外，如果你的信息和你的产品足够引人注目，通过提前销售，你很可能获得展前订单。

哪些销售更能引起人们的兴趣呢？

- 特价销售你的最受欢迎的产品套装；
- 展销会期间特价销售新产品；
- 限定新产品供应的时间和地点。

展销会之后潜在顾客不会给你打电话

展销会之后的规划和展前的市场销售一样重要。别让你的销售人员（或者你自己）在展销会后马上忙于处理由于开展销会而没来得及处理的其他事务，这样做会忽视了这次展销会上刚刚发展的潜在顾客。据说，在展销会后，80％的潜在顾客都没有和参展企业联系。你可以采用下面的策略确保你的潜在顾客不属于那 80％。

• 印制一些有你的展位和职员信息的明信片，在背面留一些空白写个人信息。在会见客人的空当时间，让员工写上信息并且把顾客的接收地址填好。提前准备好邮票，在一天的展销结束后，将当天的卡片寄出去。当潜在顾客回到家的时候，你的明信片已经在等候他们——使他们想起你的展位、公司和特价产品。

• 将你赠送的第三部分礼品寄出，同时附带一封短信鼓励潜在顾客订货。

• 发送一张提前录制好的 CD，介绍与你做生意的好处并详细列出产品信息，这会让你从顾客参观过的其他展位中脱颖而出。另外在邮寄 CD 的时候附上一封手写的短信。

• 既然你已经取得了潜在顾客的联系信息，也已经跟他谈过话，那么现在你就可以给他发送传真和他做生意了。

• 让专业的呼叫中心用电话向光顾你的展位的潜在顾客表示感谢，并且告诉他们：他们需要的信息以及其他资料会很快寄到。

• 将潜在顾客分配给销售人员进行追踪服务。如果你没有自己的销售人员，把潜在顾客加入你的日常销售计划，这样他就能定期收到你的相关信息。最好再看一下销售策略一“进行追踪电话销售和广播宣传活动”，用你自己的声音和自己的话语追踪上千个潜在顾客。

第五章
帮助你的销售人员赚取即时收入

你的生计基于你的销售能力。不管你是自己进行销售，还是雇用其他人代表你进行销售，你的主要目标是发展新顾客并向老顾客出售更多的产品或服务。

无论你涉足的具体业务是什么，销售使公司成为一个销售实体。在市场上，包括你的专业技能在内的公司其他任何要素都可以学习、委任、外包、购买和吸收。

但推销不行。

这意味着你必须精通销售程序，招募对你的产品和服务富有激情和知识的推销员，帮助这些销售人员从销售中获得丰厚收入。

毫无疑问，通过调整和添加销售过程你可以获得大量的即时收入。如果你的销售人员定期拜访活跃顾客和那些可以增加即时收入的潜在顾客，公司的收入将会以指数增长。

为销售人员创造一种即时收入文化

出色的销售组织都有自己的独特文化，它不仅支持和鼓励销售人员努力工作以赚取更多的利润，而且还能吸引星级销售员。星级销售员的数量仅占专业销售员人数的5%，但其所创造的销售量却占总销售量的70%～90%。

这种充满活力的销售文化具有什么特征呢?

一方面，它是基于积极进取、富有创造性的市场营销，这种营销方式能够产生充满购买欲望的潜在顾客。例如，如果一开始就能使用第三章的直接回应广告技巧向顾客预售你的产品或服务，想象一下，销售代表的工作将是多么轻松容易；如果开始你就为某种产品或服务的捆绑销售制定特定报价，你的销售人员就能收到大量订单；如果在你和合作伙伴商谈后，他就能做出特殊且有时间限制的报价吸引顾客致电询问。这一切就太好了，没有什么事情比轻松卖出商品更让销售人员高兴。

不幸的是，在吸纳星级销售员时，许多公司都会宣称："我们已经有了大量的客户"或"我们已经有了忠诚的顾客群"。但实际情况并非如此，当销售人员发现推销很困难或者需要采取许多额外措施才能销售时，往往为时已晚，他们不能发挥最高水平，甚至根本就没有得到赚钱机会。

为了避免以上情况，星级销售员会主动寻找具有积极进取销售策略的公司合作。销售在这些公司会变得容易，意味着你的公司（即使是一个很小的公司）也可以用一些先进的销售方式将一流的推销员从他们当前的工作中吸引过来（还可能离开你的竞争对手）。

当然，在这些情况下，你绝不能让销售人员自己找客户（除非他们是带着自己的客户来你的公司）。在紧张的销售工作之余，销售人员很难进行有效的客户开发活动或在销售的同时开发更多的客户。网络营销者是个例外，因为他们的业务确实需要一对一的吸纳过程。通过有效的市场开发手段，你已经创造了很多客户，销售人员的任务就是向你的已有客户推销产品。

为创造一个最佳销售文化，你还能做些什么呢？

使你的顾客保持快乐的心情

高收入销售组织从那些了解你的产品、热情、心情愉快的顾客那里赚钱。实际上，作为公司老板，你的主要工作是为销售人员创造新客户，并保证其他职员能为顾客提供最优服务，从而使销售人员将来有可能向这些顾客销售更多的产品或服务。最佳购物体验也有助于顾客给你推荐更多顾客，这些被推荐者最容易成为你将来的顾客。另外，购物愉快的顾客知道自己在这里得到了很好的服务，他们很少会在价格、产品选择、附加品和其他销售人员不得不克服的问题上讨价还价。

给成功的销售人员提供丰厚的工资

作为公司老板，我很乐意支付给公司的专业销售人员较高的薪酬。他们从事的是公司最重要的一部分工作，即向顾客推销产品、提供优质服务。我非常愿意支付报酬给他们，让他们完成销售工作。我在销售方面不如他们擅长，况且我还有其他职责，不能将全部精力放在这上面。我从不担心我的销售人员挣的报酬太多、挣的比我预期的多甚至有几个星期比我挣的还要多。当我给他们开一张大额支票时，我知道他们已为我创造了巨大的销售额。

遗憾的是，很多公司老板对销售人员应该挣多少钱似乎都有一个预期，虚荣心使他们无法做出客观的评价。为了满足自己的虚荣心，他们建立了复杂的补偿措施限制销售人员的工资。他们绝不想让销售人员与公司老板挣的钱数相当。

而我喜欢让事情简单化，我的销售代表从事的是直接代理，他们和我一样，清楚地知道多劳多得、不劳不得的道理，他们挣多少对我的自尊没有影响。事实上，这是吸引和挽留优秀销售人员的企业文化特征之一。

及时改变你的一人制公司

如果目前你是一家小型公司的老板，为了更好的发展，把销售职责交给一个你信任的专业人员。从那刻起，你的公司就将发生改变。

突然之间，你有时间开发自己的营销计划日程表、安排自己的工作量且不会被潜在顾客的出现或来电打扰。你将有安静的时间集中精力考虑利润更丰厚的客户项目或者开办一条新的生产线/服务线。你能游刃有余地宏观掌控自己的企业，而无需在小事上埋头苦干。

建立能够产生即时收入的专业销售团队

无数的小公司老板曾问我怎样才能雇用一支能与公司共成长的销售队伍，我的回答是（除了那些被你的良好的销售市场吸引的星级销售员）最好的销售人员通常就是你周围的普通人，他们使用过你的产品和服务，他们对你和你的公司充满激情。他们可能没有经验，但是他们有天赋、对人友善、能与人和睦相处、对销售充满热情。只要经过一些培训，他们就可能成为最优秀的销售人员。

如果你有销售经验或管理销售组织的经验，你就会知道销售产品和服务所需要的技巧、特征以及情感，你可以把这些知识应用到识别并招募销售人员的过程中。

把你认为销售人员应该具备的特征列个清单，在面试时让面试者回答与这些特征有关的问题。

如果面试者看上去有潜力，给他们一份你自己的销售语，让他们带回去研究，再约定一个时间让他们给你或你的销售经理打电话，进行角色扮演，让他们用你的脚本进行电话销售。当然他们可能不会演得特别好，但你能看出他们是否具有为你工作的能力。在投入时间和精力培养他们之前，你要看他们是否具有这方面的潜力。

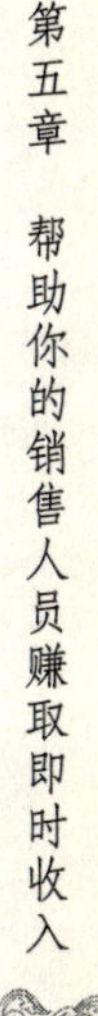

如果你决定雇用他们，向他们提供30天的试用期。尽管许多销售组织都会这么做，但在这段时间内，大多数公司只是仔细观察新雇员的表现，而不是给新雇员提供支持培养和培训他们。告诉新雇员公司有自己独特而具体的销售文化，你期望在之后的30天里与他们一起工作并努力将他们培养成星级销售员。你要向他们提供培训、支持工具、动机资源、已确定的顾客等等，仅仅说明以上各项就能产生巨大的作用。你希望你的新雇员有强烈的工作动机，对他们的工作、你的产品和服务有主人翁意识，但如果你不能提供这种支持性的、明确的销售文化，从长远来看，你很难达到目标——你们双方都不能达到各自的目标。

优秀的销售人员是和你一样的内部创业者

无论你的专业销售人员从事何种代理，实际上，他们是在为自己工作。和你的情况一样，他们的收入与他们在短时间内销售更多产品或服务的努力和能力直接相关。

在招聘新员工时，你可以在招聘标准清单里添加一条："像企业家一样思考"，这将使新员工的工作变得简单。

判断面试者是否具有自我激励能力的方法之一就是看除了由原雇主所提供的培训之外，他是否在专业培训方面进行过投资，他是否自发地接受过销售培训，在开车时是否听过富有激发性的CD或培训磁带，是否通过阅读相关书籍提高自己的销售技巧，如果他以前从没做过销售，他是否在自己所从事的非销售项目中找到赚钱或拓展项目的方法。

你满腔激情地开拓你的事业，具有企业家精神的销售人员也富有激情地寻求推销策略和战术，他们经常在业余时间提高自己的销售能力。

招聘销售人员的最后一条（秘密的）途径

除了活跃在你周围的销售人员以及那些被你的优秀营销策略吸引的销售人员，招聘专业销售人员的最后一条途径就是把他们从现在所从事的工作中挖过来。这种情况每天都在发生。实际上，许多销售人员对他们的现任老板感到失望，你将会惊奇地发现你很容易就能说服他们离开现有工作转而为你服务。

我认识一位推销私人护理服务的女性，她为她的护理中心招聘的年轻漂亮的推销小姐原来都曾在高级百货商场的化妆品柜台工作。作为大品牌设计者和化妆品公司的销售代表，她们已经接受了全面的推销培训。她所做的事情是挖她们过来，并教她们怎样推销护理服务。

我还认识一名公司老板，他对向他推销产品和服务的推销员进行评估，然后挑选有才能的人加入他的销售团队，特别是当他察觉这些人的现有收入比他所能支付的低时，他尤其会这样做。

向推销人员提供获取即时收入的工具

即使你的推销人员是真正的自我开拓者，他们仍然需要得到如产品描述、销售脚本、参照表、可传真的相关销售材料、销售培训和其他此类的支持。

作为公司老板，你是提供这些支持的最佳人选，尤其是在公司的起步阶段。实际上，除非你的人际交往能力极差，否则你可能是公司最优秀的销售人员。

为什么呢？

你不仅比其他人更了解你的公司，对自己的公司也最有热情。你创办了公司，对所做的工作、已经建立的组织、市场地位和名誉都有感情，因此，在你的公司里没有比你更好的销售人员。

怎样把激情和知识传递给销售人员？让他们做只有你才能做得最好的工作？你要运用你的销售对话和技巧培训他们。

记录你在成功推销时所说的话的一种方法就是记录10～12个销售电话。如果必要的话，征求顾客的许可，然后把你最好的开场白、处理拒绝推销的最好方法、问题的最好答案、最好的结束语和一个成功的电话推销结合起来，以此培训销售人员、演示电话推销、练习怎样处理拒绝推销的情况等等。

同时，注意在电话销售期间你是否做了特殊或不同的事情从而使推销成功。是否是你提供的有关产品的信息、相关故事或趣闻轶事向顾客展示了所推销产品或服务的价值？找出这些因素，并用它们培训你的销售团队。

当然，你让推销人员模仿你的原因之一（除了增加销售量之外）是想让他们和你一样有主人翁意识，在任何推销情况下都能像你一样进行推销。你希望他们能像你一样给顾客提供有关产品和服务的所有信息；你希望他们能帮助顾客解决问题，而不仅仅是向顾客推销；你希望你的销售人员充满热情。这些你自己能做到，而且也希望你的销售人员能代表你做到。

你也可以以同样的方式，如观察、记录、分享他们成功的策略等方法，

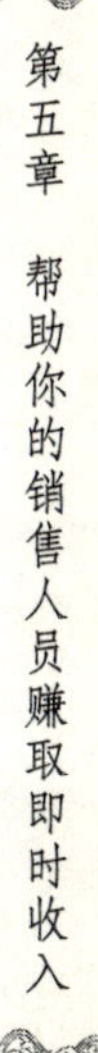

让其他销售人员效仿你的星级销售员。模仿可以以音频形式、书写形式或是销售人员小组会议的形式进行。

记录高水平的推销脚本

小公司老板经常忽视推销记录的重要性，其实推销记录恰恰是记录下来的推销过程——包括开头介绍性的对话、顾客的拒绝、推销结束时得体的反应。这并不是要把你的销售人员变成机器人。实际上，通过学习这些对话，销售人员最终可以在电话推销时更好地表现。

当今，推销艺术演变得更像是一种咨询方式，销售人员聆听、提问并解决问题。如果他们不知道下一步该说什么，他们就无法做到以上几点。推销脚本能帮助他们在推销的时候记住需要传达的重要细节、使用有效的推销语言、找到方法应对顾客的反对意见。

在推销时，如果推销员听上去像是在按照脚本读，这说明他还正在学习这些脚本。当学习到一定的程度，回答、提问、趣闻轶事、报价等信息能够脱口而出时，他们推销产品和服务的效率将有很大提高。

将创造即时收入的材料书面化

在进行电话推销时，销售人员也需要有“欺骗性”的工作表，这些材料详细说明产品价格、列出顾客可能的拒绝、提供常见问题的答案、对产品进行对比等等。在推销的过程中，他们也需要一些能够用于传真、电子邮件或送给潜在顾客的附加资料。如果你和独立的销售代表一起工作、拥有一家虚拟公司或是与销售人员距离遥远，你甚至可以用这些资料让销售人员代表你，就如同他们近在眼前。

- **销售人员可以发送电子邮件或传真的一页产品表。**尽管你可能有漂亮的彩页宣传册或是精心设计的网站，许多潜在顾客仍然想得到更多的信息。一份可传真的产品表或是可发送电子邮件的 PDF 文件可帮助销售人员处理“我需要更多信息”的要求。

- **产品对比表。**如果你有很多不同的产品组合和价钱，微软 EXCEL 形式的产品对比分析或是其他电子数据表格则必不可少，将其制作成为便于发送电子邮件的 PDF 文件形式。

• **常见问题的回答或推销异议的解决方法。** 推销新手更需要提前写好答案应对以前没有碰到过的问题或顾客提出的异议。

• **完整的推销信或 PDF 文件。** 如果网站上有你当前的报价，确保在推销信或宣传册上明确写出，然后将其制作成便于发送电子邮件的 PDF 文件。

• **证明表。** 如果你遵循了我在第三章提出的建议，并从满意的顾客那里收集证明信，你可以很容易将它们编撰起来，然后将之转为更方便发送电子邮件的 PDF 文件。

销售策略一

进行电话追踪销售和语音信息宣传

近来，我的销售人员使用电话追踪销售法向购买价值 199 元产品的顾客进行销售追加，成功向其中 78%的顾客销售了 5 000 美元的商品。电话追踪销售法是极其有效的策略。现在，我们在制定新产品或服务推销策略之前，首先考虑在整个销售过程中怎样使用电话销售。

——加里·汉德沃克，汉德沃克咨询公司首席执行官

销售人员一旦经过培训，掌握了销售资料及其他推销手段，你就该给他们添加另一项重要工作职责：电话追踪销售。如果在顾客首次购物或咨询中未售出商品，销售人员要对他们进行电话追踪，那么向他们销售产品或服务的机会将猛增。实际上，电话追踪销售既是私人的又具个性化，它不仅比其他形式的追踪销售有效，而且还能使你的成交率增长 3～10 倍。

这值得考虑。

很多时候你打电话询问一种产品或服务，数周之后当那家商店的销售人员打电话向你追踪推销时，你就会购买他们的产品。

你的顾客也是一样的。

如果你的电话能激发他们的兴趣、回答他们的问题、满足他们的需求、消除他们的反对意见，你的销售量将会增加。

成功的电话追踪销售的关键是，销售人员在打电话时有针对该顾客的推销脚本、能聆听顾客的需求且能根据顾客的反馈及时调整他们的销售策略。

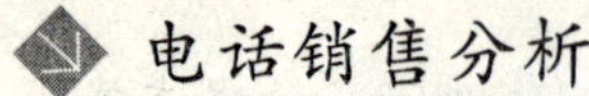

电话销售分析

正如我前面提到的，使用销售脚本并不会把销售人员变成机器人，实际上脚本能给销售人员提供一些重要的信息、问题的答案和达成交易的策略。一旦他们了解了这些脚本，他们在以咨询为中心的销售情境中就能更自如地应对。

成功的电话销售取决于以下两点：（1）销售人员提问题的能力；（2）聆听答案以及及时改变策略和对话的能力。

如果你的销售人员能够提出正确的问题并真正倾听顾客的回答，他们将会获得完成推销的所有必需信息或者找到帮助潜在顾客的其他方法（“其他方法”可能是建议顾客购买比他打电话所咨询的产品更便宜的产品或是建议她去另一家公司购买符合她需求的产品。不向顾客推销他们不需要的产品，这种做法能避免顾客抱怨、投诉和退货）。

在电话追踪销售中，需要提的问题排序如下。顺便说一下，即使你没有任何正式的销售技能或培训，通过提以下这些问题，你将会很惊奇地发现你能从潜在顾客那里得到很多正面反馈。

在交谈中重新吸引顾客

对顾客表示欢迎，提醒她曾经打电话向你咨询或者（如果你不知道问什么）问她为什么给你打电话，是对广告的回应吗？如果是，是广告的哪部分使她有兴趣给你打电话？她是怎么找到你的？

有时你要在没有潜在顾客任何信息的情况下进行追踪，在这种情形下，一位善于打破僵局的推销员会问：“你是被介绍来的吗?”这就告诉了顾客，你的公司已有许多被介绍来的顾客，使他立即感到轻松。

当然了，从这些开放性问题中你最想了解的就是顾客的动机。顾客在广告版面上究竟阅读了哪个部分促使他打电话，也可以问向他推荐产品或服务的老顾客和他究竟谈了些什么？

通过提问，确认顾客正在试图解决的难题

尽管你在广告或是宣传单上刊登了你的产品或服务，绝大多数人最初打电话并不是为了购买，他们打电话是因为他们有难题、有需求、有渴望、有抱负，他们相信你可能有解决问题的方法。

当然，许多来电者也没弄清楚他们的问题是什么或者他们究竟需要什么，你也许可以帮助他们搞清楚。无论如何，你要判断公司所提供的产品或服务能否解决他们的问题。

明确购买者的身份以及对他而言最重要的是什么

在谈话时，你需要与潜在顾客建立友好的私人关系，这会帮助你理解她是谁、对她而言什么最重要。她想通过购买你的产品和服务达到自己的目标，建立良好的关系能帮你更好地理解她阐明自己目标时所使用的具体语言。通过谈话，你可以知道她对产品了解多少，她在此领域的知识，她已经做过哪些前期准备，这样，你能在她的水平高度上向她介绍产品和服务的特征、优势和组成部分。在和一个有30年相关领域经验的老手谈话时，你不能使用对新手常使用的语言。当然，只有通过提问，你才能评估她的知识水平。

一旦顾客告诉你她的亲身体验，你就要开始解释你的产品或服务能为他们提供什么，同样要用这个时机建立顾客对你的产品和服务的积极期望。如果你经营咨询业务，建立积极期望的方法之一是询问潜在顾客是否以某种方式开展业务、是否有固定的赢利中心。很有可能你能为她新增加的附加业务提供服务。这本身就是一个巨大的销售诱饵。

通过故事、趣闻轶事、其他顾客的案例进一步增强潜在顾客的期望。你甚至可以用文字向她描绘她一旦拥有你们的产品或服务，她的生活将会是什么情景。

在提供信息时要友好、真诚、坦率，使潜在顾客能很快在交谈中意识到他们已经找到了能帮助他们的公司。向顾客提供真知灼见和信息能使潜在顾客愿意支付更多。实际上，如果你不给潜在顾客提供真实信息，他们不会愿意购买。

因为害怕泄露太多的秘密，一些推销员踌躇不前，但事实是提供信息和知识能使潜在顾客意识到你比她以前咨询的其他公司知道得多。他们认为："免费的情况下他们就向我透露了这么多，如果我花钱雇用了他，可以想象我将会得到更多。"

确定是什么让潜在顾客做出购买和马上购买的决定

你以前所做的所有事情都为当下的生意成交做好准备。实际上，一位优秀的推销员在完成推销的各个步骤，如提问、倾听、提供有用信息、提出建议、感受到潜在顾客的购买意向时，甚至不用想成交这件事。

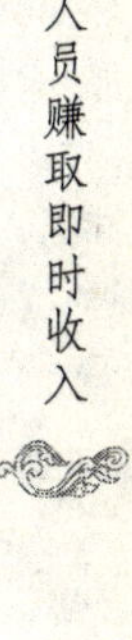

推销正是从这时开始。到这一步时，你已经创造了一种购买的愿望、强调了紧迫感、并使潜在顾客相信你的产品或服务比她将要花费的金钱更具有价值。

这时再提出建议，让他们购买。

我的推销员最喜欢的一句是："噢，对你来说，这听起来太完美了，我怎么能说服你改变主意呢？"

用这个尝试性的建议，你能很快发现潜在顾客的异议。一旦听到她的异议，重新开始推销，继续阅读她给的信号，在换用不同的理由建议他们购买，对她的异议进行解答，直到顾客同意购买。

这里我们要注意，顾客的不同意见实际上是他们感兴趣的一种表达方式，是顾客向你提出的一种挑战。顾客在价格上表现出异议，需要你向潜在顾客说明她购买了你的产品更新换代后，她能挣更多的钱或者节省更多，或者她一旦购买就能怎样轻松地回收投资。

语音信息：独立企业者的市场电话追踪销售

电话追踪销售的优势在于销售人员可以根据他从潜在顾客那里得到的信息调整脚本。如果你没有自己的销售人员或忙于企业的其他方面不能进行追踪销售，那该怎么办呢？

你可以进行追踪——用自己的话语和声音——用一种唾手可得的语音信息技术。

语音信息让你记录长达60秒或更长时间的追踪销售信息，然后通过电话把这条信息给你的所有顾客或潜在顾客播放——所有这些只需每个电话20美分。因为软件在网上就能找到，你甚至都不需要为软件付费。此项技术能够保证，顾客接电话就可以听到这个信息；如果没有接听，那么信息就会留在她的语音信箱里。同时，该技术能提示顾客按"3"键和客户服务部联系，按不同的键得到不同的服务。

有效的语音信息有哪些内容呢？

如果你写了一条引人入胜的广告，得到了潜在顾客的回应，但这些人却最终没有购买你的产品或服务，那么这时你就可以录一条友善的语音信息，提醒他们你的产品或服务的吸引力在哪里、优势在哪里，并告知他们怎样回应——通过回电话、通过某个数字按键与客服部联系或是在你网站上订货。

要提醒大家的是，当今的许多语音信息制作粗俗，比如语言夸张、虚假、语气过于兴奋。你在制作语音信息时要避免这些，使录音听上去专业化、友善、得体，就像你在商店里对顾客说话那样。

销售策略二

开始捆绑销售产品和服务

我把音乐光碟四张一捆和十张一捆打包，在很短时间内便销售了大量唱片，获得更多利润。不仅如此，我还在其他领域成为更有价值的合作经营者，因为我有更高价钱的产品包要出售。

——马克·罗梅罗，音乐家、激励演讲家

还记得顾客策略二“在顾客购买时追加销售”吗？

我曾经说过，在给定选择项的情况下，顾客经常购买你建议的最昂贵的商品。他们对次要的解决方法或质量较低的产品都不满意，他们想要最好的。如果在心理上能够接受购买价格，他们通常愿意为质量较高的商品付出额外金钱。

捆绑产品和服务对购买者来说常常是最具吸引力的包装，能让你的收入比出售单件商品增加迅速。

我为《心灵鸡汤》的创始人杰克·坎菲尔德采用的第一个策略就是一个很好的例子。当杰克为了推销这本书进行演讲宣传时，我提出的意见是：“你不能仅仅只卖这本书！”

为了帮助他赚更多的现金，我说服他将《心灵鸡汤》和他的节目录音带以及视频专辑打包，组成一个成功系列，以299美元的价格出售。

杰克当时的反应是“没有人会买”。我花了五个小时书写并打印了一个长达四页的介绍，用热情洋溢的词语描述了这个系列，然后在介绍的背面将杰克的低价产品逐个列出。在杰克演讲结束后一小时，他就从销售中赚了3.1万美元，这是杰克在以前的单独演讲销售中赚钱最多的一次。

最受欢迎的产品是什么？当然是299美元的成功系列。

在仔细考虑后，你会发现这很容易理解。在杰克演讲结束后，听众肯定想获得他在演讲中刚刚谈论的好处。他们不想欺骗自己——他们想得到杰克提到的那种结果。在他们脑海里，除了要买“黄金包装”之外别无选择。

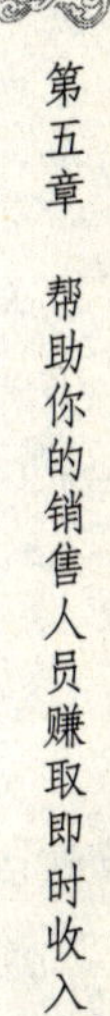

期待更大利益是必要的

由于我在高端学术研讨会领域富有经验，我可以告诉你现在人们不再仅仅推销一个研讨会，他们销售昂贵的“培训项目”，其中包括练习手册、录音带、研讨会后的商议、培训服务、热线更新、罗拉得（Rolodex）的秘密联系方式和资源、参考图书馆和其他用于提升整套产品价值的产品。当然，公司平时也会单独销售这些服务，但是如果顾客明白了这些服务之间的关联性，又以这样的方式了解到他们能从服务中得到更大利益，更多的人会照单全收。

地毯清洗员、服务站、设备维修商店、人物摄影师、咨询师、保险人员和其他服务人员每天都在使用相同的方法向客户提供系列打折服务。比如，在同一次上门服务中，他们同时提供清洗地毯和家具的服务；在检查汽车发动机时，给汽车换机油和润滑剂；他们向你销售同一幅画像时，提供大小不同的多种版本；在推销保险时，把你的房屋、汽车、丧失劳动能力险和人身保险合并为一而只收取一份更合理的保险金。

打包帮助销售人员获取即时收入

捆绑打包是一种强有力的推销方式。推销人员可以在口头上“解开”捆绑，向潜在顾客展示如果他们单独购买，每一件产品的价格将是多么高。

将什么捆绑打包

如果你有许多需要顾客一起使用的产品，你就可以将它们以不同的方式进行打包，把它们集中在同一盒子里或者将它们放在目录表里一起描述、放在一起在商店陈列。为鼓励购买，给捆绑商品以合理折扣，你的收入将大幅增加。

调查顾客并判定如果提供捆绑商品他们会有什么样的反应。你可以以书面形式进行私人调查、发信件或是让你的订货人员或服务人员对顾客进行单独询问。重要的调查问题包括：我们提供的产品有哪些你还没有尝试过？怎样才能让你尝试该产品？你希望我们提供但目前我们还没提供的产品或服务是什么？你一直以来使用什么服务？

为捆绑打包的产品和服务定价

在调查了顾客和潜在顾客以后，选择最流行的产品进行捆绑。计算一下，你可以将价格下调。研究你的竞争者，看他们是否以类似的价格提供相似的捆绑打包产品。

与提供相似产品的其他公司竞争最容易的方法之一就是把潜在顾客不能轻易算出成本的单个产品放在一个捆绑中或者是包括那些不单独出售、作为赠品的成分，这样顾客就不能轻易计算出它们的价值了。

另外一种很有效的方法就是在捆绑商品中包括那些实际上不增加你的成本但作为捆绑商品的一部分却有较高可视价值的商品。

推销捆绑打包的产品和服务

简化销售人员的工作的方法之一：对捆绑打包的每个商品进行单独描述，把它们看成是一个个独立且昂贵的商品。然后，再把打包捆绑的商品作为一个单独产品列出，用一句话提醒人们你已经在别处详细描述了该产品。

让你的订货助理、预定代理商、服务员和其他顾客服务人员清楚地知道捆绑了哪些具体商品，从而使他们很容易地向顾客追加销售捆绑产品（尤其是当顾客询问捆绑中的一件或两件商品时）。

不管多么简易，至少要提供 2～3 种捆绑方式。即使仅仅是同种商品中的一打、从你提供的 17 种菜单中选择汤、色拉和饮料或去佛罗里达度假的打折优惠券、租车和旅行背包——你都要将它们打包。这样，你的收入将有很大增加。

反向捆绑概念：把你的商品分解成更小、更廉价的部分

通常顾客没钱从你那里购买他们喜欢的每一件商品，因此你可以把多项目产品或服务分解成较小的部分，在现购现付的基础上推销每一个不同的部分。和持续性推销一样（见顾客策略三“一次性顾客转化为持续性顾客”），这种现购现付的包装促使顾客从你那购买更多的产品或服务，而推销人员仍然一次就完成销售，不用等提供另一个部分时再向她推销。

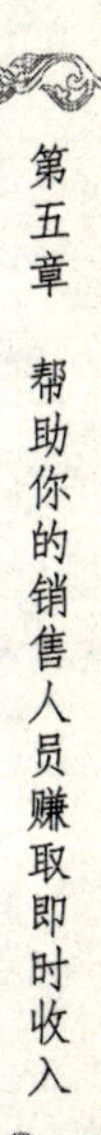

这与单独销售每件商品不同，在反向捆绑销售时，你仍然是描述和推销整个捆绑，只不过供货是在月、周或季度的基础上进行，每提供一次产品或服务，就在她的信用卡上扣一部分钱。

现购现付的捆绑产品或服务有什么呢？

- 要在几个月内交付和开发票的咨询合同；
- 在学生完成先前模块后再向他们发送附加课程的函授教学和在线学位；
- 开具单独发票、一步步完成的家庭修建工作。

销售策略三

提供详尽的产品和服务介绍

阅读报纸和杂志时，你会发现大多数广告概括得都很笼统。他们说：欢迎购买我们的产品/服务，我们提供的产品/服务物美价廉。”遗憾的是，这些企业的销售语大致相同，他们的销售人员会问：“现在我们能向你销售什么？你想买什么？”

另一种方法是在广告、电子邮件或推销信中列出详细的价格和商品，并让受过特别培训的销售人员推销这些捆绑的产品、服务协议或咨询。

首先，通过提供商品包，你能减少目录数量，更好地处理服务需求和业务。你不用提供上千种商品让顾客从中选择，也不用让你的职员随时为顾客提供各种不同服务。销售人员接受培训，用已经写好的有效推销脚本和能赚钱的销售技巧专心销售当前提供的商品。

当销售人员达到稳步增长的销售节奏时，想象一下，他们是多么兴奋，那时他们只想销售更多的商品包或者合同。

这确实振奋人心，这个技巧和第三章提到的让老顾客主动联系直接回应广告技巧联系在一起是销售部门产生即时收入的最可靠的方案之一。

提前确定要捆绑的产品及其价格

在写广告、促销信件、明信片和电子邮件时，最好想到你要销售的特定捆绑产品或服务（参照销售策略二“开始捆绑销售产品和服务”，获得更详细的信息）。最受顾客欢迎的捆绑商品是什么？最合理的附加项是什么？你怎样向顾客提供与特定产品和服务匹配的其他产品，同时还能使捆绑包吸引顾客？

然后计算捆绑包的价格。注意在广告中，你要通过其他用户的证明书——与其他捆绑商品的比较、顾客使用该产品后节省的成本以及其他方法向顾客证明产品价钱的合理性。确保通过事实、案例分析或其他材料证明你制定的价格合理。

给所有商品定价时，都最好使用精确的数字，而不要采用四舍五入的整数。例如，算出你的产品中最热销的冷暖两用空调机套装的价格是 3 682 美元，这比整数 3 500 美元更具可信度。具体的数字能证明你仔细地计算过，你的价格是基于成本、人力和微薄的利润的合理收费。当然了，由于是具体数字，看起来比较公平，你也能用这种方法为自己赚取巨额利润。还是仔细算一下具体价格吧。

能产生即时收入的销售

一旦确定了捆绑包和价格，就要开始推销它们。有很多已经证明可赚钱的推销方法，与潜在顾客策略二“组织两步策略活动”中讨论的两步建议不同，这些广告实际上会提到价格，并用附加信息证明价格合理化，同时，它能产生紧迫感，让阅读你的广告的客户赶快给你的销售部门打电话。

大部分销售将会用直接推销完成，在这方面要对销售人员进行培训，培训内容包括怎样处理顾客对价格、产品/服务或交易的其他方面所有可能的异议。

那么驱使读者立即行动并购买的行之有效的直接推销有哪些？

限时销售法

还记得广告策略五“进行特价销售并提供特价理由”吗？好的理由能帮助你说明特殊产品捆绑或服务限时销售的合理性。

销售人员喜欢用限时促销法推销，因为潜在顾客不能再给出“以后再买”这种反对意见。销售人员在销售时多了一项额外的优势——价格更改或产品捆绑将很快停止。

打折销售法

我个人不喜欢对商品打折，我认为它给潜在顾客发送错误的信息。毕竟如果你认为你的产品或服务不值原来的价钱，你猜怎么样？别人也会这么

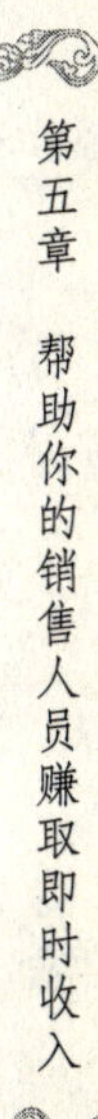

认为。

但是如果你有合理的理由打折，这种促销法将会很有效。

举一个例子，如果你销售家用电器，但是最近你将改变产品的种类，你可以这样说：

我们已开始提供新系列的家庭影院，但还剩下许多其他畅销品牌的音响，它们仍然属于一流的全新立体声系统。我们投入了大量的资金促销新系列，所以想立即出售先前的存货。我们还有127台高档立体声系统，现欲将它们出售，不按原价495美元，甚至也不按打折价295美元，仅按我们的成本价122.49美元。

注意122.49美元这个具体价格，它比129美元更具可信度。同时也注意你降低价格的原因。

售完为止销售法

这是我最喜欢的促销法之一，售完为止促销法对人们渴望购买的任何一种产品、服务或咨询服务都行之有效。

实际上，它如此有效以至于你可以通过故意限制赚钱。比如，你在提供一种咨询，帮助企业开发新的利益中心、扭转企业困境或者帮助公司进行合并，但由于你分身乏术，你不能与无限数量的顾客合作。事实上，如果计算一下你在每个顾客身上投入的时间，然后与你花在其他活动（包括推销服务）上的时间相加，你会发现一个月内你可能只能向15～20家的公司提供服务。不管怎样，你不得不限制顾客人数，为什么不把这种限制作为推销的一部分呢？

“不要让竞争者首先回应”销售法

这是我使用过的最成功的一种销售方法，它给你的销售人员创造了强烈的紧迫感。

因为竞争激烈，许多人想成为你所推销产品或服务的顾客且是唯一顾客。这能让他们无需过多考虑，迅速行动。仅允许一位顾客受益能创造强有力的推销环境，我们将之称为匮乏。如果你增加了服务或产品线，并想在每个城镇只把它推销给一家公司，那么这是非常有效的一种方法。

我曾为一名咨询师撰写广告，他提出要帮助当地的选择性治疗市场扩展到每月5万美元甚至更多。在大标题中，说明机会有限，在每个市场仅与一位治疗专家合作。这个广告创造了巨大的匮乏。广告以后，有人打来电话，提出他们可以通过一日速递把支票发过来，这样他们在镇上的竞争者就不能抢占这个培训机会。这让销售人员万分惊喜。

销售策略四

创造让利销售模式

我总是以中高价的服务包为重，但当那些选择对我的潜在顾客来说太贵时，我也有便宜的商品可供选择。这样做的好处是公司老板就不再仅仅是赚他们钱的人，低价销售成为我未来生意的基础。

——乔尔·布洛克，逻辑增长股份有限公司总裁

当销售人员从潜在顾客那里频繁听到价格异议，以为交易似乎不会成功时，精明的销售人员能向潜在顾客低价销售——用推销让利产品或者分期付款挽救这笔交易并尽可能地从中挣到钱。

在销售场所，让利销售模式是不可或缺的。不仅如此，它还是获取即时收入的一个极好策略。如果你在电话销售中采取这些策略，你的成交率以及收入将会急速增加。我在所做的项目中采取了低价销售策略之后，我的成交率超过了90%。另外，让利销售也能激发销售人员，如果可以让那些富有经验的销售人员进行低价销售，他们会帮你挣更多的钱。

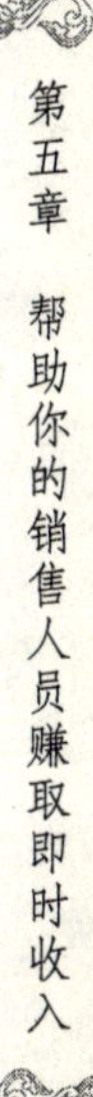

你可以在广告中写上低价促销，这样那些由于价格因素本来不会购买商品的读者便可以选择低价位的物品，同时也能了解或获得贵公司的所有产品系列、提供的服务或是专业知识。

马克·维克多·汉森为作者、演讲家、小公司老板们创立了“百万事件”，许多年来，我为这个项目组织了结构化的市场推销活动，我们以295美元的低价把研讨会的视频记录销售给那些由于支付不起研讨会费用或是没有足够的旅行费而未能参加会议的顾客。马克把大量的项目录音出售给了没能参加会议的作者或企业家，更让人意想不到的是许多第一年购买了录音的人在随后几年都亲自参加了会议——让利销售让潜在顾客熟悉了你能提供的产品或服务，它往往还会带来附加销售。

发展让利促销与定价

让利销售的项目或商品的价格一定要足够低，以便把此项目放在一个完全不同的价格表中，并完全消除潜在顾客购买你的商品的所有阻碍。大多数消费者知道质量不同，如经济型、标准型、最优型，价格也不同的道理。如果销售人员不能成功地推销出最优型产品，那么就推销经济型和标准型的产品，要知道价格上的差异对消费者来说至关重要。

另外，让利销售的产品价格必须足够低，这样才能完全消除潜在顾客对价格的疑虑，这意味着销售人员必须通过提足够多的问题了解潜在顾客的购买能力。如果潜在顾客在资金方面有问题，最好向他们提供更低价位的商品。这样，你既能赚钱，顾客也能欣然接受。低价格销售策略的关键是让潜在顾客尝试商品的质量、服务和价格，如果你出售的商品具有这些特点——即便是以较低价格出售，以后潜在顾客很可能从你这里购买更昂贵的产品。

一些普遍的让利销售策略

• 如果你出售咨询服务，并且一般签的都是1万美元或数额更大的合同，你就能提供每小时1 000美元的电话咨询。要做到这一点，你要把它变成产品提供给顾客。你可以发送印刷好的指导手册，提供一般信息、新客户在咨询前就要完成的问卷调查、咨询录音和顾客只需遵循电话策略就能达到他们的目的完整的“路线图”。这不仅是一个良好的低价销售策略，它还有效地使你成为所在行业中收入最高、每小时1 000美元的咨询人员。

• 如果你销售的是高级终端设备、家具或其他耐用商品，你仍能销售低价位产品——即使这需要你和其他人合作才能获得这些廉价商品。如果确实没有你所出售产品的“初级”形式，可以根据价格，允许3～4次或更多次数的支付方式。那些消费者信贷公司将会为你处理财务交易，销售结束会立即支付货物价格的大部分，然后直接与你的客户处理文件和支付情况。

• 如果你是批发商或是制造商，直接将产品销售给零售者，那么有必要进行财务计划，不同的产品系列要有不同的产品价格。

• 如果你提供的是昂贵的现场培训、研讨会或是任何种类的职业教育，你可以以相当于现场培训一半的价格提供家庭学习或在线学习。

销售策略五

与非传统的销售人员一起创造即时销售

因为在企业中我们不再强调传统的销售渠道，而是雇用非传统的销售代表，并把目标锁定为非传统的顾客，我们的生意开始真正地发展壮大。我们聘用了一位企业领导者和一位营销领导者，到今年为止，面向非传统顾客的销售量已经增加了350%。

——丹·莫泽斯凯，赞助出版股份有限公司主席和出版者

每一个企业都有一些销售人员会拜访那些他们认为可以向其出售商品的潜在顾客，这些人可能是其他公司的销售代表、咨询师、服务提供者甚至是家庭病房护士。给予适当的优惠，并让他们了解你所提供产品的价值，那么这些看似不太可能的“销售人员”就可以成为你的销售专家。

找一位有动机的销售人员，他的顾客能购买你的产品或服务

当我被一家刚刚建立了网页开发部门的广告公司雇用为他的增长制定策略时，因为中小规模技术公司正是这个广告公司所期望的客户类型，我立即与公司老板一起讨论那些经常拜访、推销、访问或提建议给中小规模技术公司的首席执行官、首席信息官、管理信息系统经理、销售部门的副主席究竟是哪些人。这些人不仅要考虑他们客户的发展，而且也非常清楚哪家公司正在考虑开发网页。

这些潜在的非传统型的推销人员是谁呢？

- 杂志广告销售代表；
- 已授权的计算机硬件和软件零售商；
- 增值经销商（VARs），他们有现存的硬件和软件，并把他们组合成为客户指定的信息处理系统；
- 合资企业的合作者，他们把自己的产品和服务与潜在客户公司的产品和服务捆绑起来；
- 已经为潜在客户公司开发了电子邮件服务的互联网服务的提供者

(ISPs)；

• 业务通信和顾问服务的编辑，潜在客户公司的经理就是他们产品的订户；

• 没有专业技术或人员开发公司所需要网站的网上个人商店开发者；

• 其他的广告公司，他们为潜在的客户公司做广告，但是没有他们自己的网页开发部门。

我给每一位潜在的销售人员精心写了一封信，向他们说明我们需要他们的客户，描述我们网站发展服务将如何给他们的客户带来无限收益，向他们解释为什么要推荐我们以及推荐后他们将怎样受到顾客的尊重和感谢，并且他们每推荐一名客户，就会给他提供一份报酬。

康复的处方

我的另一个客户是《心灵鸡汤》的合著者，我为他的书制定了完整的项目，家庭病房护士协会的护士每向病人的家属或朋友销售一本书，我们就支付给这个协会一笔钱。我把它称之为康复项目处方，并设计了可撕下的有胶的处方簿，这实际上是订购该书的优惠券。护士们可以把处方簿放在她们的护士包里，推荐这本书（甚至也可带着这些处方薄的复制品）给病人或其家庭成员撕下这个“处方”。当然，必要的话也可以通过电话帮他们订货。这本书在护士中广泛流传，一个家庭病房护士的组织成为这个项目中最好的销售团队。

让你的账目成为更热心的“销售人员”

如果你的顾客购买了你的产品或服务，然后再转售他人，顾客销售产品/服务产生利润后继续购买，你也可以从中获利。

在这个例子中快速创造收益的关键在于帮助你的客户向他们自己名单中的顾客售出更多产品，我们称之为“联合广告”。你提供资金、物力、推广赠品和红利帮助你的经销商和批发商向他们的终端消费者销售更多产品。尽管这些合作项目常常过于复杂难以成立，但你可以建立一些花费少而又简单易管理的合作项目。

首先要调查你的经销商和批发商，向他们传达你想帮助他们售出更多产品的信息。询问他们销售你的产品或服务需要些什么。他们是否需要培训、展会或对销售人员的额外奖励？是否需要你提供更小型号的包装、不一样的箱装数量或不同的捆绑服务？从你最不积极的客户开始着手调查。

在已有信息的基础，如果他们想向顾客进行特价销售或要从你这里购买更大数量的货，你要满足他们的要求。这是一个合作项目，意味着你们双方都需要采取行动。

注意，在联合广告项目里你的客户们会经常要求采用直接给顾客回扣或给制造商折扣的形式。不管你的客户怎么说，不要采用现金赠送，要找出其他替代方式销售产品和服务。

另一个帮助你的客户们进行销售的方法是提供给他们你设计的营销活动。在把这些活动分配给你的其他客户之前，你必须先在选定的经销商处进行测试。大体上，即使他们不采用，经销商和批发商们都会很重视这些为他们设计的周到而齐全的项目。事实上，他们很可能会采用这些销售活动。

第六章
网络上的即时收入

利用互联网赚钱和在别处赚钱并无太大区别，只不过通过网络发布交易信息（有时还可以发货）会更快捷、便宜、省事。

从这些方面看网络商业是很不错的。

整个网络的规模和复杂性困扰着很多小经营者，使他们难以更有效地利用互联网赚钱，经营者常常由于技术要求而无法充分利用唾手可得的收入来源。

幸运的是，你并不需要学习有关互联网的一切。只要遵照一些基本原则，比如如何建立自己的网页、与潜在顾客交流、增加会员（合作伙伴的网络形式）、吸引媒体，你也可以开始在网上赚钱。

本章讲的就是这些基本原则。

好消息！网络顾客都接受过购买培训

我们先从好消息说起。

现在的网络顾客都接受过购买培训。当然，这要感谢 21 世纪 90 年代后期的网络热潮。事实上，当时许多网络公司都为消费者建立了网页，并精心培训顾客怎样使用信用卡购物。但之后其中的很多公司破产，从而把这些顾客留给像你我这样的小生意人。

即使现在互联网拥有 6.94 亿用户（而且数字还在持续增长），他们也并非都是你的理想客户。如同在传统市场中，你必须利用地域和心理因素缩小销售范围，从而集中力量发掘那些对你的产品感兴趣的人群。

即使在网络上，你的销售对象也不是全世界的人

我每次给小生意经营者提供咨询时的第一个问题都是：“不使用‘每个

人'这个字眼，说出你的产品或服务的销售对象到底是哪些人?"用这个问题，我要确定通过报纸广告、直接邮寄广告、新闻稿和其他传统手段，他的生意最终能占领哪个针对性市场。

其实互联网和传统市场一样，只是范围更大。这意味着即使你能轻易将产品或服务销售给世界各地的顾客，你仍需在网上寻找属于你的市场，积极开拓道路赢得那些顾客。

针对性营销能使你的工作轻松许多。

询问潜在顾客想买什么，确定你的定位

遗憾的是，许多经营者开发的产品或服务并不是市场需要的，在分析未来时他们只想着："这是我的产品，我该怎样把它卖出去?"

其实他们应该问："市场需要什么？我该怎样利用我的专长开发产品或服务?"

请注意这两种方式之间的区别。用第一种方式，你会面临巨大的困难——费时费力又费钱地把自己的形象和信息强加于市场，而第二种方式只要简单地向人们出售他们需要的商品。

要确切知道你的销售对象究竟想购买哪些产品或服务，请尝试以下策略：

• 在你的预期市场中随机采访25～30个经营者或顾客。

• 向同行业工会的执行理事咨询，询问大多数行业成员和顾客所面临的问题。

• 搜寻在网上发表过包含行业关键词的新闻文章的作者，并把他们的联系方式整理在一个表格中，打电话向他们询问潜在顾客需求。

• 确定所在行业的新顾客是哪些人或将顾客分类，确定这些顾客来自哪里、他们从哪里获取信息，然后与这些顾客在市场上首先接触的人联系，包括学校、审批委员会、杂志或者其他实体。

• 找出究竟是哪些人离开了市场及其离开原因。也许你拥有这些企业能够生存并取得成功所需要的产品或服务。

• 与潜在合作伙伴谈论他们的一般顾客，当发现有些顾客的需求没有被满足时（甚至你的合作伙伴也没能满足他们时），你就找到了一块未开发的领域。

你能带走人们的烦恼还是实现他们的梦想

无论在哪个市场，只有两种真正的赚钱方法：带走人们的烦恼或者帮助人们实现他们的梦想。用销售术语说就是关注痛苦或者关注梦想。

当你坐下来开始写产品和服务的网络促销计划时，你必须清楚地知道你的销售对象想要什么、什么能促使他做出购买决定：痛苦，还是梦想？

顾客会花钱购买真实的效果

记住，顾客想要的是产品或服务所提供的效果。你销售的不是实在的产品或服务，而是效果。你问市场需要什么的时候，你可以看一看我提供的清单。例如，顾客们想要达到：

更多的钱，更容易赚的钱	更少的工作，更少的工作时间
更多时间与家人在一起	自由、保障、安全
激动人心的经历	舒适的退休生活
投入爱好的时间	成为核心团队的一员
他人的认可	有能力帮助他人
经济上的独立	退休金

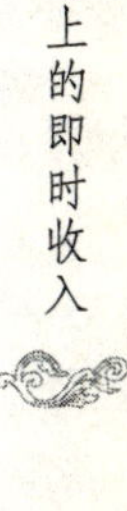

处于痛苦中的顾客想从以下方面得到慰藉：

经济问题	人际关系
健康问题	法律纠纷
时间太少	生活无目标
工作没有挑战性	工作太复杂

经营者则想要：

赚钱更容易，现金流转更顺畅	工作时间更少，收入更高
由他人解决大部分麻烦事务	在他们选择的领域内取得成功
被公认为行业第一	能够专注于他们喜欢做的事

生意步入正轨

一旦你了解市场想要什么——包括它所期待的最终效果，你就可以开始改进自己的产品或服务，使它们对网上的顾客更有吸引力。

你也可以开始制定你的网络销售战略，说明你的产品或服务如何能够满足市场需求。发布你的网站、举办网上活动、发送电子邮件，并且运用营销辞令进行热卖、免费赠送等活动刺激顾客的购买欲。

在开展这样活动之前，你要先准备一个简单的网站和其他一些工具，但别因此气馁。网络营销起初看上去可能令人生畏，但我的经验证明，难倒许多经营者的拦路石只不过是对网站和相关工具能够做什么不了解而已。

你的网站必须做什么

网站是一个信息发布工具，像明信片、电话销售、报纸广告或者直接邮寄广告等手段一样，互联网也有自己的一套开展活动所必须遵循的要求。

首先，在开展任何销售或市场活动之前，所有网站都要具备四大功能（也是为了充分利用这份指南所讲的策略）。对这些功能无需进行长篇累牍的解释，但适当的说明也很有必要。

功能1：网站必须获得潜在顾客的姓名

在本章提供的第一个策略中，你将了解到如何发送免费的产品报告，吸引读者在阅读后登录网站的“姓名注册页面”。设计这个页面只有一个目的：说服访问者为了获得免费的在线指导、音频访谈、可下载目录、电子杂志订阅等有价值的即时赠品而提供姓名、电子邮件地址、邮编和其他信息。

要建立自己的注册页面，先编写一个吸引人的标题，介绍访问者能免费下载的资料，然后描述访问这个页面可获得的实际产品，解释你们是谁、为什么免费提供产品并展示其他获益者的证明推荐。接着给出一份需要填写的表格，用准确的指导引导访问者完成该表格，并承诺他们会立即收到他们需要的信息。

看上去你能收到很多回复，但事实并非如此。现在就算免费送给别人东西，也需要给出让人信服的理由使其接受，因为注册者知道接下来他们就会收到内容为广告和推销的电子邮件。

在填完表格之后，转到一个简单的确认页面，告诉访问者如何下载这些免费项目。这个确认或者感谢页面也应包含一个更低价格的初级产品的相关信息（假如你能提供），然后再提供一个访问者可以了解更多信息的相关链接。

在提供给访问者免费项目时，或者说如果这些免费项目是一套报告或教材，你应该马上把访问者的电子邮件地址添加到自动回复系统中。这个回复系统每2～3天就会发送一次提前准备好的通用广告。这些广告中应包含有一些其他有用的资讯，从第5条和第6条广告开始，还应含有你打算卖给这些订阅者的第一款产品或服务的销售记录。

功能2：网站必须销售产品或服务

还记得在第三章“制作能够带来业务的广告”中我详细描述了怎样写一份能产生即时收入的直接回应材料吗？事实上，所有网络营销成功者都运用同一种直接回应材料在线销售他们的产品或服务。他们认为网站只是这些销售信件的另一种传递渠道，只不过这些信件可以在计算机屏幕上阅读而已。

你在创立自己的网站时会写很多材料，但如果你将时间花在创造三种销售因素上，任务将会轻松很多。

销售因素1：说服访问者购买的销售网页

在精心制作这封推销信的时候（以一个引人入胜的标题开头，接下来所有部分都是精心写成的直接回应片断），你要尽可能地着重叙述，并且向读者提供必须购买你的产品或服务的理由。不用担心材料的长度，相反，重点要把你在第三章“制作能够带来业务的广告”中学会的所有具有说服力的材料都用上。

你还应加入信用度证明，比如顾客的感谢信、视频或音频形式的推荐（这会更吸引人）、产品或提供服务时的照片、合适的信件或文章的扫描件等等。

在销售信前1/4部分的某处，放上你的免费实时通信方式，当然要简短些，或者自动回复系统可提供的其他一些赠品，再附上一份在本页面就可立即完成的表格。在销售信中随处添加诸如“点击此处立即购买”之类的链接，顾客点击就能进入安全可靠的购物车。

在销售页面的底部，放上公司名称、地址和版权所有，比如“© 2007国

际成功资源”和下列链接：

电话预定 | 政策法规 | 会员注册
媒体专业人士 | 联系我们

销售因素 2：即时收集订单的购物车

购物车可以让访问网站的顾客点击你在销售信中插入的链接，在一个安全页面中购买产品，以便获取他们的信用卡密码和订单信息。如果访问者是在访问网络联属营销者时购买了你的产品和服务，购物车会把这笔交易归到那位联属营销者名下，并向他支付一定的佣金。我使用的购物车不仅能处理在线订单，还能管理我的整个网络联属营销程序，甚至可以告诉我每个月我支付给每个营销者多少佣金（有关营销者的更多信息将在下面提供）。

销售因素 3：用感谢页面追加销售其他商品

访问者完成订单后，你应该引导他们到感谢页面。这个页面祝贺他们购买成功，告诉他们的订货如何送达（或者如何在网上下载）。聪明的网络销售者还会在感谢页面进行追加销售，购买者可以点击继续购买。

功能 3：网站必须招收网络联属营销者

购物车开始运转之后，你就可以着手招收网络联属营销者，让他们帮你销售产品和服务。网络合作伙伴被称为网络联属营销者，而且在本教程所提供的即时收入策略中，你会找到切实可行的步骤，向你的网络联属营销者的顾客、成员、学生、客户和订户进行有力的推销。

理想状况下，让网络联属营销者进行注册的页面应包括一封你的私人信件，介绍你的网络联属营销制度，用令人信服的语言说服另一位网站拥有者为你的产品和服务进行促销。这封信还应包含一个链接，将访问者带到网络联属营销者注册页面进行注册。

网络联属营销者注册后，你就可以批准或拒绝他们的加入，然后向他们提供能为你推销的促销工具。最常用的促销工具包括横幅广告和引导访问者访问你的销售页面的提醒邮件。

功能 4：网站必须提升媒体关注度

因为曾与很多著名企业家共事，我习惯于制作便于媒体报道的网页，我所说的媒体包括纸制媒体、广播、电视、演讲产品报告，当然还有网络。你也可以通过在自己的网站上添加独立的“媒体专业人士”页面获得实际利益，这个页面可以链接到如下的小文档或者特写：

- 你的电子出版物文件包或 EPK 文件包，其中包括你的个人传记、公司历史、以前的文章、你所建议的广播或电视访谈问题、联系信息等等，并把它们精心制作成 PDF 文档。
- 预先写好的访问者可在时事通讯、杂志或报纸上发表的免费文章。（为了方便下载请将多篇文章放入一个文档中，但在媒体页面上对它们进行单独描述。）
- 一份记者申请采访或嘉宾出场要填写的表格。
- 允许媒体下载你和你的产品/服务彩照的链接（最好和你预先制作的文章放在一起）。
- 进入网络联属营销者注册页面的链接（专门为电子期刊出版者准备的）。

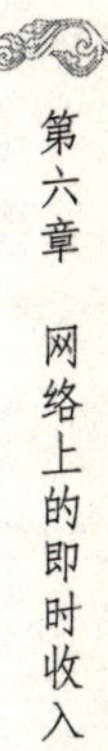

6～8 个网页只需 500 美元，这是真的

这几个功能看起来很详尽，其实如果你只销售 1～2 个产品/服务的话，你的网站不需要超出 6～8 个页面。此外，如果需要的话，你还可以随时添加页面。刚才讨论的 4 个功能只是基础。

又有一些好消息：只要你将内容规划好，由专业人员建立网站并上传到网上的花费不会超过 500 美元，尤其是如果你通过类似 www. elance. com 和 www. guru. com 这样的网站雇用美国以外的有能力的设计公司制作。

事实上，如果你已经仔细斟酌过整个内容、设计过如何把网页组织在一起、也规划过购物车，那么建立起自己的网站并把它上传到网上不会超过 12～15 个小时。这是真的。

你的网站无需做的事情

因为世界上很多人仍需要通过拨号付费上网，你的网站应当做到能够快速下载，容易使用。只要做一些宣传活动引导人们访问你的网址，你也可以让它在搜索引擎排行中迅速上升。因此，我不建议大家做昂贵的 Flash 动画、音乐、帧像技术和大型图像，那是既费力又费钱的形式。

网络的即时收入策略

关于怎样建立一个有效发布销售信息并让他人帮你推销的网站，我们已经讨论了许多。接下来最关键的工作就是让人们说："对，我很感兴趣。我想要更多信息。我想让人一步步地告诉我怎样购买。"下面的策略能够对你有所帮助。

网络策略一

发布病毒式报告及精简页面

通过链接注册页面和发布病毒式营销产品报告及文章，我们的顾客选择率从 8%提高到高达 74%，从而帮助我们在短短几个月内不费吹灰之力就使潜在客户的数量超过了 2 万人。

——斯蒂芬妮·弗兰克，《偶然的百万富翁》的作者，
www. StephanieFrank. com 网站创立者

对企业家来说，互联网改变的不止是发送货物的方式，还有我们的销售方式。结果像闪电一样快速展现出来，营销节奏尤其加快，并且几小时内(而不用几天）就能产生大量收益。

而这些只是为什么现今飞速发展的公司都是建立在互联网基础上的一小部分原因。

到目前为止，网络经营者运用的最巧妙的策略之一就是制作一份产品营销报告，告知阅读者他们的产品、服务、专长和其他能提供的产品优势。在合作策略一“提供有担保的服务”中，我教过你们怎样撰写担保人可能会发

给他们的顾客的营销产品报告。那么在网络上，一份 PDF 格式、很容易下载的产品营销报告会成为一种不可思议的工具，让担保人帮你快速获取收益。

什么是病毒式营销

在网上，病毒式营销是基于传播原则的，就像病毒会导致伤风或感冒一样，病毒式营销活动也会传播一些东西。在销售中，传播的是你的产品营销报告，从而使阅读者对你的产品和服务产生购买欲望。病毒式营销报告以两种方式发送：(1) 发送电子邮件或发表促使人们到你的网站下载该报告的文章；(2) 在授权的情况下，其他人把你的报告贴在别的网站上或者用其他方法发布。

病毒式营销实际是利用了网络的最佳特性，即信息在毫无拘束的环境中传播最快。事实上，很快你就会发现病毒策略实际上提高了你的知名度、声誉和信息的传播速度。不仅如此，病毒式营销活动一旦被启动，它差不多就拥有了自己的生命，无法停止。就像几个世纪前真实生活中的病毒一样，在消亡之前，会影响成千上万人。

开展病毒式营销活动的七个步骤

你只需要很少的资源启动病毒式营销，但这些资源在启动之前必须到位。

步骤 1：建立三个网页开展病毒式营销活动

不管你是建立全新的网站还是在已有的网站上添加几个页面，你需要三个关键的页面发送你的具体营销报告、最终销售你的产品或服务：

• 一个能让访问者免费下载营销报告的注册页面，但这个页面首先要求访问者在下载前先提供姓名、电子邮件地址、邮编和你所需要其他信息。

• 一个感谢访问者提供他们的联系信息、指导访问者如何下载免费报告的确认页面。确认页面还能提示访问者在下载文档之后点击后面的链接，这个链接将把他带到产品销售页面。

• 产品销售页面，其中包括一封以直接回应格式精心制作的推销信，促使访问者购买你的产品或服务。

你可以通过访问 www. instantincome. com/freecourse. html 浏览这三种网页和运行中的病毒式营销活动。

确保将你的联系信息放到每个网页的底部。你还可以加上一个法规所必需的政策页面。

步骤 2：添加购物车服务

你还可以在网站上添加购物车功能，用来处理网络联属营销者所推荐顾客的个人交易和历史记录。

简单地说，网络联属营销意味着其他网站的拥有者（很可能拥有更长的顾客名单）会积极地向他们的顾客宣传或发送你的营销报告，其中很多人阅读后会登录你的网站购买商品。

当他们购买后，惯例上每笔交易都要向相应的网络联属营销者支付一笔佣金，所付的佣金取决于你销售的产品/服务及其价格。如果销售的是有形的可触摸的实物时，向网络联属营销者支付相当于产品价格 1%～8%的佣金；销售电子期刊、软件或其他可即时下载的数字产品时，因为这种销售无需硬件损耗和送货费用，支付给网络联属营销者的佣金常常可达 20%～50%之多。

不管你决定怎样支付佣金，要注意，除非你提供佣金，否则没有任何网络联属营销者会替你发送报告。当你考虑到他们为发展自己的顾客所花费的时间和精力时，你就会觉得这样做合情合理，可以理解。

好的购物车服务包含一个网络联属营销者追踪软件监控所有交易、追踪交易来源和提供月份报告，你可以根据它核算佣金。

步骤 3：写一份有销售价值的营销报告

病毒式营销能否成功的关键取决于他人将你的产品报告发送给其顾客、订购者、朋友、会员和客户的频率和速度。

这意味着你必须从一份内容充实的报告或者其他信息丰富的材料入手，包括在别处不容易得到的信息，并且可以在你的定位市场中作为一个对顾客或经营者有价值的资源宣传。

换句话说，你的产品报告越好（看起来越好——有直观的图解和丰富实用的内容），别人就越情愿将它发送出去。

聪明的网络经营者用来提升报告的公认价值的秘密之一就是授予产品报告的再版权，也就是允许数以千计的网络经营者在销售他们自己的产品服务时将你的报告当成赠品附带发送。

你也可以发送 MP3 文件、电子书、博客、视频片段或者其他类似的内容，每种都插入了链接，引导人们为了获得更多信息、产品和服务而访问你的网站。无论你发送什么内容，确保它包含了有价值的信息，同时也要通过鼓励潜在顾客登录你的网页购买商品，将购买需求转化为现实的交易。如果你的营销产品报告产生的交易量很小，网络联属营销者不会继续替你发送这个报告。

步骤 4：使你的产品报告充分体现品牌可塑性

现今，软件支持允许网络联属营销者在发送你的产品营销报告之前把他自己的顾客链接插入其中。当访问者点开这些链接时，就会进入一个可以购买你的产品的顾客网页。通过这个网页，联属营销者也能在每笔交易中获取佣金。你可以在 www. instantincome. com/resources. html 阅读相关软件的更多信息。

步骤 5：创建自动回复系统

当访问者登录你的注册页面并且注册下载免费的产品报告后，你就已经取得了他的电子邮件地址，你应该利用它对访问者进行追踪销售。取得了他的自动回复系统（大多数购物车都包含）可以设定程序，以预设好的频率自动发送电子邮件。你可以建立一个免费指南系列、为了达到销售报告中提到的目的而提供每日一帖或其他有价值的日常信息交流。不管你称之为什么，它的目的在于追踪潜在顾客，鼓励他们购买你的产品或服务。

自动回复系统成功的关键在于要先获得潜在顾客的信任，向顾客发送有价值的内容，而不仅仅是商业广告。在发送的第 5 封或第 6 封电子邮件中，开始提及你的产品或服务。

步骤 6：使发送产品报告更容易

要开发新闻稿、预先写好的电子邮件或其他简单的联属营销者在插入他们独特的追踪链接（由购物车产生）后能向顾客发送的工具，每种营销手段都应说服顾客访问你的网站，下载你提供的免费报告。

你也可以在你的网站上建立一个联属营销者支持页面，提供附带的剪贴工具让联属营销者立即与他人共享你的产品报告。请提供：

• 联属营销者可以发送给他们顾客的许可凭证；

• 联属营销者可以添加到他们的网址中的正文链接、弹出窗口、滚动窗口或者横幅广告。

步骤 7：开始联系超级联属营销者

超级联属营销者拥有包含成千上万个顾客的名单（或者至少有成百上千个会响应活动的顾客）。为促使超级联属营销者替你发送产品报告，向他支付这份营销报告所产生销售总额的一个相当丰厚的比例。确保他们知道你会提供工具，从而使发送产品报告、达成交易简便易行。

为什么要付给超级联属营销者这么高的佣金呢？因为他们将在很短的时间内帮助你建立一份大规模的注册者或预订者名单。最后当你开始向获得的名单中的顾客销售其他产品时，你的生意会得益于这份名单而蒸蒸日上。

为找出这些超级联属营销者，更多细节请访问 www. instantincome. com/resources. html，它将有助于你确定那些有可能拥有大量顾客名单的顶级网站。

准备好迎接闪电般的效果

从超级联属营销者推广营销报告到访问者点击进入网站进行购买之间只需短短几个小时，这种速度就是网络所带来的最大好处之一。当它发生时，请把货品补充和服务以及其他你所需要的资源都准备好。

当我在网上开展我的第一个病毒式产品报告系统时，我的团队已经准备好这些重要资源了。但是其他更昂贵的产品服务也很快产生了订单，而我们对此毫无准备。

我能再告诉你一个秘诀，回顾建立起病毒式产品报告系统本身的这段经历，我认为其实我们犯了几乎所有可能出现的错误。事实上，仅仅是建立和运行网站所需要的工作就比我预期的多很多。三个程序员无法将各个页面协调起来，自动回复系统中的电子邮件有一半过于冗长，还有当最终我们准备运行时，我将从名片收集来的 1 600 个电子邮件地址放到自动回复中，结果购物车直接给这些人发送了一封邮件，祝贺他们加入了一个他们甚至都还不知道的名单，他们肯定十分迷惑。真的是太多教训了。

但是这些最终都完成了，这才是对你来说重要的一课。

在运作的第一个月，有几百个人访问了我的 www. HowExpertsBuildEmpires. com 网站。很快就收到了回应，接收到我的免费产品报告系列的访问者立即点击购买了价值 97 美元的营销方案，这是我特别为行业专家、作家和企业家提供的，以帮助他们成为其领域内的顶尖专家。当然，促成价值 97 美元的产品交易成功正是我撰写免费产品报告的首要动力。

只是并没有想到马上就会有人购买。

我原本以为他们会下载免费产品报告，对其质量感到满意后给朋友们传阅，在一段时间内再由产品报告订阅者逐步成为 97 美元的购买者。

相反，使我吃惊的是，第一天下午就售出几十个 97 美元的营销方案，而且在网上销售营销方案的第一个月内总共有 1 043 个访问者决定接收免费产品报告，其中超过 270 人购买了可下载的电子营销方案，这个比率高达 26%。不仅如此，在第一个月内，不断有人打电话到我的办公室要求购买额外的价值 2.6 万美元的咨询服务和其他制作更精良的产品。而且，所有这些都发生在 8 月——对大多数商业来说典型的低潮月份。

现在，www. HowExpertsBuildEmpires. com 网站基本上还是如它刚开始运行病毒式营销时一样红火。如果你愿意，你可以看一下并复制这个过程。要记住，尽管建立病毒式产品报告系统可能看起来艰难，但它是你可用的最可靠的网络获取即时收入策略。

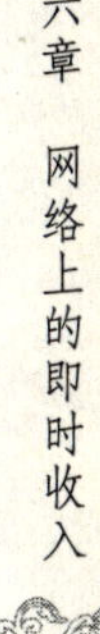

网络策略二

实行 24 小时招收会员制

一旦学会使用策略，我就把它作为我的业务。我已经亲自帮助好几百人运用这条策略售出上百万本书、成为畅销书作家。有一位作家在两轮 24 小时的推销活动中以每本 27 美元的价格售出了 6 828 本书，没有花一分钱在广告费上，净赚 187 356 美元。这条策略已经被证实是最有效的销售策略之一。

——佩姬·麦科尔，www. destinies. com 公司网络推广人、主席

如果你已经为自己的其他网络推销招收了联属营销者或者正打算开始这样做，你可以采用以下模式达到大家共赢的效果，而且联属营销者也会得到顾客的推崇。

这就是“24 小时策略”，它所能创造的热潮简直难以控制。

当我和杰克·坎菲尔德为《纽约时报》(*New York Times*) 畅销书《成功

法则：如何超越自我》(*The Success Principles*:*How to Get from Where You Are to Where You Want to Be*)一书推广时，我们招收了363名联属营销者，他们拥有从100个到超过50万个不等的顾客名单。我们提供了80份读者在线购买这本书时可免费下载的附送品。

在联属营销者将我们预先写好的电子邮件发送后12个小时内，我们就为网络书商送去了超过4 400名购买者，一下冲至BarnesAndNoble.com的销售榜首，让人高兴的是这还为我们的私人电子邮件列表中添加了几千个新名字，并且分文未花。

你也可以为你的产品或服务创造这样的购买热潮。

怎样运作

这条策略之所以有效，是因为在一个特定的24小时期限内分发了价值几百美元的免费附送品作为购买产品或服务的奖励。附送品由你的联属营销者提供，他们很乐意供应免费样品以提高点击率，从而获得大量的新顾客名单。在一个特定日子的特定时间，让所有联属营销者给他们的顾客名单发送一封预先写好的电子邮件，推销你的商品和附送品。

如果你收集的附送品和参与顾客的名单质量很高，你就可以期待数以千计合格的潜在顾客访问你的网站、购买你的产品、下载免费的附送品并且注册成为你的会员。

这种销售方法将上百位顾客名单拥有者的宣传力量、免费附送品难以抗拒的价值诱惑以及成千上万名殷切购买者的强烈购买力相结合，是一种共赢的模式。

循序渐进的方案

要开展你自己的活动，请遵循以下方案步骤：

- **招收拥有大量电子邮件名单的联属营销者。**活动的最终目的是吸引会购买你的产品或服务的潜在顾客，你首先接洽的联属营销者应拥有大量顾客和潜在顾客，并且这些顾客可能购买你的产品或服务。这是一个数字游戏，要尽可能地搜集大规模的名单，同时也要招收在特定市场领域内有着大量客户的联属营销者，这样电子邮件接收者会对免费附送品和联属营销者会员提供的其他赠品产生兴趣。

·找到可在网上下载的安全可靠的附送品。很多人购买你的产品只是为了获得免费附送品，你可以通过让他们获取最有价值的附送品强化这一点，但要确保购买者能够在你的网站上立即下载这些附送品，这对推动销售很有帮助。此外，因为这样做无需任何花费，也能激发联属营销者参与的积极性。

促销效果好的附送品有哪些呢？包括电子期刊、旅游指南、图书清单、商业方案、杂志、远程课程、在线研讨会和在线课程，不要赠送诸如需要接收者付费才能使用的折扣优惠券或其他任何有损你形象的附送品。

·建立一个简单的网站或在你的现有网站上添加两个页面。首页上应该有一封你撰写的有关产品或服务的亲笔短信。首页应着重强调只要访问者购买了产品或服务，就能立即获得附送品。同时还应指导访问者点击链接，购买你的商品，使用他们的订单确认号下载附送品。通过首页让顾客进入购物车进行购买或者到代售你的产品或服务的在线零售商那里购买。在首页底部附上一个简短的表格，用于获取购买者的姓名、电子邮件地址、邮编和订单确认号。完成表格后点击提交键，顾客就能进入附送品下载页面。

·要确保在首页上提及了附送品的价值和用途。要求每个联属营销者都采用 PDF 格式或者使用一个指向他们各自网站的链接介绍附送品及其价格。

·安排具体的活动开展日期。在一年中任选一个周二或周三，但不要选在 8 月下旬或 12 月的最后两周，提前联系联属营销者让他们安排你的销售活动。

写好规程并附上一封联属营销者可以发送的电子邮件，告知联属营销者在哪天、哪个时间给他们的顾客发送这封电子邮件。在《成功法则》的活动案例中，为了让我们的书冲上畅销书排行榜，我和杰克·坎菲尔德使购买者集中在一个很短的时间期限内购买。你可以用 2～3 天时间开展活动，从而更好地接收订单，履行订单。

要确保为你的联属营销者写好这封电子邮件，这样他们只需要对第一段进行个人化（如果他们想这么做的话）和在最后写上自己的姓名即可。注意下面这封电子邮件，它提及附送品的次数和提及《成功法则》的次数几乎一样多。这封邮件包括（在其他部分中）：行动呼吁、联属营销者的个人担保签名、远远超出图书本身价格的附送品的价值。价值是关键。

主题行：紧急！我给你准备了很多礼物，但你必须立即回复。

亲爱的×××：

今天我发送给你的是给（联属营销者顾客名单的名字）的最重要的一份通知。

本周，我的好友杰克·坎菲尔德（《心灵鸡汤》系列丛书的作者之一）将对那些想在生活、职业、收入和恋爱方面更加成功的人发表权威指南。

它就是《成功法则：如何超越自我》。如果您在销售初期在网上购买，杰克·坎菲尔德与合著者珍妮特·斯威策将为您提供价值3 060美元的礼物。

在限时抢购期间购买杰克和珍妮特的最新著作将会免费获赠什么呢？

- 在别处难以找到的独家项目……
- 价值几百美元的私人教授教程……
- 包括电子书籍、手册和其他资源的整套产品……
- 还有更多……

这些礼品来自于当代著名的专家们：房地产权威卡尔顿·希茨、《一分钟经理人》的作者肯·布兰佳、健康专家凯茜·史密斯、博恩·崔西、马克·维克多·汉森、电子神话的缔造者迈克尔·格柏、还有你耳熟能详的其他专家。

享受这些超值礼品只需占用你几分钟时间，马上行动，输入你从最受消费者喜爱的在线零售书商处购买《成功法则》后获得的定单确认号。

你可以在以下网址获得免费附送品的信息：

www.____________________.com/book.

不要再等了！必须赶快行动，好好利用这个难得的机会。价值3 060美元的超值礼品等你拿——而在线购买《成功法则》一书只需花费不到20美元。

详情请访问www.____________________.com/book。

（续）

当然，我已经读过《成功法则》这本书，并且很乐意向大家推荐。杰克·坎菲尔德与合著者珍妮特·斯威策详细阐述了各行各业的成功者所运用的64条成功法则。杰克和珍妮特还详述了其他书中没有提到过的几十条成功策略，这些是都是顶尖企业家、世界闻名的运动员、科学家和慈善家等行业领军人物所知道的。

我希望2007年能成为你最棒的一年——现在就购买这本书，便可获赠使你超越自我的价值3 060美元的资源。

你可以访问以下网址关注你将获得的免费礼品：

www.____________________.com/book

购买《成功法则》一书请登陆相同链接。欲购从速。

你的朋友

[名单拥有者的姓名]

网络策略三

利用文章促使顾客访问你的网站

如同许多新兴的网络出版商，一开始我也没真正进行网络广告预算，所以我就用自己的文章替代，尽可能完善自己的网站，然后坚持不懈地将其中很多文章添加到目录中。在不到5个月的时间里，我的文章出现在500多个其他网站上，全都链接在主要搜索引擎上。此外，因为我的网站的原创内容，我能够将其出售给一个有经验的网络出版商。

——克瑞兹亚·迪威尔迪尔，加拿大多伦多媒体和出版社，“六十一”项目的首席执行官和发行人

如今有很多不同的办法使大家关注你的网站，遗憾的是其中大部分都要花钱。如果你是互联网新手或缺乏技术知识，运用这些增加访问量的昂贵方法，你每天可能会花几百美元。

有一种替代方法实际上更有效，并且几乎免费。

一个10多年来行之有效的策略

贾森·波塔什（Jason Potash）是文章发送软件和培训教程的发明者和专家，他将文章营销比作一棵古老的大树，有成百上千的枝叶吸收阳光滋养树干和树根。你的文章也有能力成为这些“滋养源”，因为一篇文章可能会被时事通讯、电子期刊、目录或论坛等摘录，并最终传播到几百万人当中。

把文章上传到网站、电子期刊和其他网上论坛，这些手段差不多自互联网成为一个欣欣向荣的商业社区那天起就开始为小经营者们赚钱了。

为什么文章营销可行

当你把一篇高质量的文章上传到一个为你的潜在顾客提供服务的网站上，它马上就能传播，也可能被加入网站的时事通讯、博客或者其他常规信息来源中。纸制出版物刊载很少会使用这种形式（关于纸制出版物，参见广告策略二“进行引人入胜的媒体发布”）。幸运的是，网络出版物的发行速度比纸制出版物快得多，它几乎是瞬间的。

当然，除了告知读者你有多么专业外，文章营销还能带来许多其他实质性好处，最重要的一点是它能帮你在搜索引擎上占据更靠前的位置。

原因如下：搜索引擎根据链接到网站上的其他网站数量判定网站的质量和相关性。这就像投票制度，比如你获得了300票（有300个网站与你的网站链接，因为它们把你的文章发表到他们自己的时事通讯页面上），而不是只有5票（就是5个网站对你感兴趣，会在自己的页面上讨论你），那么你在搜索引擎上的排名也会大幅上升。无论何时有人搜索你所在行业或专业领域内的产品或服务，你的网站就会出现在没有采用文章营销的竞争者的网站前面。

要创作高访问量的文章，请遵循以下几个步骤。

步骤1：确定你的目标

大多数小经营者希望把他们的文章营销立刻转化为产品销售，另一些则只想为将来的销售行动建立一个大规模的注册者名单。如果你目前还没有需要销售的产品，你仍可以通过建立名单、提供咨询服务、建立在你的专业基础上或其他知识性产品的一系列订阅，从文章营销中获益。

不管你的商业运作模式是什么，即使只是为某个兴趣团体或业余爱好俱乐部建立网上或网下会员制度，文章营销都可行。

步骤 2：建立销售产品或服务的网站

使用文章营销的最好方法是促使潜在顾客登录你的网站寻求详细信息。要做到这一点，可以使用免费产品报告、自动回复系统传送的简短课程、情况说明书、清单或其他一些能将读者转化为购买者的附送品。还记得潜在顾客策略二“组织两步策略活动”中的两步策略活动吗？文章营销就是一个经典的两步策略。

但是你必须用一个网站作为文章营销行动和附送品的有力支持，这个网站需要备有能说服访问者购买的销售信件。在你的附送品中添加这些销售页面的链接，这样访问者就会点击购买。这就是如何最终利用文章赚钱。

步骤 3：做一份简要的主题列表

运营几个月后，你应该具备了成为你所在行业专家的能力。实际上，你比你自己想象的知道得多。

在发送你的专业性文章之前，先关注一下你的顾客和客户，看他们面临的挑战或机遇、他们的兴趣、他们的困扰、让他们失眠的问题、他们对这些问题的反应，将这些主题列成一个表单。

接下来，列出那些你已经有所了解或仍需进一步研究的话题。

步骤 4：在话题下列出小主题

如果你是理疗师和人际关系方面的专家，你可以就早恋、复婚、工作场合中的敌意和单亲妈妈等主题写文章。这些主题都是关于人际关系的，但写出来的文章却可以上传到完全无关的网站上。让自己成为一个多重市场内的专家，进驻一些利基市场的网站，你的潜在顾客有可能就聚集在那里。

步骤 5：写文章或者雇人写

如果你不是一个与生俱来的作家，或者你对写这些文章不感兴趣，可以考虑雇一个职业写手。你可以在 www. elance. com、www. guru. com 或 www. rentacoder. com 之类的网站寻找自由作家，他们大多数是一些想做兼职的职业记者，200 美元就能写一系列文章，你还可以在雇用他们之前查看他们的作品集。

你无需采用许多已经过时的网络小伎俩完善你的文章，只要用行业中一般使用的常用语和术语，其他部分用日常语言和语法就可以了。搜索引擎对玩弄关键词和别的优化手段的方法已经了解得很清楚，你就靠自己详实的内容跻身搜索引擎的前列吧。

每篇文章长度应在500～700字之间，包含以下四个部分：

• 导言段落吸引读者阅读文章的其他部分，向他们展示将在后面的段落中看到哪些内容；

• 三个主体段落，包含主题最重要的论点，陈述你的观点、建议或与主旨相关信息；

• 结论段落总结讨论的主题，提出解决方法或建议。

• 资源箱，用2～4句话描述你和你的服务，还应包括有价值的免费报告、清单、音频访谈、论坛或其他通过注册页面提供的赠品。不要谈论你自己，着重介绍访问者点击进入能免费获得的好处。

理想状态下，所选的话题可以写成系列文章，在你发表了第一篇文章的网站上连载即可。

步骤6：把你的文章上传到免费文章目录中

会有上百家文章目录机构愿意接收你的文章，贴出来给注册用户免费下载。这些目录是启动整个过程的好途径。

但是上传文章最好的方法还是把你的小标题文章上传到能直接与热心读者们交流的专门网站上。你可以在网上搜索寻找这种站点，使用关键字帮助缩小搜索结果，然后电话联系网站拥有者请他们使用你的文章。

现在许多站点有征集表，让你在线填写姓名、网站名称、文章标题和正文的拷贝。为了使这个过程更简便，贾森·波塔什发明了一种软件，它不仅可以为你自动完成这些表格，还能帮你处理以后提交文章时与网站的联系，甚至会教你怎样制作精美的文章用于发表。

步骤7：重复这个过程

网上的文章往往也能放置较长时间，它们会被成千上万个人用做索引、存档和发送。这可以说明为什么通过发布一篇文章，一夜之间就能产生大量的点击量。而贾森·波塔什所说的"大量的点击量"要等你在网上有20多篇文章流传之后才会产生。

网络策略四

通过电子邮件传送仅限互联网的交易信息

顾客们总在期待绝对划算的交易。让联属营销者通过电子邮件直接发送我们可提供的交易，使我们从上百万个在线购物选择中脱颖而出，大幅度提高了我们的销售额和顾客忠诚度。

——乔尔·科姆，英夫美迪数字媒体公司创始人

电子邮件是独立企业家和其他小经营者最好的伙伴，它基本免费、操作快捷、所能创造的收益比你用来传送信息的其他任何手段都更直观。

每个策略都有自己独特的要求，电子邮件也不例外。但它首先也是以可靠的直接回应推销开始，通过实践本书的众多策略，你轻易就能将这项技术熟练地掌握。

杰夫·约翰逊（Jeff Johnson）是一位独立企业家，他在网上仅用90天的时间就创造了45.4万美元的收益，他充分掌握了利用电子邮件销售产品和服务的艺术。他的秘诀是什么呢？杰夫说："关键在于了解什么对你的顾客有益并发送给他们合心意的货单。如果发送的邮件有30%～40%被阅读，那就很不错了。"

杰夫曾经是一家金融经纪公司的经理，他想离开这个累人的管理职位，开发一种既能给他带来满意收入又不会占用太多时间和精力的替代职业，从而使他能更好地和妻子一起享受家庭生活。杰夫说："我想见证孩子们的成长。"

通过调查，他发现互联网最终会成为发展自己事业的杠杆。杰夫很早就懂得，使用互联网只要建立一个网站，一周7天、一天24小时的全天候创造顾客，然后给顾客们发送电子邮件提供符合他们心意、与众不同的商品。杰夫创立了自己的第一家网站，做了一个独特的转变：他不是出售自己的产品和服务，而是成为一名专门为其他网络公司制造顾客和交易的网络联属营销者。他让其他网络公司处理顾客关系，比如提供客服、解决账单问题、接听电话还有送货，而他自己只要把全部时间花在创造顾客这个首要方面就可以了。

杰夫在网上工作的前6个月无需出售任何一件自己的产品，仅仅通过为

自己的第一个网站创造足够多的点击量，他平均每天就有 1 500～2 000 美元的收入。随后，他又另外建立了几个网站宣传两家大公司的产品，而这些网站在建立的前 3 个月内又为杰夫创造了 45.4 万美元的销售佣金。

杰夫将联合营销看作是为其他企业开展销售，但是其中省去了在产品或服务过程中应该履行的所有工作，这与他原来的中介工作经历没有太大区别。

他说电子邮件很关键。进行电子邮件营销需要你找到可以联系的人，与名单上的每个人建立关系，找出发送电子邮件介绍新产品、免费礼品、特别活动的理由。

适合于商业的营销方法

杰夫说，比萨店可以利用电子邮件鼓励人们在客流小的时段进店享用夜间打折餐，咨询师可以给顾客发邮件告知有特设晚间讨论会或是与某位专家进行电话研讨的机会。他还说零售业可以提出一种特向销售，让收到电子邮件的顾客推荐给他们的朋友。

换句话说，你并不需要自己拥有一个电子贸易公司才能使用电子邮件业务。如果你开的是零售店、咨询室、服务店或其他生意，你也能够利用电子邮件吸引人们光临（或者登录你的网站查阅完整货单，下载优惠券或获取产品详情）。

如果你的企业是家庭型的呢？那么电子邮件可以成为你的首选和最受青睐的营销手段。

收集电子邮件的原因

电子邮件减少了你的营销成本，避免因给顾客写信或打电话造成的延迟。告诉顾客他们有资格享受仅限在互联网使用的特价是获取他们的电子邮件地址的好办法之一。事实上，这些新邮件地址很多是由那些最积极回应的顾客（尤其是那些刚刚在你那里体验了一次愉快购物经历的顾客）提供的。

精心制作的电子邮件能够创造几千美元的收益，但就像构建其他直接反应手段一样，写一封收件者会打开阅读并做出响应的电子邮件也需要一定的模式。

- **首先要有一个引人入胜的标题。**在标题中可以问一个问题、陈述可能的效果、提供有价值的礼品或者叙说你为什么写这封邮件。如果有最后期限，也将其写入主题行中。如果你能够从顾客的电子邮件地址中获得他的姓名，在主题行中直接称呼他。以下是一些我认为很成功的主题行：

加里，我想周四和你面谈一下……

在截止日期到7月23日前免费向您提供一套CD！只剩下3周时间了！

成百上千个人将会加入我们的行列，你加入吗？

• **添加一个友好问候。**如果你知道收件者的姓名，请在称呼中使用；如果不知道，就用一个通用的称呼形式，比如“尊敬的繁忙的主管”或“尊敬的新娘的母亲”。

• **在起始段落制造兴奋点。**吸引读者的注意力，给她一个继续读下去的理由。这个理由也许是暗示她你有一个专为她提供的特别产品，也许是提供的免费试用品、特别的折扣或者只给电子邮件顾客提供的预先通知。

• **描述3～5个好处。**选择你的产品、服务、报价、赠品中最有说服力的方面（如果这是两步策略活动）

• **提供支持信息。**证明书、案例分析、成功故事、价格对比和其他类似的详情有助于打消读者在回应之前可能产生的抵制想法。

• **使邮件简练有力度。**在邮件中只写入最引人注目的细节。如果你提供的报价单需要一个更长篇幅的论述证明为什么读者应该给予回复，你应该引导人们去你的网站上看销售信件原本。

• **用着重号分解邮件。**很多长篇大论的邮件让读者们看起来费力又费时，所以我总是在邮件中在好处或案例分析下面用着重号，从而把邮件分隔开。

• **提及报价单。**如果你没有网站，就用清楚易懂的语言把你的产品报价单直接写进电子邮件里。你可以选用季节性产品，比如“9月30日之前冬衣干洗减免5美元。”也可以在淡季的时候用邮件招徕顾客，比如“周一到周三晚上点两份餐就可享用我们免费提供的开胃菜。”确保给产品优惠加上时限或者要求顾客将邮件带来作为他们确实能享受优惠的证明。

• **告诉读者应怎样回应。**任何时候都要确切地告诉顾客他们该怎么做，不管是“更多详情请访问我们网站”还是“申请礼品请在3月8日周四中午之前给我们打电话”。

• **突出网站的链接。**如果你希望顾客去你的网站上阅读销售信件全文、下载优惠券或者进行别的活动，就要保证在电子邮件后半部分的某个地方醒目地出现至少两遍你网站的链接，然后在署名前再来一遍。

• **使邮件看起来私人化。**当前，太多电子邮件的结尾过于简单、不友好，我经常想："这是谁写的?"为了防止这种情绪的出现，在电子邮件中插入一些个性化的东西。记住，你是在给已经和你有商业往来的人们发送邮件，要友好些。

发电子邮件时要遵守《反垃圾邮件法》

从2004年1月开始，美国政府就开始规范管理泛滥的电子邮件，一般称之为垃圾邮件。遵守这些法规的一个办法就是先学习一下《反垃圾邮件法》，除此之外，你应该只向那些与你有合法商业关系或向你索要信息（比如订阅了你的免费产品报告或电子期刊）的人发送电子邮件。

《反垃圾邮件法》：

• **禁止不真实或误导性的标题信息。**电子邮件的发信人、收信人以及其他常规信息（包括发信域名和邮件地址）都必须准确，并且能够确认发件人的身份。

• **禁止欺骗性的主题行。**主题行不能够在邮件内容或主题方面误导收件人。

• **要求你的电子邮件给收件人提供退订的途径。**你必须提供一个退信地址或是其他联网回复系统，允许收件人注销，不再接受你发送的电子邮件信息，而且你必须接受这些要求。

• **要求商业电子信件被识别为广告邮件，并包含发送者的有效邮件通信地址。**

垃圾邮件过滤器是一种保护顾客免收未经请求邮件的软件程序。为了保证你的邮件能最大概率地通过这些过滤系统成功传送，我推荐你先到网上（比如 www.lyris.com）的很多垃圾邮件检测器中选用一个对你的邮件内容进行检测。它们会将你的邮件与已知的垃圾邮件语句进行对比，然后给你一份完整报告提示你哪里需要修改。很多电子邮件商家在单词中插入特殊字符以逃脱垃圾邮件过滤系统的拦截，比如"金∧钱"、"免.费"和"收'入"。

网络策略五

进行为期28天的产品发布活动

就在两年前，一个经营高科技产品的企业家开展网络营销并在一天之内就售出了价值100万以上的产品时，网络上立刻引发了一片哗然。不久之后，类似的事情开始广范出现。这样的成效放在现在的互联网公司中可算作平淡无奇了，他们不动声色地将这些简单却又超级赢利的产品发行活动安排进营销日程中。

互联网营销战略家和幕后顾问杰夫·沃克（Jeff Walker）是第一位对产品发行模式进行完善的人，现在越来越多的网站拥有者和独立企业家开始利用他的系统，围绕着一个新产品的发行或现有产品的再度发行掀起巨大的热潮并获得惊人的收益。

各种产品或服务，从电子期刊、培训项目到会员制度和咨询都在用这种方式销售。

此时你应该做好准备工作

虽然一个为期四周的产品发布很容易操作，但它还需要一些准备工作，还有一些在发布活动的28天时间里需要特别注意的时段。换句话说，产品订单不会凭空飞入你的网站购物车中。

你要赶它们进去。

首先，你应该遵循本章的忠告和建议，建立并运用以下这些卓有成效的促销工具。

• **用于销售产品的网站。**用直接回应式销售信建立的简单网站最好。不用为你无法创建精美的图片或Flash动画而担忧，我们并不需要那些，它们事实上还可能阻碍销售进程。

要启动产品发行活动，你首先要制作介绍将推出的产品的销售页面，不用建立访问者可以点击进入购买的链接，“现在就买”的操作页面要等到发行当天再添加上去。

• **网站上可以即时获取订单的购物车。**购物车让访问者在安全页面上点击一个嵌入销售信里的链接，购买产品，这个页面会获取他们的信用卡信息和联系信息。你可以在即时收入资源网页（www. instantincome. com/resources. html）上找到很好的购物车（包括许多互联网商业正在使用的购物车）。

• **一份你定期联络的稳定顾客名单。**28 天的产品发布活动最好从一份大量的高度忠实的顾客名单开始，他们是电子期刊订阅者、免费报告接收者和其他由于你和你的分销商的努力被吸引到你网站的顾客。只要他们注册了，就用自动回复系统或其他常规信息方式发送一份免费的小型教程，将这种联系一直保持下去，直到你准备好开始产品发布。

• **招收互联网伙伴的联属网络营销项目。**当你开始联属网络营销项目时，给营销者提供相应的工具，让他们推广你的电子期刊、免费报告或建立顾客名单的赠品。这样你的顾客名单会呈现指数式增长。此外，这些联属网络营者可以成为你最终产品发布活动的担保人。

• **建一个博客，让顾客能够进行反馈。**只需一会儿，你就知道怎样给顾客们发电子邮件，引出有助于你开发产品和开展销售活动的反馈信息。让订阅者在你的博客上发表反馈信息，通过博客将其他顾客的热情反馈展示给那些对你和你的产品同样有兴趣的人，给活动带来一种振奋感、归属感和信赖感。

社会认可度有助于提升振奋感和信赖感

利用顾客评论、视频推荐、询问和捐款宣传你的网站。博客和电子邮件信息可以向网站的访问者传达一种信息：其他有头脑的人也对你的产品感兴趣。这就是杰夫·沃克所说的“社会证明”。

将在发布日可以获得、但已经被前期顾客拿到的 100 份附送品从总数中减去。这是另一种社会证明方式，可以使访问者深信他们要抢在其余赠品送完之前赶紧行动。事实上，活动的社会认可度才是潜在客户的最大驱动力。

无需投入大量资金

注意，到目前为止你还没有花费多少资金，甚至还没有花钱。在你的网站上添加新的页面不用花钱，如果还没有购物车的话，租用一个每月大概花费 79 美元，并且通过购物车的名单管理功能向顾客们发送电子邮件也是免费的。

但是除了你适当的努力和微小的花费以外，你平均每小时能赚几千美元，当然这也取决于你的产品、价格、顾客和你的报价。

步骤是关键

别对此感到吃惊，在一次成功的产品发布活动中确实有特定的程序步骤要遵循。

步骤 1：向你名单上的顾客询问他们最大的烦恼

如果你一直和订阅者保持联系——免费给他们提供有价值的信息和利益，你现在就可以在你制定的发布日期前 28 天给他们发送一封电子邮件，让他们回复他们当前最大的麻烦是什么。

比如，你经营着一家园艺中心，免费提供蔬菜种植方法的短期培训，那么你就询问顾客名单上的人在蔬菜种植方面面临的最大问题是什么，是金花鼠、野兔、枯萎病、土壤问题、害虫还是别的什么？

不管是什么，你希望听到他们最头疼的问题和抱怨。为什么呢？因为精明的商家知道如果能够消除顾客的烦恼，而不是仅仅让他们感觉还不错，对你的产品或服务他们会更热情地回应，保持更长时间的忠诚。

仔细记录你收到的反馈，它们有助于你撰写即将发布的产品或服务推广方案。

步骤 2：汇报你收集的问题

与顾客继续保持联系，每隔 4～5 天发送新的电子邮件向他们汇报你收到的反馈信息。最后，在其中的某一封邮件中不经意地传达这样一个事实：你正在开发一种能满足你所收到各种意见的产品。在这封邮件中，请求订阅者帮助你一起开发优良产品，通过点击回复键，告诉你为了最好的满足他们的需求产品应该包含哪些功能。

当然，此时你的产品可能已经完成了 90%，但是一定要留出添加的空间以满足顾客所表达的需求。然后，在接下来的几封邮件中告诉顾客你正在添加那些可以直接有益于他们的组成部分。你会发现这时顾客的反应更加热烈，因为他们相信自己在某个满足他们需求的产品研发过程中起了直接作用。

步骤3：在倒计时14天时，发送“关键任务”邮件

顾客可能会模糊地感觉到一些事情将要发生。那么这封邮件就是正式将产品介绍给他们，包括产品的名称、功能，最重要的是这封邮件定下发布日期。最后一刻还要询问你的顾客他们认为在产品发布前一定要加入的关键因素还有什么。

这种一来一回的交流绝不是浪费时间。事实上，到目前为止你所做的已经为一个备受关注的、成功的发布日打下了基础，你已经开始建立一种顾客预期，你已经让顾客们知道产品将以他们为着眼点，你已经在他们中间建立起互利和回报的意识。

步骤4：对那些最令人振奋的反馈采用邮件回复或在博客上回复

建立起振奋感、积极性和参与感是关键。倒计时10天内，你应当每2～3天就发送电子邮件回复你所收到的令人振奋的评论，同时始终鼓励他们访问你的博客、邀请他们加入电话研讨会、答复他们最主要的异议、告诉他们事情的进展、建立紧迫感、创造对产品发布日的期待感。

步骤5：发布前4天，开始每天发邮件

此时，你的顾客已经关注你的产品发布活动24天了，他们不仅做好了购买准备，而且热切地盼望着发布日的到来。在剩下的4天内，每天都向他们发送电子邮件，介绍发布日当天的安排、告诉他们产品公布页面和购物车投入使用的确切时间、介绍你将提供的附送品（见下一部分）。引导他们阅读你的博客上所有计划购买者的留言，诸如此类。

步骤6：发行日，发送电子邮件指导订购

发行日到来之前，你的顾客应该已经等不及产品的投放，急切地想在你将销售页面添加到网站的第一时间就购买。如果你已经很好地完成了自己的任务，你的购物车会堆满订单，人们的购买热情高涨，你忙得电话都放不下来。在发布一段时间后，为保持这种热情，发送一封邮件，汇报由于势不可挡的热烈反响而造成的一些小技术故障或在你的办公室内发生的嘈杂，要写得真实而充满热情。

提供几小时内就赠完的奖品

为了提高回应率，让人们马上订购，你应策划一系列很有价值但第二天就取消的赠送品。你甚至可以给网站配一个计数器，倒计数你为前 50 或 100 名购买者留出的有价值的赠品。如果你想要顾客在前 8 个小时内购买，那就提供一份 8 小时后就要从网站上撤下来的赠品。表现出你的诚实，按照你先前在邮件中承诺过的提供和撤销赠品。

再度以同样的方式发布现有产品

即使你没有可推出的新产品，你可以再度发布一款现有的产品，调查顾客的需求，然后添加体现顾客需求的要素。

其产品发布程序和发布新产品的程序一样。

和你的顾客建立更良好的关系

杰夫·沃克认为，采用过产品发布模式的商家与顾客的关系都比之前更好。这些商家的顾客和订阅者现在更乐意购买，而且对今后的新产品充满期待。

而互联网商家们深知，除这些活动给他们带来的经济利益外，他们获得了更重要的收益，他们赢得了发展事业的动力，无论何时何种产品，他们都有必要的知识和信心将策略一次又一次地成功运用。

这种知识是无价之宝。

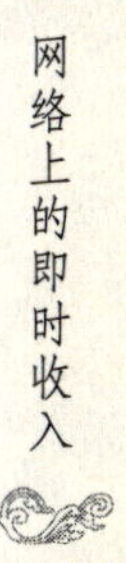

第七章
从忽视的资产中获取即时收入

除了从机器设备、办公家具、应收账款等传统资产中获得即时收入，你还可以利用身边很多你从未考虑过对它们进行开发的隐性资产中获取即时收入。这些隐性资产包括你自身的经济知识、所雇员工的专业技能、服务部门的空闲期、被淘汰或废弃的产品，甚至是装运货物的集装箱。

以上所提及的都可以作为有价值的资产加以利用并创造即时收入，本章将对这些忽视的资产形式进行识别并帮你的公司从中受益。

识别被忽视的资产

用营销者或销售者的视角在生产经营中寻找不寻常的隐性资产往往比从会计的视角寻找更容易，因为你最终寻求的是别人乐意购买的资产。

你要做的第一件事并不是问自己拥有哪些有价值的东西，而是思考其他经营者需要什么？他们在寻找什么？也许这个问题有数不清的答案，但首先想一下你所在行业或地区的其他经营者想购买什么。

- **接近你的顾客？** 如果是这样，被忽视资产的形式包括包装箱的广告宣传空间、购物袋上印制广告的空间、发票的封袋、商品的使用说明标签、商店里的免费试用品、向外租用或合作使用的顾客名单，还有让你的店铺晚间营业等等。
- **低价销售商品或廉价服务？** 如果是这样，被忽视资产形式包括淘汰或废弃的设计、生产设备的停工期（你可以用剩余的材料生产低价商品）、需要他人帮你达到最低订购数额的大宗商品订购或者在各部门停工期的时候让你的雇员为其他公司或顾客提供服务。
- **产业知识、培训或商业交流？** 如果是这样，你（或雇员）的专业技能可以通过提供咨询服务、辅导热线、电视研讨会、讲习班、供货商名单、启动培训课程等方式获得收益。

从以上可以看出，明确其他经营商的需求可以帮助我们评估资产的价值。事实上，其他经营商可能还需要：

- 低价的广告权；
- 他们不能购买或不能生产的物品；
- 可以向顾客出售的附加产品或服务；
- 交易方面的谈判帮助；
- 选聘合适员工时他人的帮助；
- 临时的兼职劳动力；
- 可以在当地报纸上刊登的广告；
- 有效的销售辞令；
- 网络知识；
- 对他人的运输设备、厨房、工厂、办公室或会议室及频繁飞行里程等的短期利用。

当然，以上都是其他经营者所需要的，那么顾客需要且能在你的忽视资产中发现的是什么呢？他们需要：

- **为他们管理资产的人。**你能指派服务人员在早晨或平时工作量少的时候为顾客提供家庭管理项目服务吗？你能在经营项目中增加婚礼登记或礼物登记服务吗？你能得到一份供应商名单确定是否有其他经营商提供你所没有的服务吗？你能把工作场所的空闲处改造成转让中心，以便租给其他公司在周末的时候给人们提供有关金融管理、衣橱管理、员工着装建议或者职业规划等服务吗？
- **低支出高质量的生活方式。**你能为淡季时多余的存货、效率较低的服务或顾客一次性全年预订付款打折吗？
- **更多的自由时间、家庭时间及放松时间。**你能规划出部分工作场地，布置成教室，营销一些特别的消遣项目吗？你能指派雇员为家庭小组提供一些服务吗？你能利用其他部件或服务包装现有生产线，从而生产成套的个人爱好用品吗？
- **成功的职业生涯。**你的顾客是否希望他们也能从事你所做的工作？如果是，那么你可以利用你的专业技能和经验帮助他们开创新的职业生涯。

被忽视资产转化为即时收入

像销售其他产品或服务一样，从被忽视资产到现金转化也需要将它们进行包装以便使它们能够对顾客及其他经营者具有吸引力和价值。

要记住单纯的想法不会受欢迎。只说“我们能提供这种资产”，而不详述其益处、举例说明该资产的使用方式、说明你提供该资产的理由，不能引起别人的兴趣。

- **接近目标购买者。**记得成功营销的第一原则吗？向合适的购买者销售合适的商品。对被忽视资产的销售也是如此，当你确定忽视了资产时，在每个项目旁边的空白处作一个图表记录可能会购买该资产的顾客。你拥有的每一种资产都会有某些人迫切需要，找到这种购买者，那么从被忽视资产到即时收入的转化过程就会简单许多。
- **包装资产以获得最大收益。**将被忽视资产和其他产品或服务一样看待，并以书面形式描述购买它的好处，用以向其他经营者或顾客展示该资产的价值。为该资产命名，必要的话制作一本介绍手册并为其设定广告词等等。
- **提供特定服务。**为该忽视资产项目确定价格，不惜使用各种营销策略对其包装进行升级。给提供该资产项目的时间定一个期限，也可以提供其他服务项目：提供折扣、奖金、“防止竞争者抢先行动”或者提供免费咨询服务。
- **优先提供给现有的顾客群。**不管销售对象是企业还是个人，对独家销售或者其他商业机遇，人们希望得到预先通知。事实上，你也许仅需在现有的顾客群中进行宣传，就能够成功地完成所有被忽视资产项目的销售。
- **利用即时收入策略在其他潜在顾客群中进行宣传。**在你投入大量资金在其他市场对其进行昂贵的广告宣传之前，可以先通过一些低价即时收入策略通知其他经销商和顾客，你可以采用的方法和合作对象有：

媒体报道	网络联属营销者
电视研讨会	非传统的销售人员
病毒性报告	跨国电视购物
电子邮件	顾客代表
网络文章	生意合作伙伴的担保推销
工作室	在目标市场发放宣传资料

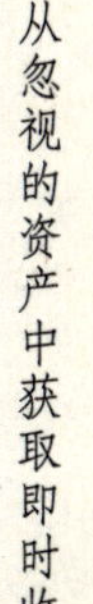

忽视的商品策略一

清理积压的存货

清理存货是我公司获取利益的一项重要措施。通过实施清理存货政策，通过妥善处理大量淘汰物品和过时的设计，我们获得数十万美元的额外收入，并给我们的其他产品带来了大量的客户。

——杰夫·奥伯里，加利福尼亚州奥克斯纳德西方高尔夫用品销售公司管理者

如果你有一些销售速度慢或淘汰的积压存货占用仓库时，你可以以清仓低价销售的方式提供给经销商或顾客，由此获得即时收入，同时在长远利益方面也能为你省钱。

杰夫·奥伯里（Jeff Aubery）是我的一个长期客户，他是美国最大的高尔夫背包生产商，他不仅对积压存货进行清理，而且经常特意生产一些过时的淘汰商品以清仓价出售。当某一种高尔夫背包款在临近两年销售期限时，他就会降低价格并同时生产 5 000～10 000 个同款背包出售，这样即使每个背包的获利不多，他也能获得上万美元的额外收益。这种清理存货的方式对他来说不仅是公司获取利益的一项重要措施，而且让他与大客户进行更多交易，与小客户合作找到了一个好开端。同时，这种方法还对即将满 1～2 年销售期但依然非常实用的流行设计款式进行了推销。

事实上，生产清存货品只是杰夫清理甩卖策略的一部分而已，该策略的另一个重要方面是杰夫设定的“等级价格”。他为 4～5 种原售价 49～79 美元不等的高尔夫背包设定一个统一的低端批发价 49 美元，只要零售商同意将这些背包以杰夫另外设定的高价卖出，便可以以 49 美元的批发价得到这批商品。杰夫不仅能清理积压的货品，同时还能向零售商证明他的产品可以以较高的价格出售，这样也就保证了他在公司下一季的销售中能获得更多新的顾客群。

寻找积压产品的购买者

当你有大量积压产品或库存的时候，可以考虑以下最具合理性且最直接

的三大潜在购买者：你以往的顾客、你的商业竞争对手以及那些看似无关但具有购买此类商品能力的客户的企业。

• **以往的顾客。** 如果你直接向顾客出售商品并且有已购买此项商品的客户名单记录，那么你可以向未购买此项商品的顾客提供有说服力的销售信息。当然，如果你以往的顾客中有一些是零售商、经销商或者其他与你保持长期合作关系的商业伙伴，那么你应该将他们列为购买商品的对象优先考虑。

• **商业竞争对手。** 通常你的商业竞争对手会需要一些他们不想库存或生产的产品，如果你积压的产品刚好符合他们的需求，并且这些产品没有商标、标签及其他商品信息（包括生产商手册），那么此时你可以和他们进行谈判并把整个积压库存一次性销售给他们。也许这个竞争对手需要这些存货清单进行"特殊购买"，也许他们正需要一些价格低廉的产品作为销售自己的产品时的附赠品，又或许他们只是需要一种价格相对便宜但具有商业价值的产品吸引新的客户。总之，不管他们有何种购买动机，通过电话和他们联系并介绍一些他们有可能购买的产品的信息或用法是值得一试的。

• **看似无关的商家。** 在本书第二章"让其他人帮你赚钱"中，我建议把一些无关商家作为潜在的商业合作伙伴，尤其是那些具有购买此类产品或服务能力的客户的企业。这里，向他们销售存货有相同的理论依据。

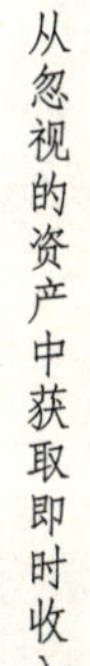

销售积压产品的建议

不管你是向顾客销售库存产品还是清理库存给一些打算转卖的商家，你需要了解一些有利于销售积压产品的建议。

通常来说，购买者希望能以低于零售价的价格购买到积压产品。不管这个购买者是个人顾客还是商业公司，你向他们提供合理报价的技巧就是提供一个特殊的价格。例如，把一个商品报价定为 41.83 美元就比 40.00 美元或者 39.99 美元更合适，因为 41.83 美元更像是你通过精确计算得出的每件商品的最低报价。即使这个价格可以让你获得大量的利润，它看上去也似乎像是一个毫无利润的转让价。

• **"动因"销售。** 当你解释这些积压货物被淘汰的原因或告诉人们它们处于积压状态的时候，这不仅令你的降价策略看上去更具合理性，与此同时也会让你的顾客受到更大的鼓励从而蜂拥而至。当你描述自己的经济困境作为此次降价处理积压存货时，尽可能表现出你真诚的一面，最好带点幽默感。

• **附赠品。**当顾客向你购买产品时，从已经淘汰的（但仍有用的）货存中选择，作为提供给他们的附赠品不失为妥善安排淘汰存货的一个好方法。如果这个附赠品刚好在过去曾经销售火暴或者有着不错的销售纪录，那么在介绍它的好处时一定记得在你的销售传单上对销售记录加以介绍。千万不要说这些物品成为附赠品的原因是它们已经过时或在仓库内积压已久，要热情地强调你附赠这些产品是因为它们有价值。

• **买一赠一。**如果打算清理一大批库存，为什么不向你过去长期合作客户或顾客提供买一赠一的促销方式？事实上，这个促销方式你可以只针对他们。在来往信件、明信片或邮件中让他们知道这个促销方式是你特别为他们提供的，这些客户一定会感激你首先为他们着想，也会更加热情地投入与你的合作中，也许你也就可以将产品全部推销给他们。

• **追加销售。**如果你的积压存货中刚好有一些物品能和当前市场上销售的商品配套，那么就提供这种特殊促销方式，并且确保有一批训练有素的销售人员或商场店员促销它们。

• **样品。**如果你是生产商，并且潜在客户需要看你的样品，考虑从淘汰产品中选择具有良好代表性的产品作为样品。同样，当你打算在宣传广告页中附带一些小样品的时候，也对积压存货加以利用。确保每个收到样品或宣传广告的潜在客户都可能立即向你发出预订请求。

• **回扣制度。**当一些零售商、代理商或其他经销商快速促销你的积压存货的时候，你可以在批发价基础上对这些积压存货再打折扣，对他们施行一些特殊优惠政策。不要以为这样会影响你的赢利数额，你要把它看成利用已淘汰的积压存货弥补损失的一种方式。

你还可以对你公司内部的销售人员或订单处理人员实行这种政策，给他们提供一些有价值但事实上不会耗费多少财力的激励措施——比如旅游机会、礼品或其他项目。如果这些小礼物足够有吸引力，你的员工将会在工作中给你回报，你会收到意想不到的惊喜。

提供营销、销售以及购买所需的材料

如果你打算把积压存货销售给其他公司，即使这个销售对象是你的竞争对手，那么帮助他们开发市场对你的促销具有重要意义。如果你能向他们提供产品的销售记录、过去使用过的宣传广告以及其他能帮助促销这些产品的销售材料，那么你也许可以以较高的价格出售库存或者能够将全部库存（而不是一小部分库存）销售出去。

至少你要为这些销售对象提供产品说明书、使用说明和其他在销售产品时必不可少的材料，以确保他们的销售工作顺利进行。

你为购买者做的这些考虑将帮助你以更快的速度售出积压库存。

忽视的商品策略二

销售过剩的服务能力

对于那些已经和我签订合同的客户，我向他们提供一个每月 750 美元的咨询服务，这样他们可以在我空闲的任何时间段从我这里得到半个小时的电话咨询服务，这对我来说是一个一举两得的好办法，因为它不仅让我成功销售了自己过剩的服务能力，同时可以从不可避免的日程变动中赢利。

——理查德·施福仁，StrategicProfit. com

许多小公司（尤其是食品行业、人事服务行业）和零售商经常会在一周中的某天或晚上遇到无生意可做的情况，许多从事服务行业的公司很难在工作日的早晨、整个 8 月份或 12 月份接到上门服务的预约电话。

如果你正遭遇生意淡季或有多余的服务能力，那么请抓住这些良机为自己创造即时收入。

生意淡季时激发顾客的购买欲

如果你只能在顾客在家时提供上门服务，为什么不给那些事先向你的公司预定的顾客提供优惠以示鼓励和感谢呢？如果早晨你通常没有预约电话，整个早晨员工只是坐在电话旁等待预约电话，那样你至少可以收回支付给员工等待电话的薪水。

如果一些顾客曾经购买过你的服务，但过去很长一段时间都没有和你联系，那么试着以折扣价提供你的过剩的服务或者提供给他们一些小奖品，从而使你重新获取他们的青睐。当顾客在生意淡季向你预定汽车修理、房间清理及房间装修等服务时，打电话给这些顾客并主动提出免费为他们多清理一

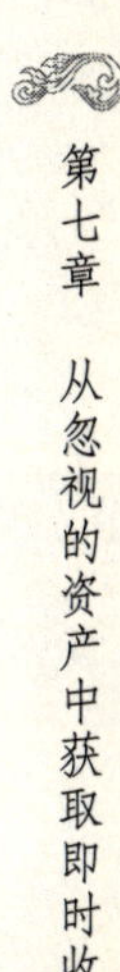

个房间、以半价修理第二辆车、帮他们清理橱柜和修理抽屉拉手等等。

但一定要确保让顾客知道你提供这些特价服务的原因，并告知他们当公司业务较忙时这些特价服务将被取消。

生意旺季时适当提高服务价格

参照你在生意淡季时的经营状况，在生意旺季的时候所有员工都很忙碌时，适当调高服务价格以适应市场需求。对于允许你根据业务需求调整服务时间的顾客，你可以维持原有的服务价格。有时，你可以采取更简便的做法，直接问顾客是否有其他空闲时间（退休老人和家庭主妇一般空闲时间比较多）接受服务。

推销剩余服务能力的特殊方法

如果你从事的是饭店、健康疗养院、美发店等服务行业，那么请稍微动一下脑筋，你就可以把生意淡季转换成可以获取即时收入的时机。

如果你经营一家饭店，那么你可以在生意淡季提供一些特价菜品、现场娱乐表演和其他一些吸引顾客的节目形式。如果这些没能增加你的客源，你可以进入自己的顾客资料库和他们取得联系并邀请他们享受你们提供的特价服务，如买一赠一、点主菜附赠甜点等等。在生意淡季的时候，他们能享受到你们提供的更加周到细致的服务，也会愿意再次光顾你的饭店。

你也可以以优惠的价格提供代办大型聚会、会议和餐饮等服务，开设厨艺授课班或举办品酒会也不失为好的选择。也可以像我所知道的一家饭店一样，把你的餐厅提供给外科医生或其他专业人士，为他们的潜在整形顾客、投资商等举行见面午餐会或晚宴，那些从业者可以在比较休闲的氛围下展示他们的工作，而你也可以从提供的食物、饮料和服务中赢利。

推销剩余能力的其他方法

• 如果你的商店或工厂有多余的空间，那么可以考虑把它租给另外的公司或业主。例如一家经营健康食品的商店可以将部分店面租给一位营养搭配师，这样在她为顾客提供咨询服务及养生建议的时候，可以顺便帮你推销商店的产品。

• 可以在你闲置的部分店面开辟一项新的业务。我知道有一家健身俱乐部把室内一块正方形的空闲空间划分出来，在夏天开辟了一个青少年健身区域。许多健身俱乐部都提供脊椎指压服务、按摩治疗服务、个人培训服务和其他自营的专家服务。

• 一家中型规模的企业可以通过运作部门规划提高工作效率、缩短工作时间，从而向其他较落后的公司部门“出租”自己的员工劳动力。

• 如果你经营的是一家提供家庭服务的公司，也可以考虑在生意淡季为办公室、工作地点、电影院等提供类似的清理服务。记住你提供的服务越具专业性，你得到的报酬就越高。

忽视的商品策略三

为信用客户提供减免付款方式选择

我经常为客户提供减免付款方式以充分利用信用的价值。这种减免付款方式可以充分激发公司的潜力，发展更可靠的客户，减少坏账赖账的可能性，而且可以保证资金周转流通的通畅性。

——卡尔·肯尼迪，捷力奥迪欧家庭和专业用品公司总裁

如果你的产品或服务有足够的赢利空间，而且你的客户具有良好的信用，那么你可以为该客户提供有折扣的一次性付款，这样你可以即刻得到现金并投入资金周转。

在借贷产业中，这种折扣方式叫做减免付款方式。

同样的，如果你基于付款提供产品或服务，你也可以通过全额付款的方式取得即时收入。

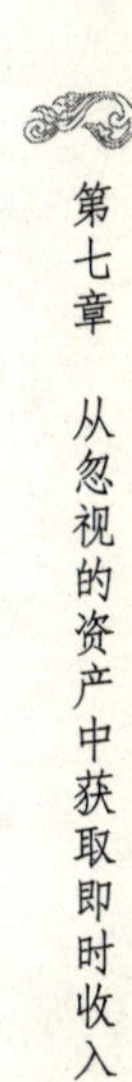

利用减免付款方式与客户接触

如果你希望客户的信用支付能够达到平衡，那么在一定情况下，你可以为一些特定的客户或客户群提供这种减免付款方式。例如，如果有 100 名顾客向你购买了一种价值 2 000 美元的商品，但每个人欠账可能超过 1 000 美元，那么你可以向他们提供一种折扣 25%的减免付款方式，条件是 14 天内支付所有剩余款项。

相应的，如果你为客户提供的支付产品或服务时限是12个月，在第四个或第五个月的时候，你可以联系这个客户并为他们提供15%或20%的折扣，条件是他们在你规定的期限内付清所有剩余款项。

为了使这种策略获得更好的效果，你可以写信或打电话给客户，告诉他们只要确保在两周内一次性付清剩余款项，你可以给他们一些折扣。如果你通过电话和他们联系，可以先询问这种方法对他们来说是否具有吸引力，然后确定他们能否支付以及支付的具体时间。

最后期限获得全额付款不如马上获得现金。

永远给客户提供全额付款选择

令我吃惊的是，在选择支付方式时，许多客户会倾向于全额付款这种方式，尤其是当卖方表示鼓励购买者以这种方式付款的时候，更是如此。有些客户采用现金付款的方式是以为不用去关注每月的支付情况；有些客户是因为他们现在手头上有一定数量的现金，然而却不能确定将来的情况；还有些客户是由于卖家提供一些优惠政策而选择全额付款。

不管你销售的是哪种产品或服务，都要给客户提供一些适当的优惠，同时也尽可能地为自己争取更多的利益。这些都可以通过全额付款支付方式实现。那么你可以采取哪些措施鼓励客户采用全额付款的支付方式呢？

- 提供一些附送品给客户，并且这些附送品与他们最初购买的产品或服务有一定关系；
- 下次合作时给该客户提供一定的折扣；
- 给他们提供一些优惠待遇，如特价服务、销售提前期或其他优惠等；
- 在你的员工空闲的时候为采用全额付款支付方式的客户提供免费运输服务。

忽视的商品策略四

把你的优秀雇员变为高价专家

我们把自己在保健与健康领域的营销经验与新增工业的研究综合在《俄亥俄州保健与健康研究报告》一书中并出版发行，这个报告详细介绍了那些追求健康长寿生活方式的消费者的购买习惯与喜好。现在我们把这个报告以6 500美元的价格出售给那些想开拓这个利润丰厚且尚未开发的市场的企业。大多数的报告购买者都立即成为了新的客户。

——科利特·钱德勒，市场营销权威人士公司董事长

专家级雇员是所有小型公司里最被忽视的宝贵资产，他们不仅有独特的营销经验，而且这些经验还可以高价出售。他们经历了公司的发展过程，学到了做事情的新方法，并且总结出了一整套工作体系。或许你已经为他们的发展进行了投资或者已经把公司大部分的责任交给了他们。

其实你可以毫不费力地把这些专家雇员的专业经验以各种方式总结起来，然后出售、交易、租赁或者把它作为奖励以创造即时收入。

雇员知识和经验可以转换为现金

你的雇员了解很多事情，他们知道哪些是可以帮助你拓展业务、提高个人生产力或者赚更多的钱的人、过程、程序等等。

他们的这些知识和经验很值钱——值大把的钱。

事实上，特定种类的知识和经验，特别是你的顾客或者同行需要的知识可以被转化为咨询收入、工程管理收入以及利润更丰富的服务合同等等。

最常见的可以出售的雇员知识和经验包括以下几种。

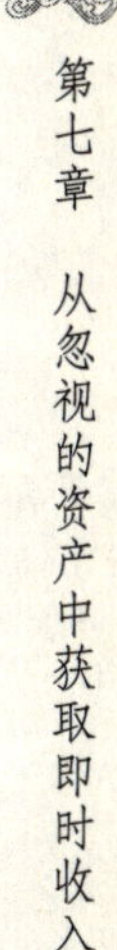

执行与安装服务

毫无疑问，大多数顾客的首选问题是如何执行、安装、使用或者整合你提供的产品、服务或建议。比如你是一名顾问，你的客户寻找的是一个结果，而不只是一些信息或者建议。如果你有这样一些雇员，他们在执行你推荐的策略方面经验丰富，而同时你当前并不提供这些执行服务，那你现在就开始立即出售这些服务，即使这意味着你需要把你的员工送到客户那里一段时间。

例如，大多数的广告代理商、公关公司以及销售公司都有一个完整的雇员团队，这些雇员使用外部服务落实了公司的宣传活动。这样做的额外效益是：这些代理商所支付的在外服务费用中的15%被用作宣传活动费用。

你可以从这里学到一些东西。如果你的客户在执行你所提供的创新想法或建议方面寻求帮助，你只要简单地让你的一位员工作为项目管理者通过在外人员执行计划就可以了。

同样，如果你出售的是一些小型电子产品、设备、零件或者器械，可是你没有提供专门人员服务安装这些产品，那你就要找一位懂安装的雇员安装这些设备，或者你可以与一家合作企业商谈，找到一位在外服务人员，向他提供商机，从而获得一部分安装收入。

高级技术知识与问题解决

不同规模公司都通过总结他们的高级技术与研发雇员的专业经验确保大数额的合同并创造额外收入。最近，《快速公司》(*Fast Company*)杂志介绍了IBM公司的销售策略，这个公司拥有将近3 000名研究人员，其中包括2 000名博士和6名诺贝尔奖获得者。在IBM公司，研究人员与咨询服务部门的销售人员、市场开发人员配对，提供IBM的竞争者所不能提供的服务，即将问题解决和未来的技术相结合，在竞争对手了解这些问题之前就开始研究。

销售策略与对话

销售培训在美国是最畅销的培训种类，每一个销售组织都想提高它的协作率、提升每一单销售的平均额度。如果你的雇员拥有这方面的知识和经验(并且你可以把它做成脚本、客户开发技巧以及成功销售技巧)，你可以把你的员工租给那些你的市场区域之外的其他公司。

艺术专业经验与培训

我曾经与一位仿饰漆工业方面的客户共事，他开了一所学校，创办了一个研讨班，举办国内工业会议，向那些想提高自己的技术水平、建立更丰厚商业利润的艺术家出售其员工的专业经验和他自己独特的喷漆技术。

新型商业发展

你的雇员知道如何找到新的商业发展机遇、进行交易谈判或者用其他方法创造更多财富吗？如果答案是肯定的，你可以很轻松地将新的商业发展培训总结成为一个培训程序、咨询契约或者电话交谈咨询服务，然后把这种专业经验出售给新企业家或者新开创的企业。

寻找资源

如果你的雇员擅长寻找原材料、定位独特服务、确保国际生产或者找出其他资源，那么你就坐在了一座专业经验的金矿上，这里有潜在的商机。你可以从你所发掘的资源中获得部分收益。我曾经遇到过一种比较有意思的商业模式，那个人的生意就是每周向他人发送传真，提供来自主要制造商的出清存货信息，其中包括整个车队的汽车、集装箱装载的易耗品以及其他商品。如今，这样的商业可以很容易地通过电子邮件和描述各种设备并标明价格的网站实现。

工业研究与营销智慧

可能你的员工已经为你的产品开发了新的市场或详细了解了大量的消费者，并从中获得营销智慧。这种智慧可以引领你不断地扩展业务，这种研究与知识意味着你可以从其他利用这些知识建立自己业务的非竞争性企业那里获得成千上万美元的额外收入。

不要只是写："大家都了解"

你所认为的"日常普通信息"其实包括宝贵的商业机密、专利方案以及难以获得的专业知识和经验，这些都可以转化为昂贵的知识产品，比如："怎样做"课程、研讨会、记录的产品以及其他诸如此类的服务。

如果你认为自己所知道的东西不值钱，或者你所从事的行业没有这样的事情，可以确定的是这不是我第一次听到这些内容了。

事实上，有些公司已经在自己的行业中成为领军人物，但是才刚刚开始通过他们的工作、他们提供的服务或者他们每天出售的商品做到行业最佳。对于这些公司来说，高价位、包装精良的知识产品、培训以及研讨会都是一种典型的"迈向下一步"的最好手段。这样任何的公司都可以集聚一组雇员，这些雇员虽然不是家喻户晓的名人，但却是善于销售的专家，因为他们有自己的个人记录和他们自己的忠诚度记录。

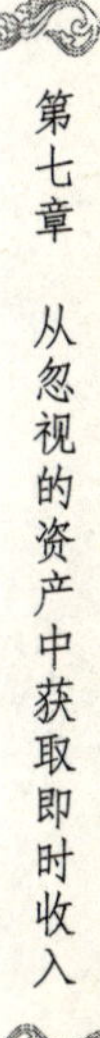

如何包装雇员的知识经验

在第三部分"和老板一起做生意"中，我会详细介绍雇员如何成为内部创业者，这不仅仅是为你从开发新增产业中获得个人利益，而且同时为你创造大量的现金流入。

但在我讨论这些利润丰厚的商业模式之前，还是先了解一下包装并出售你的员工的专业知识和经验的最有利方式。

• **多媒体教程。**鉴于花费不到 500 美元就可以买到便携式数字摄像机，你或当地的声像技术人员也可以用 30 分钟的 DVD 教程向你的员工展示如何教授其他经营者或者消费者具体的操作过程或者程序。给这些 DVD 记录再加上一本指南、一本业务手册、音频 CD 以及其他信息，这些至少可以以每套 195 美元的价格出售。

• **训练、指导以及教授程序。**作为一些利润最丰厚的知识产品，这些程序包括定期的电话访问、小组电话研讨会、资源材料等等。这些程序都是以每人上千美元的价格销售出去，详见下一个策略“把你的商业模式作为教程出售”。

• **主旨发言及突破性会议。**有专业知识和经验并且口才很好的雇员可以在产业大会或者其他公共会议上代表你的公司，为你的公司储备新的客户资源，或者在会议室后面为你推销知识产品。

• **潜在顾客研讨会。**通过举办向公众开放的夜间讨论会，你的高级销售人员可以把参会者转化为潜在顾客。详见潜在顾客策略一“组织预演讨论会宣传产品”。

• **组织培训以及培训-培训者教程。**如果你的咨询公司专做劳工关系、指令控制、效率或者其他项目的咨询，这些项目又可以使客户的整个商业部门获益，那你可立即增加为咨询合同准备的现场培训。你的雇员甚至可以组织开展培训-培训者教程，用以教授客户的人力资源部门或者技术人员在你不在场的情况下开展类似的培训。这样的培训-培训者教程的长期效益是即使你不再提供现场培训，你的客户公司还必须继续购买你的业务手册、DVD 等材料以便培训新员工。

• **签署咨询。**以每人每月 500～2 000 美元的价格出售，这样的签署咨询教程可以让你的员工转化为一支独特的租赁队伍。他们可以每月不断地提供远程课程、整套资源、产业最新更新、营销与销售建议等此类信息。

• **特许。**如果你的员工已经有了开发过程、产品设计、工艺或者其他种类的知识产权，那你就可以和你的律师探讨一下，看你能否把这些想法、设计以及图像特许给制造商、经销商以及其他商业所有者用于其他用途。

忽视的商品策略五

把你的商业模式作为教程出售

当我意识到我想创造高价位的教程时，珍妮特·斯威策是我的首选王牌。正是由于她的帮助和独特的见解，我才得以在两周内卖光了我的所有教程，收入17.3万美元。这是一个不错的主意。

——雅尼克·西尔弗，www.InstantSalesLetters.com创建者

如果你对自己所从事的专门产业有丰富的工作经验和知识，能在新手开创他们的公司时帮助他们摸索到门路并为他们节省时间和资金，那你就可以通过开展培训收益上千美元。这些教程可以在一段特定的时间内带来具体的效益。

这样的培训理念是建立在历史传统的基础之上的。200多年前，家长往往会把自己年轻的儿子送到当地的铁匠、木匠或者其他的工匠那里做学徒并支付他们一定的费用，这些工匠们会教男孩做一个具体的行当所需要的所有知识。这些都不是在教室里能够学到的，而是完全靠实践获得。男孩在工匠的店里工作，为他们做一些零活，然后随着时间推移，他慢慢开始做一些实际的工作，最后他就能为顾客做出一件成品。

现在，对于那些想从事某个行业，在该行业学习并发展自己的业务的人来说，这些训练教程可以给他们提供一些实际的操作练习。

幸运的是，随着现代科技的发展，你的学徒甚至不必只局限在你所在的领域。

互联网营销专家雅尼克·西尔弗（Yanik Silver）提供了价格为1.45万美元的训练教程，通过这些教程，学习者可以从雅尼克众多的想法里选择一个他认为可以在互联网上成功但是自己却又没有时间发布或实现的想法。一年的时间，雅尼克直接与每个学习者一起工作，共同建立电子商务，先建立网站以确保会员关系，最后获得产品并创造利润。

在教程的最后，学习者可以获得自己和雅尼克共同创建的商业的所有权。在创建商业的过程中他们也学到了从发布、创建到操作管理一个繁荣的互联网商业的每个细节。虽然这是互联网领域中最昂贵的教程之一，但是因为这种教程的独特性，在雅尼克发布它的两周之内销售量就达到了68%。

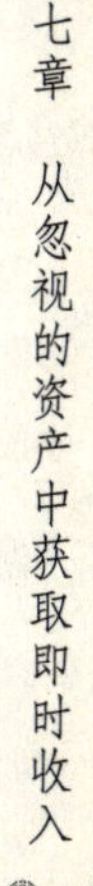

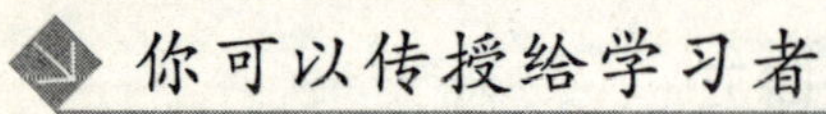

你可以传授给学习者的知识

训练教程标价为每人上千美元，主要是出售给新兴企业的经营者或者想从一个特定的商业活动中获利的个人。作为训练者，你会想到要传授一些高质量的有价值的参考材料、一对一的通过电话交流、电子邮件通信，也可能有现场的讨论会和传授每个学习者都需要掌握的一般性知识的小组论坛。

迅速开发这些材料

你可以想象一下，如果你白手起家，从头开始创建自己的公司，你都需要做些什么或者拥有什么？你需要前台接待处、广告宣传活动、雇员培训系统、关于如何提供服务的信息、你的销售列表以及其他知识吗？把这些知识总结到一本指南、手册、刻录的音频 CD 或者其他容易获得的媒介中，这样就可以帮助新手模仿你证明过的模式。

把这些知识作为训练教程通过固定的课程提供给学习者，主要包括传授最初的套装软件包，然后是定期的音频 CD、声像、印刷手册、每月的电话会议、案例广告包、策略包、与你的专家网络联系以及其他附加内容，这样你就可以不断开发新的材料。

推广销售你的教程

这里有一些推广销售训练教程的方法。稍微动一下脑筋，所有方法都可以轻松做到。

电子杂志与电子邮件广告

找出那些很有希望购买你的训练教程的名单列表或者电子杂志订阅者，在发布日的六个月前，把预先写好的文章或者电子邮件发给列表上的所有人以及电子杂志出版商。给那些回复电子邮件到你的网站的人员提供更多的信息，并一定要附带发送购物车页面以便人们在线注册。

直接邮寄

直接邮寄仍然是推广销售高价位训练教程的最有效方法。不管你是通过直接邮寄最后送出了一个精致的内容包，还是用它完成了整个销售过程，你都可以在这个书面的直接邮寄信件中装入关于你的课程内容与利益的更多信息。这些信息量远远超过了你在一封电子信件中或者一个网页上所放的内容。

在杂志上登广告

在杂志上登广告是一个理想的引导策略，因为仅仅一个顾客就经常可以带来超出广告费的价值。不过，你也要知道大多数杂志的读者中有成千上万的人永远也不会成为你的潜在顾客，你最好只在一些确定是高素质的潜在顾客阅读的杂志上做广告。商业杂志是理想选择，而那些普通消费者出版物却不是。

事先查看电话研讨会

由于效率很高，电话研讨会是最受欢迎的策略。现在，电话研讨会多用于出售各种教程，但是它们在出售商业指引与训练教程方面特别有效，因为它们可以直接定向那些专门行业的客源。

通过电话、电子邮件或者印有诱人封面的明信片可以和一些人取得联系，向他们讲述他们可以从你这里学到什么。可是要使电话研讨会成为实实在在的学习经历，需要的不仅仅是大量信息。另外，请确信你记录了这些电话会议内容，这样你就可以把他们发布在你的网站上。你也可以把这些电话会议内容做成音频 CD，然后发送给那些未能参加电话会议的人们。

代销人员与外向电话营销

如果你已经运用前面讨论的策略引导了教程销售，请不要停止，在电话营销之后运用代销人员就可以锁定那些潜在顾客。环视一下你的影响范围，你常常可以辨认出谁可以成为理想销售员以及谁只能做代销工作。或许他们就是那些在家的父母、更年轻的人们、想找点事做的退休人员或者其他各种喜欢说服别人参加你的课程的人们，支付给这些代销人员 10%～25%的佣金。你的教程价格越高，这个百分比就越低。

免费的特殊报告与其他信息销售方式

一旦你已经撰写了你的网站内容或者打印了手册，一定要确保把这些材料做成特殊的比简单的手册含有更高价值的报告、白皮书或者类似的信息销售媒介。你可以亲自分发这些特殊报告、在销售会上通过邮件或者作为一个里面含有另一方的时事通讯或者其他期刊杂志的“红包”分发这些报告。

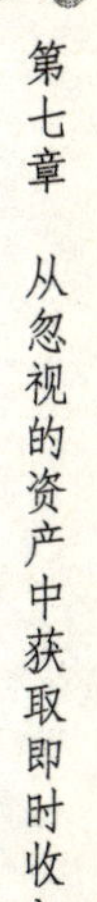

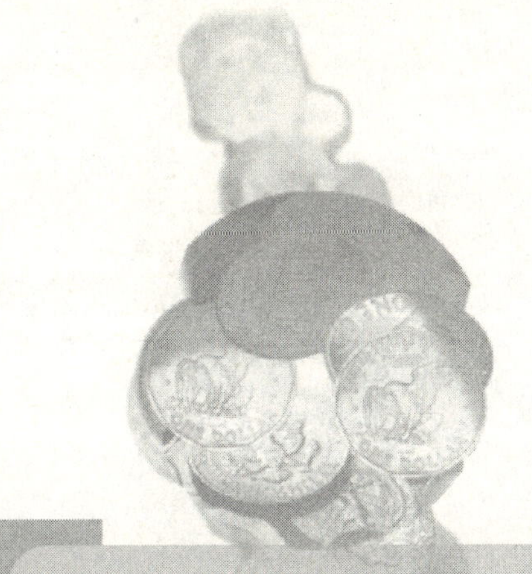

第二部分

即时收入的收益审计

第八章
找出小公司的潜在赚钱机会

现在你已经了解了在小公司中即时收入来源的7个主要领域，而且也了解了可以帮助把资源转化成现金的策略，现在正是找出你自己的潜在赚钱机会的时候了。在这个时候，要找到那些会在你这里花更多钱的顾客，找到引导顾客消费需要的销售人员，找到卓有成效的报纸广告，找到需要出清的过剩货品库存清单。

但是，对你来说，这也是创造出一个计划的时刻，帮助你在银行账户里存入更多的收入。即时收入审计就是被设计出来完成这个工作的。

一页一页翻下去，这实际上是构建一幅精确的路径地图，帮助你达到你所关注的特定的利润中心，同时也是你应该执行的具体策略。当你完成这个审计的时候，你会有一个确定的按照先后次序排列的获取即时收入的活动清单，告诉你如何运营你的公司。

你会知道首先执行哪些策略，而且你会知道对你来说哪个策略是最可能带来利润的。

审计就是这种非常有效的策略。

你最近是否刚刚被雇用？那么接下来的几个小时会是你为自己的未来进行的最好投资，因为一旦你能确定你的雇主生意中的潜在赚钱机会，你就可以为公司带来新的现金流，而且很容易地展示你的发现，并就此为你自己争取额外的工作酬劳。关于这个机会，我们会在第三部分中进行详细的讨论。

现在，开始通过简单地回答问题完成审计表，这需要高效率的思考时间，所以你要找个安静的环境做这件事情。

如果你更愿意把你的答案写出来，然后用我们的在线审计工具计算你的潜在收入，并且为自己整理出利润中心的优先次序，请登录我们的网站www. InstantIncome. com/audit. html，登录密码是“iibookbuyer”。除了你和即时收入团队的成员外，没有人能够看到你的结果（除非你有其他特殊要求）。

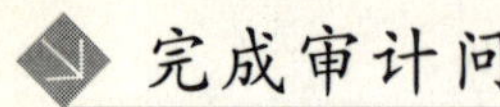

完成审计问题

根据我们的经验，最大的一笔即时收入往往来自于我们的既有客户，那么审计表就从这里开始吧。实际上，第一个问题就是问你：如何在既有客户进行购买的时候进行附加销售，以提升他们的购买量和金额。

让我们看一下：

购买行为发生时的促销：在一个客户或顾客购买时，你还能出售给他们什么？什么是必要的即时收入？

一个顾客是否要购买这个……	你还可以出售给他们这个……	如果有20%的顾客购买了附件，会给你带来多少销售额？
数码相机	内存卡	$ 25 276
数码相机	相机皮套	$ 3 528
数码相机	铝合金三脚架	$ 8 103
	附加销售的即时收入总额	$ 36 907

如果你能从经验中得知：当顾客到你的相机店购买一部数码相机时，他们常常同时也会另外购买一张昂贵的内存卡，为什么不为你的销售人员设计一套促销介绍语，以帮助他们吸引每个顾客，向顾客推广备用的内存卡的好处和优势呢？

让我们对每个月到你店中的890个顾客说出这些介绍语，如果其中只有20%（也就是178个）的顾客以142美元的价格购买了内存卡，粗略算一下，通过执行这项策略，也有总额达到25 276美元的收入是你可以即时加入你的月收入中去的。

当然，审计表还可以向你揭示你没能执行的生意策略，换句话说，如果不针对内存卡进行附加销售，就意味着你每个月会损失25 276美元，你能不能确保你的销售人员向每个顾客都大力推介内存卡呢？

同样，如果你能以具有说服力的语言推荐一项服务，这样做可以让你的20%的顾客同意购买更高价格的服务套餐，那么对你来说，有多么值得开始向你联系的所有顾客提供升级服务套餐？

你甚至可以运用每一个审计问题发展不同的生意场景。比如，拿提供一个价值16美元的相机皮套与一张价值35美元的相片礼品卡相比，帮你计算哪一种附加销售会给你赚取更多的收入。通过这种方式，审计表可以在实际上帮助你确定你要实施的技术，其中包括你要提供哪一种产品、服务、附件和捆绑销售。

让我们看看另一个例子。

创立背书报价：你认识哪些人的顾客和/或潜在顾客是购买你的产品或服务的最佳潜在顾客？通过与这些合作者谈判，你可以创造多少新增收入？

谁拥有那些顾客/潜在顾客，而这些顾客需要得到关于你的产品或服务的令人信服的报价？	他们的顾客名单上有多少个顾客？	你会提供给这些顾客什么？	如果其中有10%的顾客购买了你的产品或服务，你能从中得到多少新的现金收入？
莎莉时装店	200	成衣修改	$ 7 000
			$
			$
			$
			$
		背书报价即时收入总额	$ 7 000

如果你知道一家高档成衣店时常推荐顾客给你，那么你应该可以确定合作伙伴的推介是合适的。如果商店向他们所有的顾客都发出一封热情而真挚的信件，向那些最近减肥成功或生病的顾客推荐成衣修改，那会有什么效果？

如果成衣店的200名顾客中有20名顾客在接到这封信后致电给你，要你提供成衣修改服务，这对你的银行账户意味着什么呢？

当然，这些只是从数十个问题、策略和利润中心中挑出的两个例子，你都可以从审计表中找到。

如果你缺少必要的信息填写审计表中的问题，你也不要担心。你还是可以现在用估计值代替，然后再过一段时间返回输入真实的数据。你也不必填完所有问题，如果你还没有任何销售导向，或者在你的服务业务中从未出现怠慢的问题，那么你就可以让那个问题空着，不用填写。

把你的策略排出优先次序

一旦你填完了关于你的业务或雇主的所有问题，那么接下来就是把你的结果按顺序排列的时候了，把获得最多利益的策略排在第一位，从这里开始。

让我们假设，你知道一个生意合作者明天将开始销售你的产品或服务作

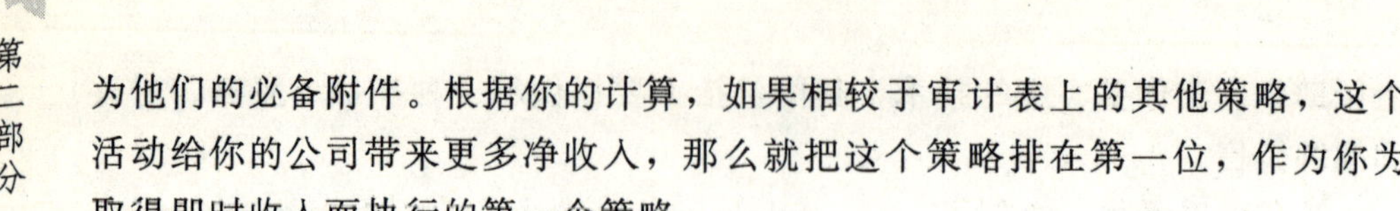

为他们的必备附件。根据你的计算，如果相较于审计表上的其他策略，这个活动给你的公司带来更多净收入，那么就把这个策略排在第一位，作为你为取得即时收入而执行的第一个策略。

如果进行特别销售，从你的仓库中出清几千个小配饰会给你带来第二大数量的现金，那么把这个策略列为第二位。

如果你能确定，通过合适的销售介绍或销售电话，你能够把你的364个一次性消费的顾客转变为月度持续消费顾客，通过这样做能为你带来第三大数量的即时收入，那么把这项策略列在清单的第三位吧。

你看到了吧？审计结果可以很轻易地做出一个完全排名清单，以便让你了解应关注的优先次序。

当然，一些策略可能会比其他策略花费的精力更多，换句话说，一些策略不会像执行其他业务活动那样快地带来“即时收入”。在这种情况下，两者中容易的那个应该在你的清单中排位更高些。

策略1：你的既有顾客

1. **记录顾客购买模式，致电以获得再次订购。**如果你的顾客过去一直进行规律性购买活动，但是目前已经有一段时间没有联系你了，通过致电给他们并从他们那里再次得到订单，会给你带来多少收入？

定期购买的顾客数量	他们购买的产品或服务是什么？	他们每次购买花费的金额一般是多少？	期望再次购买的平均金额是多少？	如果这些顾客中只有20%的人再次购买，那么能带给你的收入是多少？
________	________	$ ________	$ ________	$ ________
________	________	$ ________	$ ________	$ ________
________	________	$ ________	$ ________	$ ________
________	________	$ ________	$ ________	$ ________
			再次购买的即时收入总额	$ ________

2. **在顾客购买时追加销售。**在一个客户或顾客购买时，你还能出售给他们什么？什么是必要的即时收入？

一个顾客是否要购买这个……	你还可以出售给他们这个……	如果有20%的顾客购买了附件，会给你带来多少销售额？
		$
		$
		$
		$
		$
	追加销售的即时收入总额	$

3. **让产品和服务的销售具有连续性。**什么产品和服务是你能连续销售给顾客的？什么产品和服务是你能按月向顾客收费的？有多少一次性购买的顾客能转变为持续性购买？

你可以连续销售的产品或服务……	你每月为产品或服务向顾客收费的金额是多少？	能持续性购买的顾客数量	持续购买程序能带给你的月收入金额
	$		$
	$		$
	$		$
	$		$
	$		$
		持续购买的即时收入总额	$

4. **在顾客合同到期前使其再次订购。**如果有顾客就服务或物流跟你签订长期合同，通过在合同到期前跟他们续订合同，你可以取得多少收入？

与你签订合同的顾客数量	他们购买的产品或服务是什么？	续订合同的平均期望金额	如果其中有80%的顾客续订了合同，会给你带来多少收入？
		$	$
		$	$
		$	$
		$	$
		续订合同的即时收入总额	$

5. **激活老顾客。**通过把过去的顾客和订购者再变成购买者，你能创造多少收入？为了促使他们再次与你进行交易，你需要提供什么样的特殊报价？如果其中只有20%的人购买了，这笔额外的现金流对你来说意味着什么？

顾客是否购买过这类产品……	他们中有多少人会再次购买？	为了激发他们的购买欲，你要提供什么样的产品或服务？	如果其中只有20%的人续订了合同，会给你带来多少收入？
________	________	________	$ ________
________	________	________	$ ________
________	________	________	$ ________
		激活老顾客的即时收入总额	$ ________

策略2：你的商业合作机会

1. **提供有担保的服务。**你认识哪些人，他们的顾客和/或潜在顾客是购买你的产品和服务的最佳潜在顾客？通过与这些合作者谈判，你可以创造多少新增收入？

谁拥有那些顾客/潜在顾客，而这些顾客需要得到关于你的产品或服务的令人信服的报价？	他们的顾客名单上有多少个顾客？	你会提供给这些顾客什么？	如果其中有10%的顾客购买了你的产品或服务，会给你带来多少收入？
________	________	________	$ ________
________	________	________	$ ________
________	________	________	$ ________
________	________	________	$ ________
		背书报价的即时收入总额	$ ________

2. **建立口碑推荐圈或专业联盟。**还有哪些人为客户、公司或顾客提供补充性专业服务，而他们的顾客可能也是你的最佳顾客群？如果他们介绍生意给你或者把你纳入他们的合同中去，你能从每个顾客身上赚多少钱？在支付给他们介绍费后，你剩下的净利润是多少？

谁会向你的理想顾客群销售产品或服务，同时也会介绍生意给你？	你能向这些顾客群销售什么？	从每个合同中你能赚多少钱？	在支付了介绍费后，你还能剩下多少净利润？	你能得到多少新顾客？	把你的净利润和你期望的新顾客数量相乘，会给你带来多少收入？
________	________	$ ________	$ ________	________	$ ________
________	________	$ ________	$ ________	________	$ ________
________	________	$ ________	$ ________	________	$ ________
________	________	$ ________	$ ________	________	$ ________
________	________	$ ________	$ ________	________	$ ________

建立口碑推荐圈或专业性团体的即时收入总额 $ ________

3. **向你的顾客销售其他人的产品。**你的顾客还需要什么？还有什么是他们想买而你现在无法提供给他们的？谁能提供这些产品或服务？如果你提供这些新品种，有多少顾客会购买？如果你与其他人合作，并向你的顾客销售你的产品或服务清单以外的品种，你能为自己的生意创造多少收入？

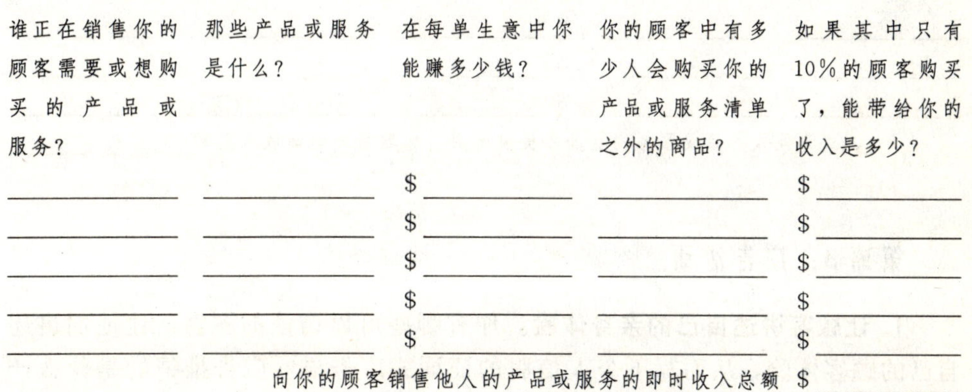

谁正在销售你的顾客需要或想购买的产品或服务？	那些产品或服务是什么？	在每单生意中你能赚多少钱？	你的顾客中有多少人会购买你的产品或服务清单之外的商品？	如果其中只有10%的顾客购买了，能带给你的收入是多少？
________	________	$ ________	________	$ ________
________	________	$ ________	________	$ ________
________	________	$ ________	________	$ ________
________	________	$ ________	________	$ ________
________	________	$ ________	________	$ ________

向你的顾客销售他人的产品或服务的即时收入总额 $ ________

4. **与你的合作伙伴召开远程会议。**如果你的合作伙伴有成百上千个潜在顾客在电话线上聆听你的专业知识和建议，你如何把这些转换为金钱？你会说些什么？你会销售些什么？你如何确定要邀请哪些顾客？如果其中只有20%的顾客购买了你提供的商品，会给你带来多少即时收入？

合作伙伴的名称……	哪部分顾客是你要邀请的？	当你打电话给他们的时候，你能向他们销售什么？	如果顾客清单上有20%的人购买你的产品或服务，你能从中赚多少钱？	在与你的合作伙伴分成之后，你的剩余收入是多少？
______	______	______	$ ______	$ ______
______	______	______	$ ______	$ ______
______	______	______	$ ______	$ ______
		从电话研讨会中获取的即时收入总额		$ ______

5. **成为他人的产品或服务的附加品。**回答下面的问题，确定谁可能把你的产品或服务作为自己商品的附加品出售给顾客。你会提供什么？哪些公司的顾客会购买你的附加品？如果只有50%的顾客购买了，你能赚多少钱？

谁在销售自己的产品或服务时会需要你的产品或服务作为附加品？	你会提供给潜在的商业合作者哪些附加品？	在每单生意中你能赚多少钱？	你的商业合作者的顾客中有多少人会购买附加品？	如果只有50%的顾客购买了附加品，你能从中赚多少钱？
______	______	$ ______	______	$ ______
______	______	$ ______	______	$ ______
______	______	$ ______	______	$ ______
	成为他人产品或服务的附加品提供者后，你取得的即时收入总额			$ ______

策略3：广告活动

1. **让顾客讲述自己的亲身体验。**你有哪些可以访谈的顾客，让他们讲述自己的顾客体验，从而写下令人信服的证词式广告语？广告推销的是什么产品或服务？从每个由广告带来的新顾客身上，你可以赚多少钱？你能估算出发布广告可以带来多少新顾客吗？

这些顾客可以写出令人信服的经历……	广告可以给产品或服务带来……	从每单生意中你能赚多少钱？	有多少人会回应权威证明式广告？	如果你与30%的广告响应者达成了交易，给你带来的收入是多少？
______	______	$ ______	______	$ ______
______	______	$ ______	______	$ ______

		$	$
			投放证词式广告带来的即时收入总额 $

2. **进行引人入胜的媒体发布。**每篇媒体发布能向读者听众传达什么？在媒体发布的时候，你会提及哪些产品或服务？如果看到这些媒体发布的人中有10%的人实际购买了你的产品或服务，带来的即时收入是多少？

在每篇媒体发布中，你会表达些什么？	你会提到哪些产品或服务？	从每单生意中你能赚多少钱？	如果看到媒体发布的人中有10%购买了你的产品或服务，你能从中赚多少钱？
		$	$
		$	$
		$	$
		$	$
		$	$
		$	$
		$	$
		媒体发布的即时收入总额	$

3. **成为行业专家并在广播中进行宣传。**你会在广播节目上讨论什么话题？为了让听众购买，你会在自己的网站上设立什么样的特殊登录促销信息？如果听众中只有10%的人从你那里以最高价购买了商品，那么能给你带来的即时收入是多少？

你会在广播节目上讨论什么话题？	你会提及哪些产品或服务？	从每单生意中你能赚多少钱？	如果10%的听众以最高价购买了你的商品，能给你带来多少即时收入？
		$	$
		$	$
		$	$
		$	$
		$	$
		$	$
		$	$
		作为广播电台的特邀嘉宾的即时收入的总额	$

4. **购买媒体剩余的广告时段或版面。**如果通过购买媒体剩余的广告时段或版面，你可以得到比现在所支付的费用优惠20%的折扣，你会为此省下多少钱？如果得到50%的折扣，你会省下多少钱？

你经常合作的广告媒体、广告主题和发布规模是什么？	那个广告时段或版面的费用是多少？	如果谈成20%的折扣优惠，你能省下多少广告费？	如果谈成50%的折扣优惠，你能省下多少广告费？
________	$ ________	$ ________	$ ________
________	$ ________	$ ________	$ ________
________	$ ________	$ ________	$ ________
________	$ ________	$ ________	$ ________
________	$ ________	$ ________	$ ________

通过购买媒体剩余的广告时段或版面，获得的即时收入总额 $ ________

5. **进行特价销售并提供特价理由。**你在促销时使用的基本原则是什么？你销售的是什么？你估计会有多少顾客购买你的促销品？这些货品值多少钱？

你在促销时使用的基本原则是什么？	你销售的是什么？	有多少顾客会购买你的促销品？	这会给你带来多少新的收入？
________	________	________	$ ________
________	________	________	$ ________
________	________	________	$ ________
________	________	________	$ ________
________	________	________	$ ________
________	________	________	$ ________

进行特价销售并提供特价理由所带来的即时收入总额 $ ________

策略4：开发潜在顾客

1. **组织预演研讨会宣传产品。**什么时候你能安排一个关于你的产品或服务的晚间工作研讨、课程或演讲？你下一次在行业会议上发言将是什么时候？在这些活动中，你会提供什么样的产品或服务套装？有多少潜在顾客会参加这些活动？如果其中只有10%的人购买了你的产品或服务，你能从中取得多少即时收入？

在晚间研讨会议上，你会说些什么？	你提供哪些产品或服务？	从每单生意中你能赚多少钱？	如果其中只有10%的人因为听了你的演讲而购买你的产品或服务，能给你带来多少即时收入？
________	________	$ ________	$ ________
________	________	$ ________	$ ________
________	________	$ ________	$ ________
________	________	$ ________	$ ________
		预演研讨会或演讲活动产生的即时收入总额	$ ________

2. **组织两步策略活动。**你可以提供哪些赠品、宣传资料或质量认证给潜在顾客或进行广告发布，以便让他们联系你，了解进一步的细节或资质情况？赠品发放方式下最终要销售的产品或服务是什么？当潜在顾客变成购买者时，你能从每单生意中赚多少钱？如果只有20%的潜在顾客购买了你的产品或服务，能给你带来的收入是多少？

你能提供哪些赠品或质量认证？	你会通过广告促销吗？你会怎么做？	你估计有多少人会响应你的两步策略活动？	从每单生意中你能赚多少钱？	如果有20%的人在与你联系后购买了你的产品或服务，你能从中赚多少钱？
________	________	________	$ ________	$ ________
________	________	________	$ ________	$ ________
________	________	________	$ ________	$ ________
________	________	________	$ ________	$ ________
			从两步策略活动中获取的即时收入总额	$ ________

3. **将你的宣传信息放在顾客需要的地方。**你可以在哪里放置关于的促销产品或服务套装的宣传信息？潜在顾客走多远可以拿到这些信息？有多少潜在顾客会跟你联系？从每个促销套装中你能赚多少钱？如果只有20%的潜在顾客购买了你的产品或服务，能给你带来多少收入？

摆放宣传资料的可能地点？	你会提供什么样的捆绑产品或服务？	从每单生意中你能赚多少钱？	如果有20%的潜在顾客购买了你的产品或服务，你能从中赚多少钱？

______	______	$ ______	$ ______
______	______	$ ______	$ ______
______	______	$ ______	$ ______
______	______	$ ______	$ ______

在目标地点摆放宣传资料带来的即时收入总额 $ ______

4. **请顾客和其他卖主推荐你。**你会请自己的顾客向他们的朋友或家人推荐你的哪些促销产品或服务套装？你的代理商会向他们的熟人推荐什么样的产品或服务？有多少潜在顾客会因为他们的推荐而购买？如果只有很少一部分潜在顾客购买了你的产品或服务，你能从中赚多少钱？

你会请自己的顾客向他们的朋友或家人推荐你的哪些促销产品或服务？	从每单生意中你能赚多少钱？	有多少人会因为他人推荐而购买？	如果有20%的潜在顾客购买了你的产品或服务，你能从中赚多少钱？
______	$ ______	______	$ ______
______	$ ______	______	$ ______
______	$ ______	______	$ ______
______	$ ______	______	$ ______

请顾客和其他卖主推荐所带来的即时收入总额 $ ______

5. **最大限度地利用你在展会上的时间。**在你参加的展销会中，展会主办方估计在展会中会有多少参观者是你的目标顾客？如果只有2%的参观者对你的展会市场宣传活动有反应，那么会有多少人在你的展位前驻足？如果这些潜在顾客中又有5%的人购买了你的产品或服务，能给你带来的收入是多少？

你今年将参加哪些展会？	展会主办方估计有多少参观者是你的目标顾客？	如果有2%的参观者参观了你的展位，能给你带来多少新的潜在顾客？	从每单展会促销生意中你能赚多少钱？	如果有5%的新的潜在顾客在参观展位后购买了你的产品或服务，你能从中赚多少钱？
______	______	______	$ ______	$ ______
______	______	______	$ ______	$ ______

展会带来的即时收入总额 $ ______

策略 5：改进销售活动

1. **倡导电话追踪销售。**潜在顾客已经咨询了但还没有购买的产品或服务是什么？每个商品有多少人询问过？如果这些人购买了，你能从每单生意中赚多少钱？如果你的销售团队对顾客进行电话追踪，并与其中 20%的顾客达成了交易，你能从中赚多少钱？

潜在顾客已经咨询了但还没有购买的产品或服务是什么？	有多少潜在顾客询问了这些产品/服务？	从每单生意中你能赚多少钱？	如果销售人员与 20%的潜在顾客达成了交易，你能从中赚多少钱？
________	________	$ ________	$ ________
________	________	$ ________	$ ________
________	________	$ ________	$ ________
________	________	$ ________	$ ________
________	________	$ ________	$ ________
		电话追踪销售带来的即时收入总额	$ ________

2. **开始捆绑销售产品和服务。**你可以把哪些产品或服务捆绑起来组成更高价格的套装？有多少顾客会选择购买套装替代购买单个商品？你会对这些捆绑销售产品或服务如何定价？把成交量和你对每笔交易收取的费用相乘，可以计算出你能从每个捆绑套装中得到的收入。

你可以进行捆绑套装的产品或服务是什么？	有多少顾客会选择购买这些套装？	从每单生意中你能赚多少钱？	把估计的成交量和套装单价相乘，看看你能从中赚多少钱？
________	________	$ ________	$ ________
________	________	$ ________	$ ________
________	________	$ ________	$ ________
________	________	$ ________	$ ________
________	________	$ ________	$ ________
		捆绑产品和服务带来的即时收入总额	$ ________

3. **提供产品和服务介绍。**在你的销售定位中，相对于只谈论“质量、服务和价值”，为什么不就特定的产品进行特价促销呢？也就是说为什么不进行让利和商品附赠呢？确定你要促销的产品以及促销的价格。如果只有 10%的

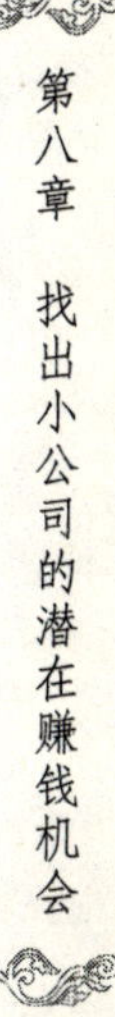

潜在顾客购买了促销产品，你的收入是多少？

你要促销的产品或服务是什么？你的促销套装中包含什么商品？	你的促销价格是多少？	有多少潜在顾客会购买促销套装？	如果10%的潜在顾客购买了促销商品，你能从中赚多少钱？
________	$________	________	$________
________	$________	________	$________
________	$________	________	$________
________	$________	________	$________
________	$________	________	$________
________	$________	________	$________
________	$________	________	$________
________	$________	________	$________
		产品和服务促销带来的即时收入总额	$________

4. **创造让利销售模式。**如果你的销售人员在与潜在顾客达成交易的过程中遇到了困难，为了挽救交易，你应该表现出一种低价销售的姿态，提供给潜在顾客价格相对较低的商品或分期付款计划。你所能提供的是什么呢？有多少潜在顾客会购买？对你来说什么是比较值得的？

什么时候潜在顾客不愿意购买……	你的销售人员可以提供……	你对低价销售的商品定价是多少？	如果10%的潜在顾客购买了低价商品，你能从中赚多少钱？
________	________	$________	$________
________	________	$________	$________
________	________	$________	$________
________	________	$________	$________
________	________	$________	$________
		让利销售带来的即时收入总额	$________

5. **与非传统的销售人员合作。**谁是那些已经以自己的销售地位与你理想的潜在顾客发生了互动的人？当这些销售人员为你带来新顾客时，你如何付酬劳给他们？如果你雇用了这些销售人员帮助你销售，你能获得多少新生意？

谁是那些已经以自己的销售地位与你理想的顾客发生了互动的人？	通过他们的努力，你能得到多少生意？	从每单生意中你能赚多少钱？	在支付给他们佣金之后，你能得到多少净收益？	把你的净收益和你期待的新顾客数相乘，你能赚取的收入是多少？
________	________	$ ________	$ ________	$ ________
________	________	$ ________	$ ________	$ ________
________	________	$ ________	$ ________	$ ________
________	________	$ ________	$ ________	$ ________
________	________	$ ________	$ ________	$ ________
________	________	$ ________	$ ________	$ ________
________	________	$ ________	$ ________	$ ________

与非传统意义上的销售人员合作带来的即时收入总额 $ ________

策略6：网络上的即时收入

1. **发布病毒式报告及精简页面。**什么样的特殊报告是你能做出来诱使其他人浏览的？报告讨论的是什么产品或服务？如果有1万个访问者因此点击了你的网站，你要出售给他们什么？如果其中3%的人购买你的产品或服务，对你意味的价值是多少？

在那些具有即时性和新闻报道性的特殊报告里，你谈论的主题是什么？	在你的免费报告里，你试图推介或销售的产品或服务是什么？	从促销商品的每单生意中你能赚多少钱？	如果3%的人在看了你的报告后购买了你的产品或服务，你能从中赚多少钱？
________	________	$ ________	$ ________
________	________	$ ________	$ ________

发送病毒式报告带来的即时收入总额 $ ________

2. **实行24小时招收会员制。**如果你知道数十个会员网站会在24小时内向他们的会员发送有利于你的电子邮件，而这种行为确定会带来大量的在线销售额，你会为销售提供什么？如何定价？如果收到邮件的人中有0.5%的人购买了你的商品，能达成多少交易？能给你带来多少即时收入？

在24小时促销活动中，你的促销商品是什么？	你对每个商品的定价是多少？	在那一天，你和你的会员网站能发送多少电子邮件？	如果0.5%的收到邮件的人为了得到让利而购买了你的商品，能给你带来多少即时收入？
______	$ ______	______	$ ______
______	$ ______	______	$ ______

24小时促销活动带来的即时收入总额 $ ______

3. **利用文章促使顾客访问你的网站。**你可以用什么类型的新闻文章说明你的产品或服务的价值？在发布新闻时，你会提及的产品或服务是什么？在资源栏目里，你会提供的免费下载资源是什么？如果10%的人在阅读了你的文章后最终购买了你的商品，所带来的价值是多少？

在每篇具有即时性和新闻报道性的文章里，你谈论的主题是什么？	在你的免费资料里，你试图推介或销售的产品或服务是哪些？	从促销商品的每单生意中你能赚多少钱？	如果10%的人在看了你的文章后购买了你的产品或服务，能给你带来多少即时收入？
______	______	$ ______	$ ______
______	______	$ ______	$ ______
______	______	$ ______	$ ______
______	______	$ ______	$ ______

撰写文章带来的即时收入总额 $ ______

4. **通过电子邮件传送仅限互联网的交易信息。**无论你拥有零售店、咨询公司、服务站等何种类型的生意，你能通过电子邮件提供什么样的促销介绍，从而鼓励顾客向你提供他们的电子邮件地址？你发送的后续促销是什么？哪种顾客是你发送促销信息的目标顾客？如果只有10%的顾客购买了促销商品，所带来的收益是多少？

为了收集电子邮件地址，你要做的促销介绍是什么？	你对每种商品的定价是多少？	每月你能得到的新顾客是多少？	如果10%的新顾客购买了介绍的促销商品，能给你带来多少即时收入？
______	$ ______	______	$ ______

你会对得到的电子邮件地址进行哪些后续促销？	你对每种商品的定价是多少？	你打算向多少在目标顾客名单上的顾客发送电子邮件？	如果 10% 的新顾客购买了电子邮件上的促销商品，能给你带来多少即时收入？
______	$ ______	______	$ ______
______	$ ______	______	$ ______
______	$ ______	______	$ ______

通过电子邮件发布促销信息带来的即时收入总额 $ ______

5. **进行为期 28 天的产品发布活动。**什么产品或服务是你会抢先在 28 天内发布或上架以刺激销售的？如果你的顾客中只有 1% 的人购买了该商品，对你的即时收入来说意味着什么？

你会发布或上架的产品或服务……	为配合发布，你会做出的促销、让利和试用……	从每个套装销售中你能赚多少钱？	如果 1% 的顾客购买了套装，能给你带来多少即时收入？
______	______	$ ______	$ ______
______	______	$ ______	$ ______

通过进行为期 28 天的产品发布带来的即时收入总额 $ ______

策略 7：销售你忽视的资产

1. **出清忽视的库存商品。**如果你有积压的库存或销售速度缓慢的库存，你运用即时收入的策略进行特价促销、捆绑套餐或其他促销方式，你能赚取的现金是多少？

依然堆在仓库里的积压库存或销售速度缓慢的库存……	可以马上销售的商品品种是哪些？	从每种商品的销售中你能赚多少钱？	把剩余库存品种和你的销售价格相乘。
______	______	$ ______	$ ______
______	______	$ ______	$ ______
______	______	$ ______	$ ______
______	______	$ ______	$ ______
______	______	$ ______	$ ______
______	______	$ ______	$ ______
______	______	$ ______	$ ______
______	______	$ ______	$ ______
______	______	$ ______	$ ______

		$	$
		$	$
		$	$

通过出清忽视的库存商品带来的即时收入总额$ ______

2. **销售过剩的服务能力。**你的服务人员是否有时很轻闲，而不是在接打服务电话或提供便捷服务？你是否设立了特价促销鼓励顾客预订空闲时段的服务？是否有其他方法管理你的服务空闲期？

服务空闲期往往出现在哪些特定的时段……	为了让顾客预订空闲时段，你提供了什么样的促销方式？	从每种促销中你能赚多少钱？	把你预期的预订数量和你对每个预订的收费价格相乘
		$	$
		$	$
		$	$
		$	$
		$	$
		$	$
		$	$
		$	$
		$	$
		$	$
		$	$
		$	$
		$	$

通过销售过剩的服务能力带来的即时收入总额$ ______

3. **为信用顾客提供减免付款方式选择。**如果你的顾客选择分期付款的方式购买商品，如果他们能在10～14天内付清货款，你会给他们提供怎样的折扣或减免付款方式选择？如果有30%的信用顾客选择了你提供的付款优惠政策，那么会有多少现金流入你的银行账户？

你有多少信用顾客有贷款额度？	这些顾客的平均贷款额度是多少？	你接受的付款会占这些贷款额度的80%、70%还是60%？	打了折扣后，这些顾客的平均贷款金额是多少？	把这些账户和折扣后的平均贷款金额相乘
	$		$	$
	$		$	$

	$		$	$
	$		$	$

通过向信用顾客的提供减免付款方式选择带来的即时收入总额 $______

4. **把你的优秀雇员变为高价专家。**你的雇员是否具有你可以销售或进行形象打造的专业技术？如果有，记下专业技术的种类，你会怎样包装它？你对此的市场定价如何？你相信有多少顾客会购买这种专业技术？

你的雇员具有的可以市场化、进行形象打造的专业技术种类……	你如何包装这些专业技术？你会做什么样的促销？	从每种套装销售中你能赚多少钱？	把你销售预期数量和套装金额相乘，看看你能赚多少钱？
		$	$
		$	$
		$	$
		$	$
		$	$
		$	$
		$	$
		$	$

通过销售雇员的专业技术带来的即时收入总额 $______

5. **将你的商业模式作为教程出售。**如果你可以为创业者或行业内缺乏你所受到的培训的其他人包装你的商业模式，你对这样的包装定价是多少？5 000 美元？还是 15 000 美元？在你的领域内，你能出售多少这样的教程？

你的可以市场化和进行形象打造的商业模式基础或先进功能……	你如何包装这些教程？你会做什么样的促销？	从每个教程销售中你能赚多少钱？	把你销售预期数量和教程价格相乘，看看你能赚多少钱？
		$	$
		$	$

通过销售教程带来的即时收入总额 $______

第三部分

和老板一起做生意

第九章
把握内部创业机会

14 年前，我还是一个工作努力的职员，就像美国众多小公司中的 1.12 亿职员一样，我按月领薪，每年休假两周，勤勉地为我的雇主做好工作。我喜欢每天的工作，我感到我对公司有自己的贡献。

在那段时间，我从没有梦想成为一名创业者，就像我现在这样，我会一辈子都满足于当一个职员。但是，在做了一年的内部创业者后，我得到了所需要的自信、知识和训练，最终走出去，开创自己的未来。

在我曾经工作的公司进行的主要重组过程中，我得到了一个终生职业，一个对我在过去三年中策划的出版物进行市场营销的机会。我欣然接受了这个挑战，扩充我认为的雇主尖端和最有价值的资产并使之最大化，这个资产就是知识产权。通过帮助开发这些书籍、录音录像带、家庭学习课程和培训模式，我确切地知道了我该怎么做、我到哪里销售它们、我应该和谁合作以及如何招收其他人加入流程中以扩展业务范围。

我马上就看到了出版部门应该是什么样子的，当然，我也用三年繁忙的工作培训自己，执行一些强有力的市场和销售活动。

我很快与我的雇主达成佣金协议，为企业的收入贡献自己的力量。我写了一份 28 页的目录，与我们的外部执行和客户服务中心一起工作，雇用一支国内电话营销团队，重新组织现有的出版物和课程，使之变成 327 种不同的产品。

只用了几个月，我就几乎让我的薪水提高了两倍，而且还有重要的一点——我独立了，我具有了独立决策的权力，可以独立做我引以为傲的工作。

在我从未当过创业者的同时，我成为了一名内部创业者。

我把握了雇主的生意中隐藏的机会，通过开发这个机会获得额外的收益。但更多的是，我接受了一个全新角色的挑战，学到了我用别的方式永远也学不到的技能，结果我变得更自信、更市场化、更专业化。这就是我的经验。

这也是内部创业可以为你做到的。

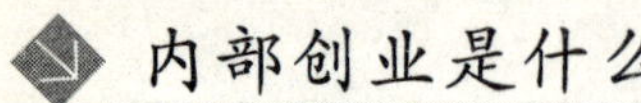

内部创业是什么

根据我的经验，对大多数小企业主来说，当一名雇员走到他们面前并对他们说："我知道我们怎样能赚更多的钱，我愿意做这些工作，我希望能对你的利润底线做出我的贡献。"他们都会感到很激动。他们之所以会激动其实并不奇怪，当你考虑担负雇主的职责时，这是很棒的做法，现金流对他们来说一直是持续的忧虑。

所以，当你能够减轻这个忧虑，并且为生意赚取额外的现金时，你的提议不但能得到赞赏，你的雇主还会以加薪的方式奖励你，鼓励你拓宽自己的职业角色。

我喜欢把内部创业看作是"和老板一起做生意"。事实上，你创造了数十种你的雇主还没有发现的方式提升收益，而你的雇主分享你在工作职责以外创造的额外收益，这本身就是一种合作。

• 你仍然保有你的正常工作（或被提升到一个更好的职位）；

• 你可以利用雇主的既有资源、产品线、客户名单、行业关系、存货和市场定位；

• 你有合理的自治权执行你选择的策略；

• 你成为一个有价值的收益制造者，而不是企业负担的收益消耗者。

当然，内部创业不是新的想法，实际上，很多大集团都会为雇员提出的创意支付薪酬。但是，大多数小企业从没有听说过这个。当考虑到大多数小企业实际上可以更好地从这种劳资关系中启动、管理和获利，你会觉得很惊奇。

为了让你体会得更清楚，内部创业其实不是：

• **拿着同样的工资干更多的事情。**"谢谢你的主意，吉米，让我们把这一点加到你目前的工作描述中去吧。"

• **你被雇用时要求担负的工作责任。**"你建议现在做这些工作，史密斯小姐，看到你终于要开始干自己的工作了，我感到很高兴。"

• **公司的部分所有权，除非这是你谈判的条件。**"你的意思是想要在公司里和我平起平坐？"

为了防止出现这些反应，看看我在第十一章“计划你和老板的面谈”中给你的介绍策略一。如果你有适当的准备，你在提出自己的建议时几乎不会得到以上这些负面的反应，即使有，也很少。

寻找你的雇主生意中蕴藏的机会

作为一个内部创业者开始你的冒险时，要从寻求不断提高你的雇主的业务利润方面着手。在更努力地工作、为雇主赚更多的钱这个信念上，当很多雇员退缩不前的时候，内部创业者却非常欢迎这个机会，因为他们知道自己会因此从雇主那里得到更多薪酬。

为了在你的工作场所寻求额外的赚钱机会，请通读本书前七章中列出的那些策略，确定哪些是你的雇主尚未执行的，接着填写即时收入审计表，确定通过这些策略可以获得大量的利润（以及使你得到更多的额外收入），排列执行的优先顺序。

在小企业中获得即时收入的 7 个主要领域里，你要特别注意寻找以下几点。

- 那些曾经发生过购买行为、现在需要购买更多的产品和服务的顾客。以前高价购买过商品而你的销售人员最近没有联系的顾客；可以提供给他们持续的供货或按月供货的重复购买者；销售合同即将期满，可以续签新合同的顾客；可能会对销售宣传做出反应的老顾客。
- 能马上给你提供新顾客的行业中的合作机会。你可以与之结成联盟或可向别人推荐你的专业性资源；你可以提供给既有客户的其他人的产品和服务；你可以成为其中一个附送品的其他企业的产品。
- 能引起目标消费者直接反应或顾客证词式的广告。可以写出来并通过令人信服的媒体渠道发放的公司活动；可以通过购买剩余广告时段或版面削减的广告预算。
- 那些在你的数据库中或者行业中独立团体的潜在顾客。他们目前还没有成为目标，但是可以对他们进行推介，然后通过晚间推介会、电话营销、展会、两步策略和其他诸如此类的技术把他们转变为购买者。
- 目前没有运用的，诸如捆绑、降价和电话追踪营销的销售拓展机会。那些可以帮助获取即时收入的非传统意义上的销售人员和能提升销售量的特价促销产品。

• 网络活动。网站程序、电子邮件以及互联网活动，这些活动都是目前没有倡导的，但是可以为你的雇主带来成百上千的新的月收入。

• 就在周围，等待被开发、市场化、包装、销售或交易的被忽略的资产。

最终，你的目标是：(1) 找到你作为一个内部创业者需要执行的策略；(2) 把这些粗略写成计划书，在只有你和你的雇主的情况下向他展示你的计划；(3) 就执行这些计划进行谈判，达成他向你额外支付薪酬的协议；(4) 负责把你的最初计划转化为收益的活动。

一旦你确定了你的雇主生意中蕴藏的收入机会，就该翻到下一章，通过运用即时收入审计表编写你的计划书。

第十章
为即时收入审计表收集信息

一旦你浏览了 35 种获取即时收入的策略，并就你最先为了雇主应该执行哪个策略进行了头脑风暴，你会想要安排一个与你的雇主的会议，向他展示你怎样获取更多收益的书面报告。

即时收入审计表是你编写书面报告的工具。

你会在第八章“找出小公司的潜在赚钱机会”中找到即时收入审计表，或者你可以运用网络在线版本，快速地为你应该先执行哪些策略获取最多的利润制定优先顺序。在线版本还向你提供专业的计划书框架，便于你和你的雇主浏览。

为了收集填写审计表所需的信息，你需要取得有关你雇主的生意的具体资料，这里向你介绍该如何开始。

从你自己的部门开始。无论你在销售部门、财务部门、客户服务部门还是仓库，你都应该在你的部门四处看看，并确定应该马上用哪种即时收入策略。

运用你收集的关于被忽略的库存、销售介绍语、广告活动、网络活动和其他业务方面的信息，回答审计表中的相关问题。

如果由于你目前在公司的职位或你所在的部门的缘故，你无法获取某些信息，那么这里有些替代方案可以用来收集信息或者为你的审计表做出估计值。

走访其他部门的职员。如果你对你的同事进行非正式的询问，他们会很开放地向你提供他们部门的信息。他们可能不会给你确切的数字、顾客购买率或其他机密信息，但他们至少会告诉你他们大致在做什么、他们对现金流的贡献是什么，特别是他们是否准备执行本书中描述的获取即时收入的策略。（这会帮助你避免就你公司已经在做的事情提出你的内部创业者协议。）

当你从其他部门的人那里收集信息时，试着用以下表达：

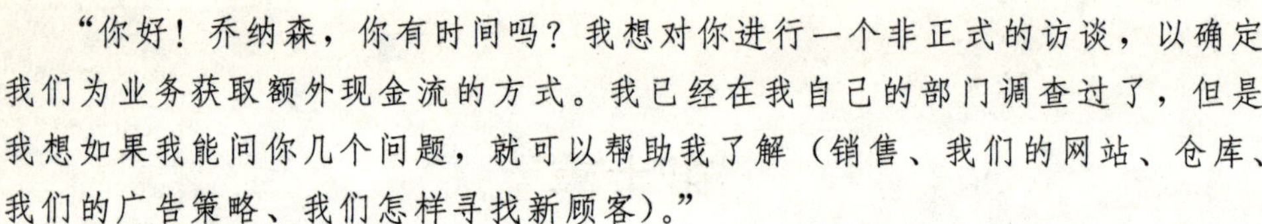

“你好！乔纳森，你有时间吗？我想对你进行一个非正式的访谈，以确定我们为业务获取额外现金流的方式。我已经在我自己的部门调查过了，但是我想如果我能问你几个问题，就可以帮助我了解（销售、我们的网站、仓库、我们的广告策略、我们怎样寻找新顾客）。”

询问顾客的偏好。如果你从事的工作中有些是与顾客直接联系的，询问他们有什么需要、有什么问题还没有解决、他可能还会使用的其他产品是什么、为什么他们不再购买以前经常使用的品牌、你和你的公司如何提升他们的购物体验等等。

开始做行业调查，寻找可能的合作伙伴。最佳的内部创业者协议之一是启动和管理第三方合作伙伴。合作伙伴以及他们所贡献的收益几乎就是自负盈亏的小型中心，能够很轻易地与你雇主的普通生意区分开来，具有一定的销售、独立的报告机制和独立的行动。

通过调查可能的合作伙伴，你至少可以填写审计表中有关合作伙伴的部分。

调查媒体和信息发布渠道。如果你自己掌握了数十种低成本的方式发布新闻、在电子杂志上露面、通过有声邮件进行宣传或者执行任何带来即时收入的策略，你就可以很轻易地运用这个信息为你的策略排序，看看对你的雇主来说，哪些策略是利润最大而风险最低的。

第十一章
计划你和老板的面谈

不用畏惧与你的老板或企业所有者进行面谈，实际上，通过一些完善的计划和书面记录，会产生让你感到吃惊的压倒性的积极结果。

为了达成你建议的内部创业协议，在会议前通过一些行动步骤做好准备——你的推介和你的协议要点。

步骤一：填写审计表

当你填写了审计表后，在你的手里会有一份策略等级的路线图，标出了执行策略的顺序。（如果你在线填写审计表，系统会为你标注等级。）

为了准备你与雇主会面时要用到的书面资料，把那些可以为你的雇主最快地获取最多收入的策略简单地打印出来；接着，在资料中添加一个简短的描述，说明你将如何执行这些策略；浏览一下第一部分——个人策略部分，看看如何成功地执行每个策略的细节。

步骤二：写下你的协议要点

通过执行即时收入策略以及为你的公司带来新的收益，你想以此为自己换来些什么？在这时很容易想到的是“更多金钱”，与此同时，现实是除了更多的薪酬以外，还有其他协议要点可以考虑。

就如何进行协议谈判，我会在下一章给你提供相关步骤的描述，但是很有把握地说，你可以通过很多方式得到薪酬，其中包括从你赚得的收入中按比例提成、每个项目的佣金、从你为雇主节省的费用中按比例提成、你的合作者支付的费用、研发费用、网络会员的佣金等等。

计划书中的另一个协议要点包括：你何时得到薪酬、谁拥有你写的广告或你发展的销售策略的所有权、谁管理项目、谁支付执行你的策略过程中发生的费用、如何汇报等问题。

步骤三：接近实际决策制定者

谁是最终可以与你达成内部创业协议的人？注意那个人可能不是你的主管上司。实际上，如果你提交给你的主管上司，那么可能存在的风险是，这时你的上司不理睬你的提议，然后过一段时间会把你的计划当成自己的想法展示给管理层。

你该做些什么防止这样的后果？

如果你所在的公司很小，你可以每天都与企业主沟通，跟他私下说说安排一个会面。计划占用她45分钟的时间详细讨论你的计划。

如果你所在的公司很大，考虑一下接近企业所有者的私人助理，告诉他你有一个“个人事务”要和大老板单独谈谈。

步骤四：写下你的会面进程

与老板会面时间会很紧迫，所以为了你自己方便，你要写下一个简短的进程，帮助你一直围绕着讨论要点进行。我不推荐你把这个进程给你的雇主看，它只供你事先准备用，然后在整个面谈时放在你手里供你参考。一个不错的简单进程应该像这样。

告诉琼斯先生我为什么要求会面

• 我一直对如何更好地开展业务非常感兴趣，但是直到现在，我都没有信心把自己的想法说出来。

• 就在上周，我开发了一系列小的商业策略，这些策略可以很好地契合我要向您提出的建议。这些策略可以很快地被执行，并且也可以很快地带来现金流。

• 我对一些商务活动做了很彻底的调查，我发现自己在16个不同的领域都可以应用这些策略，可以为您带来更多的现金。

• 我希望能向您介绍这些想法，然后跟您讨论一下我会怎样在业务中扮演独一无二的新角色，如何在自己的日常工作职责之外，通过为您增加即时收入得到薪酬。

向琼斯先生展示即时收入审计表

• 我做了一个关于不同部门的非正式审计表，写了一个材料，上面显示了最先能赚取最多金钱的方面。

• 如果你在看审计表的第一页，你会看到可以带来新收益的16个领域：

* 我们在仓库里有627件XYZ产品，我希望能通过向我们的客户进行独特的推介方式，告诉他们为什么我们要对这个产品进行一次性降价，从而出清这些产品套现。

* 我发现，当我们做特价促销的时候，有35%的顾客会在促销的最后一天到我们的零售店购买特价商品。按照同样的方式，我希望能为我们的订单柜台制定一套统一的销售词，用来拉动我们的电话销售数量，因为现在的订单柜台还没有一套统一的销售词。

* 我发现有47个合作者，他们的顾客会是我们4500型小配件的目标购买者。我们现在还没有这样的合作者，但是我估计即使仅与其中的五家合作，也能为我们带来8.2万美元的额外收入。

* 有662家网站报道野营和户外生活的时事通讯，我希望开始在网上的文章宣传活动，向个人客户销售我们的6255型家用娱乐单元，由于现在我们都是面对批发商，我会寻找三个电话中心和销售执行部门处理个人客户的订单。

* 如此等等。

告诉琼斯先生我是能带来收益的最佳人选

• 我制定了一个完善的策略计划，能够带来现金收益。

• 我知道公司里有市场和销售人员，同时，我相信我是能带来收益的最佳人选。因为基于我的非正式审计表，我是唯一一个找到这些利润中心以及积极主动寻找方法把它们转化为现金收益的雇员。

• 我对从事我的日常工作以及我刚刚与你讨论的与新收入相关的工作都很有信心和动力。

告诉琼斯先生我想要达成一个协议

• 琼斯先生，我希望能单独与你会谈的原因是，我希望能讨论一个非常规性的安排，我希望能成为公司的内部创业者。我希望在从事我的日常工作的同时，允许我执行这些领域的策略。

• 就像其他创业者那样，我希望当我带来收益的时候，能够分享利润。

告诉琼斯先生我的协议要点

• 只有在得到收益的时候，我才要求得到薪酬，我相信策略一定会成功，我对此很有信心。

• 我希望能拥有启动这些安排的权力，并且管理收入现金流。在进行产品推介、投资开拓市场或者与我们最重要的顾客沟通之前，我都能征得您的同意。

• 作为流程的一部分，我希望在最初执行这些即时收入策略时，从公司得到同步建议。

• 我希望启动第三方汇报机制，以确保我们策略相关方是收入的真正所有者。

当你预先做了计划并练习了你的对话要点后，你会在会谈中变得更加自信，而且能更好地向对方展示你是一个有能力的内部创业者。另外，我可以给你的最好建议是：要相信自己！你一定可以做到。

第十二章
达成协议，提高薪酬

我遇到的大多数雇主都是格外好的人，他们喜欢给优秀的员工支付满意的薪酬，实际上，他们可能希望自己有更多的资金能慷慨地给予自己最优秀和最耀眼的明星员工。

他们内心深处也是一个创业者，他们之所以能得到现在所拥有的一切，也是通过他们的创造性、灵活性以及对不寻常机会的开放性。

你的内部创业者协议就是这些机会中的一个。

实际上，当面对一个跟你一样充满活力的员工，一个不但做了最新的调查还计划为了公司的利益更努力地工作的员工时，大多数雇主也会努力制定一个公平合理的薪酬安排。

雇员很少能从想法中获得薪酬

我鼓励你带着一个详尽的书面报告参加会谈的原因之一是，在小公司，雇员很少会因为想法获得额外的薪酬，他们会依靠付出的工作时间获得薪酬、会从他们生产的产品中获得薪酬、会从他们带来的成果中获得薪酬。

但是，他们很少会因为一个想法而获得薪酬。

这就是你要带着计划书面谈的原因，计划书上要确定你要为公司做什么赚取更多利润。当你展示一个完整的包括评估和例证的流程，你的雇主几乎不可能只说一句“谢谢你的主意”就把你打发走。

准备好你的研究资料：两份即时收入审计表的复印件、你所要从事的任务清单、你发现的供应商、你要制定的价格文件、你的项目所带来的收益评估、你期望发布的时间、你的项目可能会给其他部门带来的收益或影响以及其他一些你需要的信息。这些是高层管理者和执行官所要讨论的细节，你的计划也应该做到这些。

但更重要的是，你为所有利润中心做得越多，你就越能为编制这些计划争取到合理的额外薪酬。

这是比商业计划更好的方式

你还应该带着广告例刊、电话营销词、电子数据表、供应商宣传册以及其他你可以运用于方案的资料。

我咨询过的一位客户在拜访组织的总裁之前只是悄悄地找到首席财务官，希望他成为自己的指导者、拥护者和帮自己传话的人。由于我客户的观点还没有发展得很完善，那个首席财务官只是很简单地对他说："给我看看你的商业计划。"这句打发人的话无疑为我客户的内部创业想法敲响了丧钟。为此，我很快帮助他编写了一个更激动人心的展示介绍，而不仅仅是数字和只言片语。

你看，商业计划的问题过于枯燥。

更坏的是，与你附加的广告例刊、新的销售词、为特定的客户群提供的促销设计、为更大的利润空间进行的新产品捆绑销售等资料的建议书相比，商业计划并不能描述为了带来收益要做的是什么。具有以上这些资料的建议书会让整个项目更加真实可信，而且会让你的雇主非常激动，甚至不会再要求你提供一份商业计划了。

在你谈论收益分成之前，要先谈论收益

在就任何协议进行谈判时，我不喜欢另一方对"假如的事情"考虑得太多，我更愿意给他切实的计划去考虑。

我现在对你也有同样的建议。

通过向你的老板展示市场和现金流的成果、销售部门的新能量、仓库里被销售空的货架以及现在向热切的客户推介你们公司网站，如果你能激发雇主的热情，相信我，几乎就不用再更多地讨论你们双方之间的协议要点了。

这就是你要产生的效果。

你在这次面谈中的讨论应该分两个方面：（1）能从既有客户那里获取的额外收益；（2）通过你的活动可以争取的新客户。

只有在你就这两点进行了讨论之后，你才应该就你创造的收益提出分享要求，或者开始讨论你该如何进行收入分成。

展示你的计划是你日常工作之外的独立部分

当然，你讨论的中心应该着重强调：你为雇主找到的新的收益现金流是你日常工作职责之外的独立部分，而且实际上也是公司正在做的业务之外的独立部分。(确保你看过自己签订的所有雇用协议。)

你可以说："这是我热情之所在，这是我自己找到的新领域。"

你不仅认为它可以更高水平地为既有客户服务，你还相信它可以为公司带来新客户。

你应该说："我还相信，我可以从中创造显著收益。但是很诚恳地说，你雇用我从事现在的工作，我刚才提出的是另外一回事，不在我现在的工作职责范围之内，所以我希望在这里讨论一下内部创业协议，一份在我的日常工作和日常薪酬范围之外的协议，因为这些工作以及我创造的额外的收益现金流，我应该得到额外的薪酬。"

不要让你的雇主建议薪酬方式

因为你的雇主还从未遇到过一个职员提出的内部创业建议，安全的说法可能是，他对你的努力要给予什么样的薪酬还没有概念。这就是为什么你在面谈之前要清楚，当你为公司创造出新的收益现金流时，你希望得到的薪酬水平，你希望赚多少钱。

得到薪酬的不同方式

在你的谈判中，一个好方法是公平地处理两者之间的关系：一种是对你的雇主来说得到你带来的收益有什么价值，一种是需要你的雇主和同事提供的努力、关注和资源有哪些。

开始进行薪酬讨论的一种方式是："实际上，我已经考虑过这项活动带来的额外收入的数额，而且我确信按照5：5的比例分成，我们的利润空间也是足够的。"

如果你的雇主不能接受5：5的分成比例，问他觉得哪种比例是他认为公平合理的，接着从这里开始谈。

为了帮助你考虑整个可能的薪酬协议，我在下面列出了最普遍的一些协

议。但要注意的是，你和你雇主的想象力才是唯一的有限因素，如果你们双方都能接受，任何协议都可能成交。

总收入的分成比例

我把这种薪酬方式放在最前面，因为这是获得报酬最好的方式。它不仅容易计算，像计算简单的销售佣金一样适用于财务部门的计算软件。根据你谈成的分成比例，你甚至可以提高产品或服务的价格把你的分成比例计算进去，然后运用你出色的市场营销能力说服顾客付出更高的价格。

在我参与的项目中，我得到报酬的比例在总收入的15%～50%之间，而且这个比例与你促销的特定产品或服务相应的利润额度有关。同时，你也应该注意，任何在这个利润额度范围内的分成比例都是非常公道的。

净收入的比例分成

我从不推荐接受以净收益为基础的比例分成，因为净利润总是在变化(即使是对同样的产品来说也是如此)，这个数字需要花费太多的时间计算。为了计算出真正的净利润，你就不得不等着发票、货运文件、可能的退款、计算出在项目上的企业管理费用等等。你不能专注于自己的工作，而要常常受到财务部门的指责。

也就是说，我把它放在第二位，因为这种方式在雇主和合伙人之间非常常见，这是他们的思维方式，也是他们习惯于看报告的方式。他们要确定涵盖了他们所有的费用后，再开始分配流程。

让你雇主高兴的一种方式就是同意按照净收益比例分成的安排，但是要在项目的开始就一次性地计算分成比例。接着，你可以把净收入的数字转换成一个总利润的比例，这个比例中已经涵盖了你书面协议的固定比例。举例来说，如果你以300美元的价格销售了一件商品，得到了200美元的净利润，你的分成比例是40%，用40%乘以200美元，显示出你的佣金应该是80美元，也就是总销售价格的26.7%，可以把这一点写进你的协议中。在本章的后面，我还会讨论如何编写协议的问题。

对出售的每件商品抽取固定的佣金

正如前面例子中所说，你可以选择按每件商品的销售额抽取报酬。对雇主来说，这是一个简便的协议，因为容易理解销售佣金，并习惯于为自己的销售人员发放佣金。

当然，如果你为你的雇主开发了一个网络会员程序，计算和追踪你的佣金的一种方法就是简单地把你看作签约会员或者其他签约会员的代表方。检查一下你的购物车，确保已经包括了这个功能。

基于额外职责的固定月度津贴

如果你的雇主由于不想向你开放他的财务报表，而不能接受给予你一定的分成比例或佣金，你可以建议他向你支付月度津贴，而这些津贴基于你将进行的额外工作。估计一下你每月需要额外工作多长时间，接着，不要同意接受对你估计的额外工作时间支付低于你现有时薪的报酬。

升职并获得相应的加薪

对一些雇员来说，得到实质性的重大升职机会几乎是不能达到的目标，但是在你开始执行你的最初计划活动时，你要认识到如何获得你应得的重大提升和随之而来的更高薪酬。

如果这种薪酬方式是你可以接受的，使用你赚的钱，通过投资为你的未来财政获得更多的收入，而不是用于生活享受。

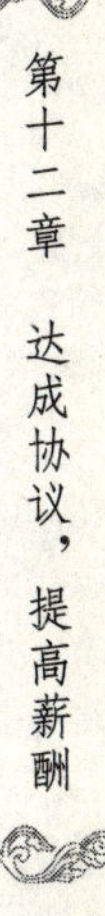

执行特别策略或完成一次性项目的报酬

营销公司、商业顾问、网络会员管理者、广告代理和公关公司都从小的商业客户那里每月获得上千美元的报酬。根据你的专业技能，你也可以接受每小时不低于50美元的报酬，作为执行特别策略或完成一次性项目的报酬。而且，每小时100美元也是很常见的。

从合作者那里得到报酬

管理合作者（特别是目前你的雇主还没有找到合作者）是一种最容易达成的内部创业者协议，而且这也是目前为止最容易得到报酬的方式，因为你可以很简单地从合作的第三方那里获得报酬。

当然，只有在你的合作者属于第三方并从客户那里赚取了收入时，这种方法才行得通。但是如果你选择了一个合作者，你的雇主可以从他们那里获得全新服务或产品物流功能的外包，不但你们的销售会做得更好，合作方也会由于来自你雇主的指示信息支付给你这个发现者报酬或其他收入分成。

基于成果的非货币附加福利

我不是法律顾问或财务专家，但是我可以告诉你，赚更多的钱跟你获得的其他福利相比有时候是处于第二位的。如果你的情况如此，跟你的老板谈谈非货币性报酬形式，这样可能对你更好一些。

也许跟金钱相比，你更需要的是自由的时间、远程办公的特权、额外的假期、一辆公司给配的车或者其他福利待遇。要确保与你的财务专家沟通，保证在你退税的时候合适地申报了这些福利。

同样的，你能在产假、为照顾家庭的休假或休息日执行即时收入策略并且赚到钱吗？

公司的合伙人

这是内部创业者协议中中奖的机会，也就是说很难实现，但是也不是不可能谈判的。如果你给公司带来了稳定的新收入现金流，挽救了公司利润下滑的颓势，或者公司的所有者进入了半退休的状态，你应该跟你的雇主一起运营公司，并且应该得到财政变革所带来的利益。

你所谈判的股份比例取决于你自己，但是一个好的开始是，在你带来新的收益时，逐渐购买公司的股份。

附属公司的合伙人

如果在你的脑海中，针对你的内部创业者项目有新的品牌产品、服务或市场，那么一个附属公司（或独立公司）会是一个将你的贡献最大化的协议方式。

你需要同意由谁提供启动新公司所需的资源，但是可以这样说，对刚起步的公司和附属公司来说，很多即时收入策略都是很理想的，这是因为它们都能用很少的费用很快地创造收入。如果你选择了一种你能销售的产品或服务，无需生产或提前大量订购，在你们最初面谈的几周之内，你和你的雇主就可以开办一个赢利的附属公司。

你的报酬应该是有保证的

你要做的最后一件事就是使自己不受工作的牵制。我曾经见过员工被解雇了，得到了更好的工作，或者因为个人原因被迫离开现在的雇主。如果你已经建立了健康的收入现金流，特别是那些不需要你的雇主时刻检查的，就像网络活动那样的理想状态时，你应该持续地得到这些收入，即使你离职了也是如此。

这种情况只能发生在一个完美的世界里，当然，除非你和你的雇主有书面的协议，同意即使在你离职后也继续向你支付报酬。与协议相比，更好的保障是运用第三方账务服务建立收入现金流，他们会进行收入分成，然后根据在体系建立阶段双方签订的书面结构把分配的金额分别提供给你和你的雇主。

确保把每件事都书面化

根本无需再说，你应该把所有协议要点都书面化。这不是说你的雇主会出尔反尔（大多数都不会这样），只是人们经常会忘记一天前讨论的事情，何况是一个月前的事情呢。

在你开始把协议写成文件的时候，你可以浏览一下在即时收入资源网页上的示范协议要点备忘录。虽然不能保证备忘录跟你的情况或环境完全相同，但是你可以找到示范语言、示范薪酬建议和其他提供最终协议讨论要点的内容。

访问 www. InstantIncome. com/resources. html，下载示范协议要点备忘录和其他重要信息。

在你与你的雇主签订的最终协议中，你所需考虑的其他条款要点如下：

- 你获得报酬的频率如何；
- 是否会为了补偿金建立补偿储备金，每隔多久审查一下补偿金，并且分发给你；
- 谁拥有你所写的市场宣传语、广告和销售宣传词的所有权；
- 如果你的雇主没有向你支付报酬，你会得到什么样的赔偿；
- 是否有其他人参与收入分成，比如销售人员或客服人员；
- 汇报机制是什么样的；
- 谁支付项目的费用。

最后一句话：不要辞去你的日常工作

尽管你做了最大的努力，你的雇主可能还是不会按照你建议的方式发展公司。一些企业主相信，公司的成长导致更多的工作或更大的争端。虽然在大部分案例中这是不正确的，但是有时候你很难改变别人的想法。

如果你的雇主对你的内部创业建议说了“不”，不要灰心，你是一个有才能的、有很高驱动力的个体，你会很轻易地找到继续向前的替代方案。

不要辞职，相反，读读即时收入的第四部分“成为业余创业者”，这部分建议你在自己的日常工作以外，把自己的能量直接用于创造额外的现金收入中。带着你已经得到的成果，你现在已经是一个准创业者了，不要让来自一个人的负面反应阻挡你赚取即时收入的脚步。

第十三章
列好任务清单，负责好自己主持的第一次商业活动

在这个时候，你已经成功地与你的雇主达成协议，现在是时候为你执行的第一个策略编制任务操作清单了。这里假定最困难的工作已经完成了，也就是你与你的雇主已经开始一起进入新的生意合作中。

现在，放松一下，计划你的第一个项目。

为了简化你的计划，你应该知道所有即时收入策略的执行流程都可以简化为四个基本行动范畴：

- 做好你的信息和产品准备；
- 发布日期的订单管理、促销和客户服务；
- 发布后的执行和保障；
- 未来转售和跨区销售。

为了让每个任务都保持在这四个范畴里，你需要编制一个详细的清单，按顺序列出需要做的事情，而且在旁边标出需要完成的最后期限、双方的责任、合同信息、支出和其他信息。

我总是使用 Microsoft Excel 软件，因为它使用起来很简单。我可以列出很多栏目，为了清楚地辨识，我还可以用颜色突显出其中某一个任务栏目。你可以运用你所选择的系统（如果你愿意，甚至可以把所有信息都写在一本活页夹中），只是你一定要把所有事情都写下来。我会在本章中提供一个实例，有关我的一个实际商业活动的电子表格，这个商业活动是在一次展会上发布一个新产品。

当然，如果你正在为自己执行某一类策略，这个任务执行顺序的计划也会是一幅出色的规划蓝图。换句话说，你可以是计划者，而不必是运用这个计划版本的雇员。

准备好你的信息和产品

你的第一次成功的商业活动的要点会是推销邮件、促销语、在线文章、展会推介或者你会用到的其他信息，花些时间完善这些信息。看看第三章“制作能够带来业务的广告”，在那一章里，教你如何编写一个能产生直接回应的广告，这些广告能为你的商业活动带来成功的最佳机会。

另外，你需要准备好对你的产品或服务进行捆绑销售，准备好你的销售和订单流程。你的发布执行清单可能看起来会很不一样，不过这里列出了一些可能会在你的清单里出现的条款，帮助你开始：

- 决定你的市场目标群体；
- 决定你要怎样把信息传达给这些人；
- 如果你要发布广告，检查报刊的版面和素材提交的截止日期；
- 预订广告版面（如果可能，预订剩余的版面）；
- 决定进行捆绑销售的产品或服务是什么；
- 决定促销的产品或服务是什么；
- 招募会员或合作者；
- 如果你对一个新产品或服务进行捆绑销售，要决定提供什么产品或服务、以什么价格提供、什么样的包装、送货情况怎样以及其他的产品特征。如果你对一个现有的产品或服务进行捆绑销售，与你所知的市场元素相比较，然后在必要的时候做出调整；
- 编写用于市场推广的电子邮件、直投信件、明信片、报纸广告词或其他广告词；
- 如果网络招募的会员可以帮助你进行促销，给他们制造和提供工具帮助你完善要发布的产品结构；
- 准备订单管理体系，也就是说网站、销售电话、电话销售中心、销售店店员以及其他设置；
- 准备广告陈列品（如果运用陈列广告），准备出两步策略活动所需要的套装；
- 准备销售词、准备促销语、培训产品或服务的销售人员或零售店员；
- 向杂志投稿、在网站上上传资料、发布新闻或其他能帮助你促销的活动。

负责发布日

如果你准备得很充分，你的促销发布应该是很顺利的。实际上，一些策略直接引导和激发的发布活动往往能为下一步行动做铺垫。(当你在商业杂志上做了为期60天的广告时，情况尤其如此。)

在发布日，你可能希望亲自负责整个活动，那天你会感到异常兴奋，但要注意的是，根据你运用的策略的不同，最初的客户反应度可能不会很高，而不像你运用其他策略时能给你的销售部门带来滚滚人流。要确保的是，来自客户的任何响应都应该受到欢迎和感激。只要确定的是，你和你的销售团队以及你的雇主都已经准备好了应对任何程度的客户响应，无论它们最初多么微小。

当然，如果你运用跨区电话促销策略（如顾客策略一“记录顾客购买模式，致电以获得再次订购”或销售策略一“进行电话追踪销售和语音信息宣传”)，你可能希望亲自打一些电话给顾客，只是为了从顾客的反馈中得到一些想法。顾客反馈会让你即时调整你已经写好的销售词、促销语或让利宣传语。我总是在发布日与我的销售人员并肩作战，不断修正他们的销售词。当顾客打来电话时，我们会试着用不同的对话与顾客交流，当我们找到适用的对话辞令时，我们就把针对这种产品或服务的销售词固定下来。

日期	相关人员	任务项目	致电给……/送货到……	完成与否
12.2	吉姆·克兰特	建议维多利亚为小组成员预订两间1月9日的房间	维多利亚	√
12.12	维多利亚	请吉姆·克兰特批准职员名单	吉姆·克兰特	√
12.12	维多利亚	与帕莫特确认是否已经为吉姆预订了房间	克里斯汀·帕莫特	√
12.16	珍妮特	把有声读物的内容大纲发给吉姆·克兰特	吉姆·克兰特	√
12.16	珍妮特	把有声读物的封面设计稿发给吉姆·克兰特	吉姆·克兰特	√

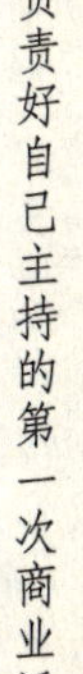

（续表）

日期	相关人员	任务项目	致电给……/送货到……	完成与否
12.16	珍妮特	把有声读物的宣传设计稿发给吉姆·克兰特	吉姆·克兰特	√
12.16	珍妮特	把 CD 封套的设计稿发给吉姆·克兰特	吉姆·克兰特	√
12.16	吉姆·克兰特	把有声读物的封面稿返还给珍妮特·斯威策	珍妮特·斯威策	√
12.16	吉姆·克兰特	把 CD 封面稿返还给珍妮特·斯威策	珍妮特·斯威策	√
12.16	吉姆·克兰特	把有声读物的宣传设计稿返还给珍妮特·斯威策	珍妮特·斯威策	√
12.16	维多利亚	从银行拿到 3 000 张空白信用卡片刷卡凭单	吉姆的开户银行	√
12.16	维多利亚	拿到连接吉姆账户的四个信用卡刷卡机	吉姆的开户银行	√
12.20	吉姆·克兰特	把市场销售的有声读物返还给珍妮特·斯威策	珍妮特·斯威策	√
12.20	维多利亚	为参加活动的人员预订机票（吉姆·克兰特等五位职员）	航空公司	√
12.22	珍妮特	在光碟制作者那里复制所需的光碟	光碟制作者/李	√
12.28	维多利亚	向帕莫特通报人员名单	克里斯汀·帕莫特	√
12.31	吉姆/珍妮特	录制有声 CD（215 分钟+7 分钟片头）	约翰-杜工作室	√
1.6	珍妮特	把最后确定的 CD 读物发给光碟制作者	光碟制作者/李	√
1.6	珍妮特	把最后确定的读物正文 PDF 文件发给印刷厂	网络出版印刷厂	√
1.6	维多利亚	把信用卡空白凭单和刷卡机发到酒店/从珍妮特那里拿到文件	保利娜	√

（续表）

日期	相关人员	任务项目	致电给……/送货到……	完成与否
1.9	珍妮特	为日间直投预订搬运服务	展会搬运商	√
1.9	维多利亚	为吉姆·克兰特和其他人员订好酒店房间	奥兰多酒店前台	√
1.10	珍妮特	把最终确定的 CD 片头发给光碟制作者	光碟制作者/李	√
1.10	珍妮特	把最终确定的有声读物封面发给印刷厂	网络出版印刷厂	√
1.10	珍妮特	把最终确定的宣传片内容发给光碟制作者	光碟制作者/李	√
1.10	维多利亚	给搬运商传真信用卡授权	展会搬运商	√
1.10	维多利亚	把宣传海报发往酒店	保利娜	√
1.13	珍妮特	制作宣传招贴/喷绘	快印	√
1.13	珍妮特	制作 10 英尺的展板	吉姆·克兰特批准	√
1.15	珍妮特	设计产品订单表格	快印	√
1.17	珍妮特	订购搬运服务的最后期限，必须线上预订	展会搬运商	√
1.17	珍妮特	印制产品订单表格	快印	√
1.17	珍妮特	把产品订单表格发往酒店	保利娜	√
1.20	维多利亚	购买产品提袋并发往酒店	保利娜	√
1.20	维多利亚	喷绘易拉宝，发往酒店	保利娜/快印	√

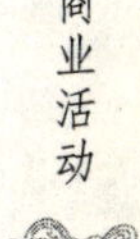

（续表）

日期	相关人员	任务项目	致电给……/送货到……	完成与否
1.27	维多利亚	为摊档找一个现金箱，里面有20美元和1美元的零钱（一共1 000美元）	吉姆的银行	√
1.28	珍妮特	包装好架板、桌上用品和签字笔，并发往酒店	保利娜	√
1.29	光碟制作者	把制作好的产品防挤压包装后装箱发往酒店	光碟制作者/李	√
1.29	团队	安装吉姆·克兰特摊位和签到桌	8：00am—6：00pm	√
1.30	团队	在吉姆·克兰特摊位工作	10：00am—7：00pm	√
1.31	团队	在吉姆·克兰特摊位工作	8：00am—6：00pm	√
2.1	团队	在吉姆·克兰特摊位工作	8：00am—12：00am	√
2.1	团队	撤展并安排材料回运	12：00am—5：00pm	√

发布日后，完成订单并获取客户信任

大多数初出茅庐的市场策划者并没有认识到，顾客购买了商品以后会发生一定程度的购物后的悔恨，一些顾客会马上为花了这么多钱买东西而产生愧疚感，而另一些人会经历向自己的配偶或家人解释购物必要性的尴尬。还有这样一些顾客，当他们接到自己的信用卡账单并发现已经透支后，他们会致电给你要求退货。无论理由是什么，你需要注意的是这种现象，而且要按部就班地确保售出你的商品。

你能做些什么？

为了减少退货或取消订单的情况，你必须马上与你的顾客沟通，确保他们明白自己的购买是明智的。提醒他们，一旦他们得到了产品并开始使用这些产品，他们将会获得哪些好处。告诉他们使用这些产品的其他方法，或者告诉他们：当他们第一次打开产品包装或第一次接受服务时，他们能期待的是什么。这些都会帮助顾客“展望未来”，让他们把眼光更多地放在未来，而不是纠缠于当前的购买行为上。传达这些信息最好的方式（也是最经济的方式）是通过电子邮件，但是我也接到过一些公司的电话。

减少退货的另一种方式是，在你的产品订单中捆绑一些顾客可以马上享受的服务项目。这种服务可以减少退货，因为顾客常常会想，由于他们已经部分使用了他们所购买的商品，他们就不能再要求退回商品了。

另外，与顾客之间定期沟通以及建立纽带是很重要的，因为大多数人不会向朋友或与他们有良好的商务关系的人要求退货，他们更可能把商品退给陌生人，因为这样做，他们就不必在良心上挣扎了。

在未来向顾客进行二次销售或交叉销售

对你来说，任何战略发布的前三步都是很有逻辑性的，与此同时，你们中的一些人也会很惊异地听到这样的观点，一旦你达成销售，后续市场就会随之而来。你需要在销售实现之后继续市场工作，以便保有你的顾客，并在以后出售给他们更多的东西，这就是众多聪明的市场销售人员真正能赚到大钱的地方。

达成第一次销售并不够。

你必须让你的购买者接受你的产品，激发他们对使用产品的潜在结果的热情，加入你的顾客圈。如果合适，就让他们把你当作对他们的选择提出建议的专家。

为了与顾客保持有效的沟通，从而向他们再次销售更多的产品以及其他相关产品和服务，你应该在你的产品送货体系中加入你想出售给购买者的下一个产品或服务的信息。你在产品包装箱里加入的东西可能会是一张宣传单，安排你的销售人员对顾客进行电话市场追踪，邀请他们参加电话研讨会，或者寄给他们一封私人信件。

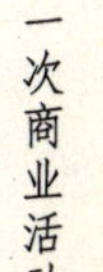

你还可以附上你将要进行的市场推介日期安排，预先通知你的顾客，提前告诉他们将要进行的特价销售、甩卖、打折促销等活动。

第四部分

成为业余创业者

第十四章 时刻寻找机会

我常常因为看到别人独特和不寻常的赚钱方式而感到惊异和自愧不如。许多企业主娴熟地掌握和发展自己生意，并从中获取赢利技巧，与此同时，我还发现绝大多数令人激动的收入现金流是由这些小企业的雇员发展出来，他们可以在自己的“常规”工作之外赚钱。

这些工作者热爱他们安全的、多样的以及拥有稳定的薪酬的朝九晚五的工作，他们也非常喜欢通过每年执行几次不需要投入很大精力的短期策略为自己额外赚取几万美元的收入。

我把他们叫做业余创业者。

如果你很有兴趣赚取额外收入，但是你又不想投入太多的精力在这些兼职的工作中，那么你可以在晚上、周末和假期时间里运用即时收入策略赚取额外收入。

你喜欢怎么做

在你的内心深处，一定有一些真正让你感到充满热情的东西，一些不管你现在用什么谋生，一旦你赚到了足够多的金钱，你就会终生从事的事业。

就像大学教授会为了稿酬而写文章，航空公司的经理在周末的集市上出售美国土著的工艺品，或者全职母亲开办一个访问者为其他全职母亲的网站那样，作为一个业余创业者会让你发挥你的热情，会让你通过自己的生活方式、家庭责任感和计划赚钱。

自由地随处寻找机会

当然，作为一个业余创业者，你会得到自由，你可以决定要做什么项目，选择你的合作伙伴，最终对你自己的财务做出独立的决策。

在下面的章节里，我不仅会详细地描述成为一个在常规工作之外赚钱的业余创业者的具体步骤，还会向你介绍运用即时收入策略快速赚取现金的“生意”类型。这些业余项目中有一些只需要你的专业知识，你无需支付雇员、库存、特殊设备或行政维持的费用。与要负担这些烦人的事情相反，我要向你展示如何把这些冲突性因素降到最低，这样你就可以更关注那些仅需最小精力投入的短期实际策略操作，我之前已经详细介绍过这些策略了。

举例来讲，跟那些拥有固定资产的生意不同，这些固定资产的生意需要预先投入资金，支付租金、人员保险和固定的商业时间，我希望你更自由，集中精力寻找你所具有的专业和技能所能带来的最赚钱的项目，而不是让你因为在生意中进行了“投资”，就不得不长期地与产品和服务捆绑在一起。

与让你花费时间运营生意不同，我希望你在最耗费时间的工作上自动使用便宜的服务和所有人都能获得的软件。与让你把每个周末都花费在副业上相反，我希望你在两三周的时间内，密集地在晚上、周末和假日里工作，然后在那个月剩下的时间内不用再工作，只是享受你所创造的财富。与从事两份工作不同，我希望你所参与的工作是赚取额外收入。

你看到成为一个业余创业者给你在理念上和方式上带来的不同了吗？

还清你的债务，建立健康人生

当然，通过副业赚钱也可以通过很多其他方式为你带来好处。

举例来说，想象一下，如果你只是每个月多赚 1 000 美元，你的生活会发生怎样的变化？突然之间，你可以偿清你的债务，为你的退休生活进行更多的投资，把你的小孩送到私立学校，搬到环境好的社区，雇用管家和园丁，每年花费 1.2 万美元度假，提高你的慈善捐款数额，使你年迈的双亲得到无微不至的照顾，开始在你的健康和幸福上花费更多金钱。你应该会在财务上感到更宽松，你可以真正地使用公司给你的年假，而不是为了赚钱而无暇度假，而且你可能会找到更加聪明的工作方式，因此平时和周末经常加班的经历将永远变成过去时。

接下来，一旦你清偿了你的债务并开始更好的生活，你可以通过投资搭建未来的财务安全，而你需要做的只是使用你每月多赚的那 1 000 美元的一半而已。举例来说，如果你知道每月投资 500 美元，按 10% 的投资回报率计算，你最终会在 30 年的时间内获得 1 094 385 美元，你会不会感到非常吃惊？如果每月用全部的 1 000 美元投资，你能用 22 年半就赚到 100 万美元。

如果你的副业项目每月赚取的是 3 000～7 000 美元呢？你可以在每月投资 5 000 美元的情况下，在 15 年零 4 个月后退休，到时候你的年收入将维持在 10 万美元。

这些就是成为业余创业者可以带来的令人激动的愿景。

第十五章
能带来现金的副业收入资源

在当今商业世界中，可能存在着赚取 100 万美元的 100 万种方式，当赚取一定数目的金钱变得更容易的时候（如 10 万美元），赚取 100 万美元的机会也会成倍地增长。

那么这些机会中哪些对你来说是合适的？更重要的是，在哪些机会中能最好的运用即时收入策略？

什么可以让赚钱机会变成即时收入机会

在这个部分，将讨论在商业机会中寻求的 13 种标准，无论这些商业机会是全职的、兼职的还是副业。当你在创造业务收入时，这些标准都是举足轻重的，与此同时，当你寻求赚取即时收入的机会时，它们会变得更重要。当你所选择的商业机会能在更多方面符合这些标准，运用即时收入策略迅速赚取收入就变得更容易。

让我们具体看看吧。

潜在的购买者可能是明确而固定的

一些潜在的客户群体既可能无处不在，也可能无处寻觅，这两者可能同时存在。他们无处不在，但是你不知道他们是谁、与他们相关的小范围市场是什么、他们已经是你的哪些合作伙伴的客户群体等等。这些都会让你的广告宣传和市场工作变得更加困难，但是想像一下，当你能准确地找出这些潜在客户时，你的市场推广工作将会变得多么容易。你可以寻找的地方包括互联网、本地市场、特殊的行业以及其他公司以前的顾客。

启动成本不高

我不会热衷于开办一个投入很多资金的生意，副业更是如此。与投资预算是几万、几十万相比，考虑一下，把你的启动资金限制在200美元的广告媒体发布、举办一个花费50美元的电话研讨会或者不用任何支出，只是跟你的最初生意合作伙伴达成协议。

有潜力获得高售价、相当大的利润空间或者大宗销售订单

一些行业的产品和服务可以卖到很高的价格、拥有75%的利润空间或者可以得到持续的大宗订单。知识型产品很符合这些特征，专业性服务也是如此。

与你的技能、兴趣、性格和专业相匹配

我提出的即时收入策略不仅帮助你把自己定位为产品或服务的提供者，而且还是相关领域的权威。如果你对这样的角色感到不舒服，那么就想想你是否要抓住这个机会，或者考虑一下你是否愿意担当一个“记者”的角色，也就是说行业信息的传递者，而不是顶级的专业人士。

大量的竞争对手和潜在合作伙伴

我从来没有对竞争有过太多的忧虑，竞争对我来说只是简单地意味着存在你所销售的产品或服务的市场。另外，有各种各样的方法让你在市场上脱颖而出。不仅如此，存在的大量的竞争者和同行都意味着你所从事的副业有更多的潜在合作伙伴。

广告机会不太昂贵并且是可以获得的

在一个行业内，没有比可以找到潜在购买者的唯一方式是在贸易出版物上做3万美元的广告更糟的事情了。当决定一个机会是否适合你的时候，确保先研究一下能覆盖你的小范围市场的所有可能的广告途径。

月度的支出费用不高

对副业来说，房租、办公设备租金、黄页广告和其他定期的月度支出费用可能成为一种毁灭性负担。如果你决定承担这些支出，确保这些花费能直接创造收入，比如电话营销中心或购物车服务，或者这些支出是可以忽略不计的，比如网页费用。

使人深刻印象的事情可以用于广告

我在第三章“制作能够带来业务的广告”中讨论过，来自拥有愉快体验的顾客和客户的推荐信和案例会是所有活动中一个重要且令人信服的部分。如果你所从事的副业可以带来令人津津乐道的结果，可以用在你的广告活动中，那就更理想了。

你达成销售后就可以支付费用了

我不喜欢提前支付任何费用。在我的经验里，任何预付的事物都会由于延误、找到了一个更好的解决方案以及简单地改变了计划等因素而不能在实际上起到应有的作用。幸运的是，一些形式的副业项目允许你从销售中获得收入后再支付货款、快递服务费、销售佣金以及其他商业运作所需的费用。

产品可以下载或者递送很方便

我喜欢销售知识型产品的原因之一是它们递送很方便，特别是网络上的电子书。不计其数的副业创业者会就自己的专业领域写一本电子书，设计一个网页销售这本书，然后招收成百上千的会员，向他们推介这本电子书。他们的购物车软件会自动地把电子书发送给购买者，就像下载文件一样。

如果你可以让制造商直接发货给你的顾客，让有执行中心的产品仓库根据你的电子邮件发货，或者与合作伙伴达成物流服务协议，在你从事的副业专注于市场的基础上，他们负责物流，那么其他产品和服务也可以很容易地被递送。

截止日期和其他市场压力促使人们马上购买

在广告世界里，短缺和截止日期是很美妙的事情。通过对人们害怕失去的正常情绪的诉求，截止日期促使购买者在特定的日期前下决心购买。实际上，截止日期是如此强有力，即使你的预期活动中没有这一项，你也常常可以通过编写出色的广告宣传单达到同样的目的。当然，真正有诚意的截止日期是需要给顾客实际好处的。

哪些截止日期可以让你达成交易？政府文档填写的截止日期；文件返回学校的截止日期；商业报告的截止日期；类似婚礼和产品发布的固定期限事件；投资的最后期限；母亲节、毕业典礼，甚至是宠物除虫季节那样的季节性期限。

与截止日期一样，其他市场手段也可以驱动销售。这些手段包括：对稀有商品的限量供应、一些专家亲自进行顾问咨询的有限的时间以及诸如此类的限量供应手段。检查一下你打算开展的副业，看看其中是否存在“截止日期”的市场空间，或者你是否可以在你的广告中创造短缺现象作为你的市场手段。

销售一种消耗型产品或连续性服务

最佳的副业是，一旦你向某位顾客销售了一次商品后，接下来在相当长的时间里都能从他那里持续获取收入。实际上，如果可以选择，大多数销售人员都愿意销售订阅、会员制和其他可以连续性消费的项目。这就是你作为一个业余创业者平衡你的有限时间的关键所在。

如果你想从事一项副业，想想在现有基础上你可以做些什么。由于你可能不愿意长年累月地绑在生意上，也要考虑你如何在一年里完成现有的订单或交付货品。你可以与一个外部的组织签订合同完成这些工作吗？你可以在两三个月内生产出所有货品，然后在年内剩下的时间里雇用一个大学生为你把这些货品发出去吗？

你是否可以只简单地成为别人的商业项目的销售代表、经销商或者会员？符合这样要求的副业机会包括网络市场公司、互联网会员网站以及其他公司的业余销售代表。你甚至可以每月会见一次潜在顾客和客户，用一个周末的时间完成你的所有销售，然后把完成订单的工作交由你所代理的公司处理。在这些生意中，你可以非常有效率，作为产品顾问、营养学家或者其他类型的专家，与客户见面，向他们销售商品，然后把订单转到生产商、营养品厂商或者其他供应商那里，让他们向客户提供服务，完成现有订单。

理性地进行追加销售和让利销售

与出售一种产品或服务相比，更好的是通过出色的追加销售技巧销售捆绑的产品或服务。如果你从事的副业可以让你销售附加的产品或服务，那就再好不过了。

另外，你还应该一直寻求开展让利销售的商业机会，比如降价促销、分期付款或者低端的产品或服务。

有利于赚取即时收入的行业类别

当然，一些行业并不适合业余创业者。出于非常显而易见的原因，零售业和生产行业并不适合业余创业者赚取即时收入，产业规模特别小的除外。购买商品用于库存的成本、装备你的生产设施的成本以及其他繁重的启动成本和管理需求都使零售业和生产行业对业余创业者来说是不明智的选择。

在这里必须要说的是，要想使兼职运作一个零售或生产型的业务成为可能，就需要所涉及的商品是高技术含量且独一无二的。你很享受生产它们的过程，并可以以非常高的价格出售它们，比如设计制造珠宝首饰、复杂的船模、手工制作的渔具、设计新颖的服装以及其他限量版商品。另外，你可以开办一个网站，向其他爱好者销售这些小众需求性商品。你还可以考虑通过大型的零售连锁服装或配件的经销商销售你的独特商品，他们可以给你一个采购数量比较大的订单，而你可以在30～60天内完成它。

对大多数业余创业者来说，零售和生产型业务会让人花费太多的时间和精力。有其他更容易的方式能让你在业余时间赚取即时收入，例如在零售和生产之外，还有超过六种小生意适合副业创造收入，它们中的大多数都适合赚取即时收入：

- 顾问
- 专业实务
- 批发和分销
- 投资/资产
- 服务
- 网络营销和直销
- 知识产品/出版

请注意我并没有在这个清单里列入电子商务来，因为互联网不是一种生意，它是市场和广告的投放工具，可以自动地帮助你，并销售出更多你已经在销售的产品或服务。

这就是说，请仔细查看这份清单，它非常适合赚取即时收入，同时，你花费的精力和启动成本会相当少。这份目录包括顾问、服务、网络市场和知识产品行业，还同时可以满足我在这一章的开头部分提到的对副业来说理想的标准。

业余顾问咨询

如果你具有别人不具备的知识或专业技能，你可以通过成为顾问获取满意的收入。实际上，要感谢互联网，在这里有无数的网站可以把你和那些寻求启动建议、产品发展帮助、人力资源指导以及不计其数的帮助型公司联系起来。（关于这些网上顾问论坛的详情，请见下一章“最小化障碍因素”。）

为了最好的销售自己，首先要确定谁需要你的知识以及购买者处于哪些市场范畴，然后瞄准目标市场进行宣传，并直接发邮件给这些购买者。线上

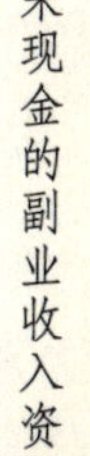

文章、免费的报告、免费的评估工具以及其他有帮助的文件都会成为很好的途径，可以帮助潜在顾客熟悉你的专业技能。

提供业余服务

有成千上万的人提供业余服务，这些服务可能是职业规划、税务准备、派对筹备、室内装饰、清除野草、奖学金申请、为组织购买节日礼物、魔术表演或者其他几百种服务之一，总之，顾客和公司愿意付钱得到这些服务。

几乎所有你喜欢做的事情都具有可能性，对其他人来说是烦人的或是耗费时间的事情都可以变成你的业余服务项目，为你赚取即时收入。作为业余服务提供者，关键是通过其他服务提供者宣传你自己，也就是那些目标顾客和老顾客。

业余网络营销和直销

大多数网络营销公司愿意你全职地从事它们的业务，与此同时，事实上他们也同样欢迎具有理想工作结构的业余从业者。通过产品、服务、销售工具和鼓励业余从业者的执行方针，网络营销从毫不起眼的行业成长为一个具有 82 亿美元市场价值的世界性行业也就毫不稀奇了。

另外，如果你对自己的生意具有走向国际的雄心壮志，很多现有的营销公司在欧洲、亚洲、南美洲甚至非洲都有自己的分支机构。

通过与大量成功的营销公司、直销机构、网络营销的领军组织一起工作，我得到的经验是：尽量让尽可能多的潜在顾客了解到产品信息以及商业机会的益处是其中的关键。

当然，即时收入可以被赚取，也正在被成千上万的人赚取着，而在这些人中有 85％的人每周花费在自己生意上的时间不超过 30 个小时。网络营销是一个理想的副业。

业余销售知识产品

在我建议的生意中，我最喜欢和作者以及专家一起工作是有充分理由的。出版业是令人激动的，赢利空间很高，在不同的主题类别上竞争是很小或几乎没有的，对出版物和其他知识产品的市场宣传方式很容易执行和管理。

另外，随着互联网的发展，几乎每个人都可以轻易花费小额资金宣传自己的专家身份，并且销售知识产品和服务。

在知识产品行业，如何利用业余时间赚取即时收入？

• 建立一个网站销售电子书、在线课程或者时事通讯；

• 在每月或每周的特定时间里，提供电话咨询服务；

• 在业余时间进行付费演讲服务或者免费演讲，但同时销售顾问服务、教练课程或者在演讲现场销售产品；

• 写一本书，把它出售给出版公司得到版税预付款，出版公司会通过传统书店和各种销售渠道经销这本书；

• 开始为那些需要你的专业能力的机构进行顾问和培训服务；

• 成为一名法律方面的信息市场顾问，为其他公司处理知识产权问题。

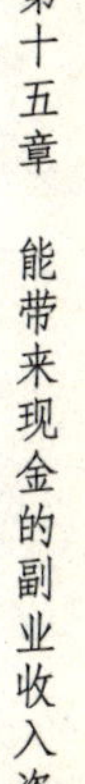

第十六章
最小化障碍因素

每个管理完善的组织都有一套系统，可以使公司平稳顺利地运营，使公司的所有者或高层管理者不必监管每个人的工作步骤或流程。你的副业可以且应该用同样的方式运作。

当你把你的销售、客户服务、活动次序、电话系统、对潜在客户的探求以及其他功能都自动化后，你就减少了生意中日复一日的烦心事，这样你就可以把精力集中在最重要的方面——广告和市场。你还可以从生意中脱身一段时间，获得自由。只有在你拥有了有效的系统之后，副业才可以被很好地运作。

科技使之成为可能

很幸运，当今我们生活在一个科技高速发展的时代，科技可以协助你运营自己的公司，它可以使之低成本、可接受，最重要的是非技术人员也可以获得稳定的结果。不仅如此，这些系统还可以为你提供额外的好处——让你和你的公司看起来比实际上规模更大、更专业化、更可靠。

到目前为止，个体创业者已经十分了解这个系统，现在轮到业余创业者做同样的事情了。

我的好朋友斯蒂芬妮·弗兰克（Stephanie Frank）在她非常有个性的著作《偶然富豪》（*The Accidental Millionaire*）中详细列出了对小型企业非常有用的策略，其中包括一条从我的生意中总结的策略。相对于不断地重新编制个人流程或对新的合作者重新解释现有的体系，斯蒂芬妮催促我把每个事务如何处理运作的流程写下来，然后用把这些个人说明保存在计算机里，以备在我进行新项目的时候随时影印或发送电子邮件。

通过这种方式，每个人都知道我们运用的技术是什么、它们是如何建立的以及它们在需要的时候是如何被监管和更新的。这种方式使我可以把一些特定的工作100%地授权给其他人，而我可以集中精力在我做得最好的方面。

你需要最小化的障碍是什么

十几年前，“虚拟公司”这个短语是用来解释一个公司或个体创业者的概念，在这样的企业里汇聚了独立项目经理、人事助理、销售代表、网站开发者和其他非正式雇员，他们根据不同的项目或公司的特别需要而被召集在一起，共同工作。按照我的观点，这最终发展出一种以最低花费和最大效率运作小企业的方式。

现在，十几年过去了，科技代替了这些非正式雇员的位置，使小企业和副业变得更容易被创立和运作。

下面列出了现在可以通过科技和外部资源执行，以达到降低成本目的的比较普遍的商业功能类型。但是，由于接受的服务在持续变化中，每天不断有新的服务涌现，所推荐的列出名目的特定公司和技术服务只会出现在即时收入资源网页上（www. instantincome. com/resource. html）。你在这里会看到我的个人推荐，其中包括我最近运作自己的生意所用的合作者，以及为有效地使用每种服务所给予的小提示。

- **自动电话系统和答录服务。**现有的科技已经可以让你随时随地接听电话，并自动地把它们转接到你的合作者或者销售代表那里去，无论你处于何地，这些电话都可以通过座机或手机转给你。还可以显示来电者的姓名，这样你就可以选择接听电话还是让答录机替你应答。
- **真人接听服务。**现在，世界各地都有受过训练的专业团队可以每天24小时、每周7天地为你的公司接听电话，而且不仅可以使用英语，还可以使用其他语种。服务者通常会记录来电者的姓名、电话号码、电子邮件地址和留言，然后他们再把这些信息以电子邮件的形式告知你。他们还可以直接把订单输入你的网站，把电话转接给你或其他人，做研讨会登记、进行国内电话销售等更多的事情，收费都是很合理的。
- **录音播放。**对个人和业余创业者来说，没有专职的销售人员，录音播放可以让你用自己的语言向你的客户和潜在客户传达市场信息，你只需录下想要传递的信息，然后拨通客户的电话就可以播放这个信息。你可以选择当有人接听的时候才播放这个信息，也可以选择当对方电话答录机开始录音的时候播放信息。

• **客户服务和帮助桌面。** 通常情况下，一项副业中最消耗时间的部分是客户服务，现在，大量的客户服务工作可以在互联网上进行。如果你向成千上万的顾客进行销售，你可以录制欢迎信息、操作信息、常见问题的答案以及其他此类的信息，然后把它们公布在自己的网站上。现有的大量科技都可以“识别”大多数常见问题，并且直接向客户提供答案，而这些答案是随着时间的推移被收集到智能数据库中的。对订制了高端服务的客户，系统会把问题转到你这里，或者至少转到你雇用的兼职虚拟客户经理那里去，而这个人了解你的业务，可以和客户打交道。

• **执行中心。** 这种服务可以接收你的订单（从你网站上发来的电子邮件），发出你的产品，按照每个订单收取很少的费用。这就意味着不用从你自己的仓库里发货，也不用雇用别人帮助你。另外，这些中心会监控你的库存商品，甚至会在库存量不足的时候帮助你向供应商采购商品。

• **项目经理、网站开发者、作者和其他创造性人群。** 现在，大量的网站可以把你和各种各样的人连接起来，这些人包括善于写文章的人、设计网站的人、报道时事通讯的人、写计划书的人以及实际上可以完成任何创造性任务的人。其中大多数网站对你和购买者都是免费的，他们向为你提供项目的人收取一定的费用。

• **虚拟助理。** 我所知道的一些个体从业者都有一个助理，接听他们的电话、发送他们的信件、协调他们的项目，然而他们从未见过这个助理。虚拟助理是很容易寻找并雇用的，即使是你只需要他们的短期服务。他们通常按小时工作，或者根据需要按月工作。

• **针对咨询顾问的新商业拓展。** 通过网站，能帮助顾问与那些需要他们帮助和专业技能的客户取得联系。通常情况下，这些网站都会列出项目分类，但是没有联系信息，如果你需要详细信息就要支付一定的费用，并直接与有雇用需求的公司联系沟通。

• **代理人和出版商。** 如果你是一名顾问，并且正在快速地成为所在领域的专家，你想写一本书、介绍你的工作、上6点的新闻或者成为一名电台播音员或电视主持人，你就要注意了，有整个行业（其中包括专利代理、学术代理、出版商、艺人经纪人和其他一些人）都准备好了，在你和你的产品（或品牌）可以市场化的时候，为你提供帮助。

• **演讲者服务和联络处。** 有一些网站可以把演讲者和对演讲者有需要的组织联系起来，这些组织可能对各领域的演讲者有需要，无论是地区范围的，还是全国范围的。通常情况下，演讲者还需要支付一些费用以获得网站上公

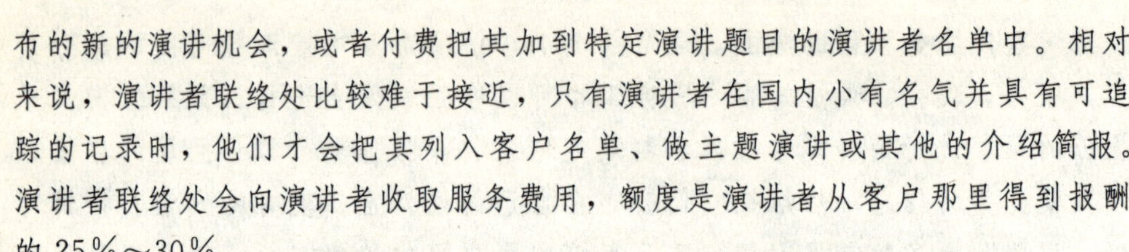

布的新的演讲机会，或者付费把其加到特定演讲题目的演讲者名单中。相对来说，演讲者联络处比较难于接近，只有演讲者在国内小有名气并具有可追踪的记录时，他们才会把其列入客户名单、做主题演讲或其他的介绍简报。演讲者联络处会向演讲者收取服务费用，额度是演讲者从客户那里得到报酬的25%～30%。

- **营销、媒体关系和广告。**有许多相关的网站和服务机构帮助你进行新闻发布、发送你的自动答录信息、宣布你的会员招募流程、发布你的研讨会消息以及担负其他诸如此类的操作。无论你要做什么，时机都不是问题，现有的技术可以让工作自动化。好消息就是许多这样的服务都是免费的。

- **网站购物车和会员追踪系统。**如果你看了第六章“网络上的即时收入”，你会很快发现，通过预订全方位的购物车服务，在互联网上销售产品和服务可以很轻易地被自动化。这些服务可以让你的很多功能都自动化，包括：网站销售、产品配送、会员追踪、自动答录追踪和其他诸如此类的功能。如果你销售一件数码产品或一本电子书，一些购物车服务甚至会在你的固定收入之外每月再支付给你的会员点击的费用。

- **在你执行时的专家帮助和指导。**这里有许多业务“建议者”，你可以雇用他们帮助你执行项目。与此同时，可惜的是他们中很少有人具有丰富的经验指导业余创业者一步一步地赢利。那些与致力于赚取即时收入的客户一起工作的专业教练在这个行业具有非常好的口碑，他们可以帮助业余创业者和全职的小企业主建立自己的业务。每个教练同时也是成功的创业者，他们具有丰富的经验，可以一步一步地帮助小企业主、个体创业者、内部创业者和业余创业者执行即时收入策略。要想了解更多，你可以登录www.instantincome.com/coaching.htm。

第十七章

当你需要的时候，赚取额外收入

正如我在本书的开始提到的，你的生意是有价值的资产，它让你有能力通过提供产品或服务赢利；它让你可以从忠诚客户那里获得持续的现金流；它让你引导市场推介、运作广告、发送邮件、让有需求的购买者敲你的房门；如果你的财务出现问题，它还是你最佳的快速赚取收入的机会。

不要惊奇，你的副业也一样。

当你建立了自己的副业以及我在这本书中谈到的市场系统、客户沟通系统和产品配送系统后，你就为赚取现金做好了所有准备，当你需要资金的时候，你就可以随时开始了。突然之间，作为一个业余创业者变得不仅是为了执行即时收入策略而随意做出的努力，它还成为当你需要资金时，你为了赚钱拓展的自己的生意。

此时你必须有一个简短的清单

你与其每次要执行一项即时收入策略时都再次创建这些系统，不如在启动之前就让这些规则对你来说简单一些，并且完善这些系统。为了最优化地执行即时收入策略，这里有一个关于你可能需要的体系的简短清单。在这些策略具有可读性和执行性的同时，如果你还没有建立起这些系统的话，在运作过程中仅是处理问题这一项就可能将你压倒。

- **在数据库中的你的客户和潜在客户（或者那些你通过合作者可以获得的其他客户）。**最容易获取即时收入的方式是向你的既有客户提供特别的促销信息。另外，你可以与其他企业主合作，向他们的客户发送促销信息。如果你们并没有记录指出这些客户是谁，那就是向打进电话的客户或到店的客户进行口头的促销推荐。
- **订单受理功能。**无论你是雇用员工处理订单、交给电话销售中心处理，

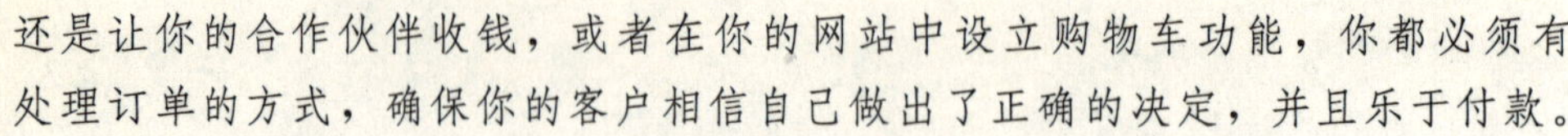

还是让你的合作伙伴收钱，或者在你的网站中设立购物车功能，你都必须有处理订单的方式，确保你的客户相信自己做出了正确的决定，并且乐于付款。

• **一个推销你和你的产品的网站。**如果你运用了即时收入策略，通过出色地执行它们，可以驱动你的潜在客户浏览网站。那么你必须有一个网站，其中至少要有网页发布你的销售信息，有购物车可以处理订单，有感谢网页可以打消客户的顾虑，并通知他们所订购的产品或服务将如何送达。更多详情请见第六章“网络上的即时收入”。

• **一种产品或服务配送的方式。**无论你是自己配送产品或服务，还是与外部的执行中心或合作者达成配送协议，或是由生产商完成这项工作，你都必须在执行即时收入策略时首先制定配送执行方法。

获取即时收入的最快途径

在你可能运用的所有即时收入策略中，有一些最快的方式可以帮助你在需要的时候赚取即时收入：

- 在顾客购买时，向他们追加销售；
- 向你的顾客发送特价促销信息；
- 在另一家公司认可的情况下，向他们的顾客发送促销信息；
- 发布产品新闻；
- 发布直销型或有销售截止日期的广告；
- 邀请你的客户（或其他人）参加电话研讨会。

当然，不是所有策略对你都合适。举例来说，如果你的目标市场非常狭窄，那么在地方报纸上发布直销广告对你来说就很不合适。在操作任何策略之前，一定要运用你的最佳判断力。记住，这本书中还描述了其他 29 种赚取即时收入的方法。

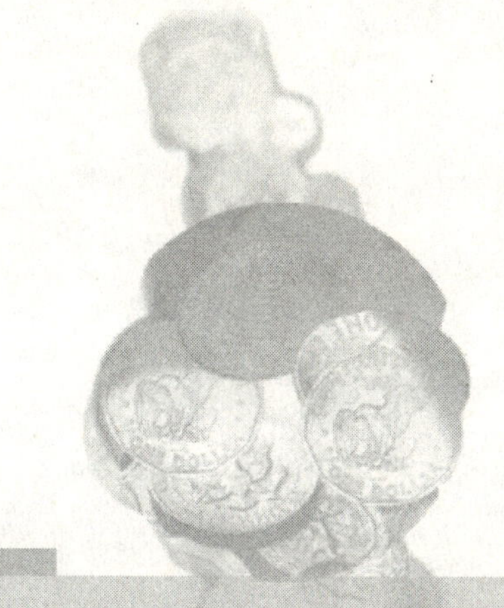

第五部分

将即时收入变成终生财富

第十八章
用即时收入策略建立终生财富

这本书的绝大部分篇幅都集中在短时间内创造收入上面，事实就是，掌握即时收入策略，在日常生活中执行它们还能为你带来终身的益处，为你带来更强的财务独立性、尽早完成提前退休计划、更小的压力和高品质的生活。

好好想想这些吧。

如果你把你的生意看成是投资工具，不仅为它的客户服务，还帮助它的主人打造财富人生，那么你每日的业务工作的优先次序就会产生巨大的变化。你会意识到自己应该建立一套系统，让你的生意运行平稳顺畅，这样你就能把精力集中在执行方面；应该更关注创造新的利润中心，以便带来更丰厚的利润；应该积极地寻求合作伙伴，制定年度市场活动计划，发展新的明智的策略性联盟，寻找新的方法优化你的网页，让一个商业建议者帮助你的业务一直在正确的轨道上运行。

对于在运作一个小的生意时遇到的所有烦心事，我们该怎么办？相对于为了你的最终利益而获取现金流而言，它们会很快地被你妥善地认识并妥善地处理。总之，如果你不是为了自己的财务需要和职业满意度而经营，那你为什么要这样做呢？

创业等于财务自由

无论是作为企业主、雇员，还是业余创业者，执行即时收入策略都能帮助你把自己的精力持续地投入达到你的财务目标的过程中。为了这个目标，对现金流的追求可以促使你全面地考虑你现在和未来的财务状况，考虑到底拥有多少资金才可以最终让你和你的家人快乐。

当然，我不是投资大师，我也无法告诉你如何用这些策略赚到足够的资金投资。

但是我的建议是，如果你制定了计划，用你通过赚钱技巧获得的一部分

（或全部）资金投资，那么你就向财务自由迈出了第一步。当你进行了投资，并获得足够的资金负担你的生活方式，而使你不必再工作的时候，那就是财务自由。拥有财务独立性的创业者只在自己想工作的时候才去工作……如果他们想工作的话。

决定财富对你来说意味着什么

当然，你可以获得财务自由，然后继续获得自己渴望的任何财务上的成功，这些取决于你的专业程度、你的勤奋、你现在生意的状况以及你运用即时收入策略的能力。

但是，你真的想过什么是你渴望的吗？你是否想过财富对你意味着什么？你是否研究过要为自己的账单支付多少钱？你的旅行要花多少钱？送你的孩子去最好的学校要花多少钱？回馈你的社区要花多少钱？用于对你来说很重要的其他活动要花多少钱？如果你还没有想过，现在就想想吧。只有在你了解了这些费用以后，你才能真正开始运用即时收入策略打造终生的财富和独立。

实际上，对任何你想支付的新花费来说，你都可以通过即时收入策略帮助自己赚到足够的现金支付这些花费。通过这个“先赚再花”的方式，你会发现自己的消费习惯突然之间变得更理性，你不再冲动购物，你的债务大幅减少，你也会更积极的存钱。

最好的例子就是我自己的经历。当我第一次发布我的网站，用来帮助作者、演讲者和顾问销售图书、研讨会和其他知识产品时，我就决定要用网站的收入完成我的一些财务计划。这个情况变成了现实，20.8%的访问者在阅读了我的免费系列报告后，也同时购买了价值97美元的入门产品，很明显可以看出来，如果我只是单单把精力投入驱动我的免费系列报告的交易上，我会更快地实现我的财务计划。

你看到即时收入策略如何帮助你达到目标了吗？你看到了在现有基础上执行即时收入策略是如何帮助你获得财富人生和财务自由的吗？而这些远远要快于你预先所想到的可能性。

为了开始计划如何运用策略打造财富，让我们看看下一章“将即时收入策略整合到你的日常业务中”。

第十九章
将即时收入策略整合到你的日常业务中

当你寻求的是创造终身财富而不是简单地只是按当前需要赚钱的情况下，你在执行即时收入策略的时候就会变得更有目的性，计划得更加周详，也不会觉得太累。与其在你需要钱的时候匆忙上阵，不如把它们整合到你的日常业务中去，作为我在前面几章提到的系统的重要部分。

你不仅可以通过建立即时收入策略细化这些系统，还可以考虑如何建立自己的系统。因此，即时收入策略就会被执行，而且是作为预先制定好的计划中的一部分执行。

一个策略接着一个策略最终实现长期整合

当接近一个创造财富的愿景时，每个即时收入策略都会以其特有的方式适合你的公司。请看看以下 35 个即时收入策略，思考如何把它们整合到你的日常业务中。

顾客策略一：再次订购。在你的数据库里加入“产品购买”记录和“大部分近期购买”的记录，然后让员工打印出定期购买消耗型产品的客户清单，致电给这些客户以获得他们的再次订购。

顾客策略二：追加销售。培训你的员工使用促销语，然后每年提供 8～12 次促销活动，按季节对活动安排进行调整，或者与你的市场促销活动保持同步。在你的网站购物车、感谢页面或首页中添加促销宣传语，促使你的顾客购买。

顾客策略三：持续购买。如果你的业务条件允许，开发出定期发货、按月配送或会员制的产品或服务，然后开始对其进行市场推介，既作为新产品或服务，也作为对顾客的促销方式推介，你会因此得到稳定的长期客户。

顾客策略四：续签合同。为了最佳地整合这项策略，在你的数据库中加入“合同期满日期”的项目，然后提前两个月打印出这些合同快要到期的客

户的名单，致电给他们，说服他们续签合同。

顾客策略五：激活老顾客。使用我们之前提到的数据库中的“近期购买”记录，每45～90天打印此类顾客名单，然后安排一个员工（或雇用一个兼职人员）给他们打电话或者发信，向他们提供特价促销，促使他们再次跟你进行业务交往。

合作策略一：客户资源共享。为了不断地发展那些可以与你进行客户共享的合作者，你需要首先为这些工作制定一个利益分配方案。一旦你有了结果，安排一个雇员探索和发现新合作者的期望，制定一个接近这个期望的周计划和目标。

合作策略二：口碑推荐。要让你的口碑推荐者和专业联盟合作者向他们的客户推荐你。安排每月给他们发信，通过电子邮件或邮局都行，当他们向你提供客户名单的时候，给他们提供相应的报酬。

合作策略三：外部产品。作为市场推介的一部分（见下一章），安排一个产品系列，其中一些产品或服务可能是其他人的，通过销售他们的产品或服务，你可以从中获得佣金。在你的网页上链接其他产品，从他人那里获得宣传报酬。

合作策略四：电话研讨会。很多企业每月都会召开电话研讨会，每次都针对不同的客户群体销售一件产品。研讨培训和月度电话研讨会可能会让你成为特邀专家，然后联系参会的客户，发送给他们电话研讨会的要点并附上你的商品销售信息。

合作策略五：成为附加品。一旦你建立了这样的关系，保持这种关系，在他们的产品包装箱里放上你的产品宣传单，或者定期给他们的客户发信。进行这些安排，你就不会忘了他们了。

广告策略一：口碑广告。如果你的业务无需要顾客在前厅等候，那么安排一个简易的宣传板，让你的顾客在等候的时候可以仔细研究上面的内容。预留几行空白，让他们就自己的体验发表评论。用结构化的问题，以便你能获得令人信服的故事，然后联系这些顾客，让他们写出关于他们自己亲身体验的广告。

广告策略二：媒体发布。一次性计划和安排出全年的媒体发布（15～20次），然后雇用一个写手为你一次写出全部稿件。在你的日历上标出这15～20次的发布时间，提醒你发布这些宣传信息。

广告策略三：广播节目。制作音频广告，并按月发给当地广播电台，与时事新闻同时播放。如果你认为你能通过这种方法获得新客户，你就购买当地广播电台的时段，自己主持广播节目。

广告策略四：剩余的广告时段或版面。开始研究合适的宣传方式，然后联系广告代理，就剩余的广告时段或版面进行谈判。提前一年安排你的广告日程。

广告策略五："原因动机"销售。事先计划出你在一年的特定时间里想要销售什么，然后提前60～90天找出可以加入促销活动的营销要点，安排这些活动，以免你忘记。

潜在顾客策略一：研讨会。运用广告、信件、电子邮件或其他方式让你的潜在顾客参加你的活动，并定期安排这些活动。在行业会议上发言，事先写出10～12分钟的发言要点。

潜在顾客策略二：两步策略活动。确定广告方式是你可以接受的，然后举办活动配合这些广告方式。制作你的免费试用品，然后结构化你的数据收集机制，最后计划进行顾客追踪联系，通过这些行动，把你的潜在顾客转化为购买者。

潜在顾客策略三：发放宣传单。做出你发放宣传单地点的清单，然后每开发出一个新的地点就把它添加到清单中。定期补充每个发放地点的宣传单，训练你的雇员就宣传单进行促销。

潜在顾客策略四：请人推荐。定期给你的顾客寄信或发电子邮件，向他们提供优惠，并请他们向自己的朋友和家人推荐你。制作产品宣传单或试用品，让顾客转送给别人。做一个所有产品代理的清单，致电给其他卖家，请他们向自己的客户推荐你。

潜在顾客策略五：展会。提前确定你的全年参展安排，然后计划特价促销活动，在展会前预先宣传，建立你的客户追踪系统，以便把你的潜在顾客转化为购买者。

销售策略一：电话追踪销售。通过运用顾客管理软件，在致电给潜在顾客的时候获得所有数据，让顾客追踪成为每个销售人员日常工作安排的一部分。如果你还没有自己的销售团队，那么就为定期的语音留言做出预算。

销售策略二：捆绑。如果可能，把你的单一产品或服务销售转变为捆绑式套装销售，更新现有的广告（或者再制作一个新的）销售这些捆绑套装。最后，如果有必要，雇用其他人递送这些套装。

销售策略三：促销。提前计划你想在一年的特殊时间里销售什么，然后事先写好这些活动计划，把你的数据库分类，这样就可以让特别的顾客或潜在顾客得到优惠（如果合适的话）。

销售策略四：让利。写一个让利销售语，然后培训你的销售人员学会确定什么时候适合提出让利优惠。至少每两周与你的销售人员召开一次培训会议，帮助他们正确地掌握销售语。

销售策略五：非传统的销售人员。开发一个10～12人的人员名单，你可以联系这些人，请他们在自己的工作之余销售你的产品或服务。开发出他们需要的销售工具，然后定期安排电话培训，就像你主持的电话会议一样，或者制作录像带或CD、更新销售方案并考核销售技巧。

网络策略一：病毒式报告。制作你的"求得客户信息"的网页，在允许访问者下载你的免费资料之前，获得他们的姓名、电子邮件地址和邮编。一旦访问者进行了注册，把他们带到感谢页面，在那里不仅提供下载资料，还鼓励他们点击和阅读你的销售宣传页。把销售宣传页链接到免费报告上，再把购物车插入销售宣传页，最后允许会员在注册页面上注册后下载你的报告。写一封介绍电子邮件，告诉他们可以下载并发送免费的资料。

网络策略二：24小时策略。在一年中安排3～4次这样的活动，然后提前90～120天招收会员、召集赞助商、创建你的登录网页和让利优惠下载网页。在客户购买后，运作你的客户追踪自动反馈系统发送消息。

网络策略三：文章。计划和写出20篇有关你的专业领域的有趣文章（或者雇用别人来写），然后做出安排和预算，每隔10～14天就在电台上广播这些文章。

网络策略四：电子邮件策略。做一个针对特定产品或服务的年度优惠计划，包括特价促销、特别产品套装、限时抢购等等。在一些特定的日子里，安排通过你的电子邮件发送这些促销信息。也可以通过你的自动语音留言系统运作这些促销活动，以确保你的网站访问者和购买者尽早获得促销信息。

网络策略五：28天产品发布。针对特别的产品套装，可以在一年中安排3～4次产品发布活动。提前写好必要的沟通邮件，在网页上为当前的信息或对你的博客的反馈留出空间，建立你的博客网页和登录网页（销售网页），在你的自动反馈系统中预先写好相关的信息。

忽视的商品策略一：出清积压的存货。为了确定积压的或过期的库存产品，要定期登记造册。事先确定哪些可以提供给规模较大的购买者，或者事先确定哪些可以针对你的客户名单安排特价促销。

忽视的商品策略二：销售过剩的服务能力。确定一年中你的生意在哪些阶段或日期里是冷清的，然后通过以下的行动应对：（1）在这些时间里减少雇员的人数节约成本；（2）在淡季到来的前3～4周进行特价促销。

忽视的商品策略三：提供减免付款方式选择。通过向会员和订户提供全额付款的特价选择获得现金。如果一些人选择了分期付款方式，确定一下付清尾款的时间，然后设定你的自动反馈系统或数据库提前 30 天发送减免付款选择，另外一种方式是对逾期未付的客户发送一系列减免付款选择。

忽视的商品策略四：雇员。做一个调查，确定雇员知道适合销售的是什么。每月安排特定的几天，让雇员可以接受顾客的咨询或提供其他服务。鼓励新的服务，或围绕着雇员的专业发展新的利益中心。

忽视的商品策略五：教程。把你的业务系统化，然后小心地记录你用之成功地建立了自己生意的文件、系统和策略，把它们保存在计算机里。把你的教程结构化，然后开始向那些想在相关领域做生意的新入行者推介它们。

第二十章
建立自己的年度收入增长日历

正如你在之前的章节中读到的，在你的生意中成功地整合即时收入策略，其中要做的事情比简单地做出每个活动的计划并执行这些计划要复杂得多。然而，对大多数小企业来说，最不足的地方就是他们没有建立起任何年度市场日程，即使建立了也不能遵循这些日程。相反，他们更倾向于获取偶然性收入，或者更糟糕的是他们只倾向于在自己需要的时候才去赚钱。

你有能力在自己的生意中克服这个不足，在市场上击败你的竞争对手，这只需通过制定一个日程安排，让你能够专注于创造收入和吸引客户。

从你愿意操作的策略清单开始

为了发展你的年度日程，做出你在这本书中读到的愿意操作或你知道自己应该操作的所有策略和活动的清单，这些清单会出现发布媒体消息或者类似于展会或假期销售这样一次性的活动。无论你的清单上有什么，首先要把有确定日期的活动标出来，这会让你关注那些由别人确定的不在你可控范围内的日期。最后，你可以标出那些你可以任意选择时间进行的活动。

需要首先安排的有固定期限的活动是什么？

- 展会
- 在电话研讨会上的嘉宾日程安排
- 名录使用期限
- 新产品发布
- 客户再次订单期限
- 客户合同续签期限
- 服务中断和限制期限
- 政府规定的期限
- 在行业会议上发言
- 黄页广告截止日期
- 插播特别的广告
- 假期销售/季节促销
- 限时抢购/产品
- 第三方物流合作

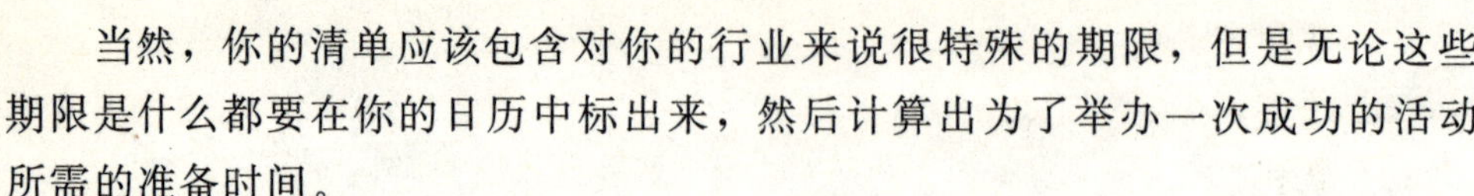

当然，你的清单应该包含对你的行业来说很特殊的期限，但是无论这些期限是什么都要在你的日历中标出来，然后计算出为了举办一次成功的活动所需的准备时间。

举例来说，潜在顾客策略五“在展销会上创造即时收入”中介绍至少需要六周的时间计划一个展览，做展销会前的市场推介活动。首先要安排好展销会日期，然后从展销会日期倒推六周的时间，作为你预订展位、租展棚（如果有必要的话）以及制作展销会前市场活动资料的截止日期。在展销会开始的前六周，你需要发送宣传信、打电话、发电子邮件以及进行其他形式的联系沟通。

同样，如果你知道规定的最后期限马上就要到了，而你提供的服务就是帮助客户或企业主应对这个期限，那么从这个期限开始倒着计算出你所需要的时间，用以从容地提供服务，然后再倒着计算出 90～120 天，以便于有效地使潜在客户变成新的顾客，并与他们达成服务协议。

当然，你可以很快地研发出你需要的系统，然后为了快速赢利而执行即时收入策略。但是如果这不是很必要，为什么要给自己施加压力呢？如果你有足够的时间准备，那就从中获利吧。

安排新一轮的市场推介

定期的媒体发布、在线文章、自动回复电子邮件、研讨会预览、电台节目、放置广告、口碑推荐信，这些都是执行策略的行动，你可以重复使用它们。一旦你在自己的日历里有了特定日期的推介活动清单，你就可以按照它安排一轮一轮的市场推介活动。你甚至可以为自己设立一些原则，如：“所有的电子邮件都要在周四发出”、“展会宣传广告要在当月的 20 日之前发出”、“客户更新的音频广播要在每个月的 15 日之前完成”等等。

提前向潜在顾客发送市场推介信息，并给他们时间对此做出反应

我的建议是，你要给予足够的时间做所有你想做的市场活动，给自己时间制作需要的材料（小册子、电子邮件、电话销售词以及其他文件），但是还要给予客户足够的时间收到这些材料并对此做出反应。

不同的市场手段需要不同的反应时间，举例来说，电子邮件的反应速度

最快，常常在你发出几分钟后就有反馈。如果你的销售人员可以通过电话找到潜在顾客，而且你有机制处理回复的电话，那么跨地域的电话销售可以很快使你赢利。

对推介高价位的产品和服务来说，一种慢一些但绝对有效的手段就是寄信。需要注意的是，在过去的几年里，我们看到对大多数顾客来说至少滞后三周才会得到反馈。人们都很忙，他们常常直接把信扔进垃圾桶。然而，如果你的信看起来令人信服，并且吸引了他们的注意，那么他们会把它放在一边，有时间再读。对截止日期要求很高的市场推介活动来说，不要在主要活动开始的前四周使用直投信件和包裹，用异地电话销售会更好。

附　录

当你购买了本书后，访问这些强大的免费网络工具吧

免费网络审计会向你提供执行策略的完全书面计划

请使用即时收入审计网络版本帮助你计划、组织和为你的即时收入策略分出主次。现在登录 www. instantincome. com/audit. html，使用密码 iibook-buyer 获得这个强大的计划工具。然后跟着我们的安全网络引擎，一步步地填写在你的生意或工作中所有的 35 个即时收入机会。只需简单地把你的答案输入审计问卷，我们的系统会计算出你的期望收入，把你的计划编辑成一份结构优化的书面文件，甚至会为你分清你所要执行策略的主次，告诉你先执行哪些策略可以最快地获得最多的收入。你的数据会非常安全，只有你和即时收入团队可以看到它们（并且也只是在你需要的时候）。

免费的协议要点备忘录样本提供你与雇主做生意的协议要点

如果你正在被一个小企业雇用，并且希望通过运用即时收入策略取得更多额外收入，这个协议要点备忘录样本会帮助你迈出第一步。我并不能保证这个备忘录完全适合于你的情况或环境，与此同时，你会找到一些示例语言、示例的奖励要点以及其他内容，它们会为你的最终协议提供讨论要点。登录 www. instantincome. com/resources. html，下载协议要点备忘录样本和其他重要信息。

免费即时收入网络培训课程帮助你执行关键策略

当你访问 www. instantincome. com 时，确定自己注册了珍妮特·斯威策的即时收入网上培训课程，这些课程是通过电子邮件教授策略、执行指南以及其他培训信息的。

发展现金流策略，运作系统在一年中的每一天都赚取即时收入

如果你需要新的客户，需要从既有客户这里获得更多收入，希望有人能帮你做生意，或者只是简单地希望有一种方式操作所有的你所知道应该运作追求利润的活动……

现在访问即时收入网站，学习更多关于……

即时收入业务增进系统

对小企业和它们那些想赚得更多的雇员来说，这都是很理想的。另外，这也是为那些想要每时每刻都赚钱的业余创业者设计的，你可以不用每天都直接参与进去，就可以运作。

• 花费一天的时间，运用12个月策略计划日历安排年度收入稳定的市场创收活动。

• 建立问题规避系统，在运作市场和广告活动时避免麻烦，简单易懂的清单会告诉你如何做。

• 赚钱而不在递送产品或服务时花费你宝贵的时间，外包给别人做这些事情。

• 创立有效的互联网市场推介、广告投放、销售网页和推荐活动，只用几个小时完成模板。

• 运用简单易懂的指南培训你的员工，教导他们即时收入策略和现金流系统。

• 通过系统、流程以及那些你不用直接参与也能操作的专职人员把一个易于操作的公司（甚至是虚拟公司）结构化。

获得新的生意，扩大赢利空间，把艰巨的工作外包，找到别人为你销售……添加了这么多东西！这里包括一本集成的指南、音频资料和视频培训模块，会帮助你把你的生意变成一个赚钱的机器。

要想了解更多关于这个简单易懂的建立生意套装的细节，请访问 www.instantincome.com/best.html。

在你执行即时收入策略的时候，需要即时建议

经营是非常艰巨的工作，需要做出太多的决策，现金流永远是第一位。但是如果你有了一位老练的、商业经验丰富的教练支持你，月复一月地在你执行即时收入策略的时候支持你、归纳你的系统、管理你的新收入来源，你觉得怎么样？

你可以得到这样的支持，只要你加入……

即时收入教程

你的教练会帮助你看清现在的状况，然后与你一起创造个性化的计划实现你想要的状况。无论你是企业主、雇员还是只考虑开始一项自己的额外生意，你的教练都能在你身边，为你提供建议，提供使命，与你一起面对你的优势和挑战，帮你走上自己的道路。

看看你的即时收入教练现在是如何帮助你的：

- 建立个性化财务和业务创建计划；
- 确定为了提升现金流应该执行哪些策略；
- 发现为了达到你的业务目标你需要什么；
- 减少在运作一个小企业时会遇到的麻烦和挑战；
- 把你的计划流程化，这样，即时收入策略的运用就变成了自动的过程。

更多细节，请访问 www. instantincomecoaching. com。

你的经销商、分销商和客户需要出售更多你的产品或服务吗

如果你的客户购买了你的产品或服务，把它们再出售给其他人，你的收入就会受到他们出售产品和服务赚取利润能力的驱动，他们的销售能力强就会不断地从你这里进货。

现在，即时收入专家珍妮特·斯威策可以帮助你和你的客户，向你们提供支持和培训课程。这些课程是特别为指导经销商、分销商、会员和其他确

保更多生意的策略设计的。帮助他们获得新的客户，平衡合作者的关系，操作更好的互联网市场营销活动，让每一分广告费花得物有所值，激活既往的客户，并获得更多的客户。

更多细节，请访问 www. instantincome. com/dealerprograms. html。

获得适合你的商业类型的即时收入策略

房地产、顾问咨询、零售业，你的业务属于哪个范畴？更重要的是，哪种即时收入策略能给你的业务带来最大的收益？

现在，通过下载内容丰富的信息，你可以发现针对你的商业类型推荐的即时收入系统……

客户定制化即时收入市场计划

只要几分钟，你就能得到完全的定制化的策略指南、广告样本、执行计划的详细步骤和简单易懂的清单，都是特别为你的客户、你的销售需求、你的广告要求、你的利润空间、季节性的考量、现金流的稳定和其他挑战和机遇设计的。

从 20 多个最流行的行业清单和商业范畴中选择，这些计划对企业主和那些想多赚钱的雇员同样有效。另外，这些指南还向业余创业者提供了 20 多种方法增加年收入。

- 零售业
- 专业实务
- 互联网商业
- 在家办公
- 医疗/按摩/牙医
- 餐饮
- 房地产
- 贸易学校
- 心理咨询
- 非营利组织
- 服务业
- 咨询
- 制造业/分销
- 直销/网络市场
- 承包人/建筑商
- 独立经纪人
- 美容 SPA 和沙龙
- 知识产品
- 健康保健
- 广告和公共事务所

- 虚拟助理
- 更多

访问 www.instantincome.com/plans.html，方便下载针对你的商业类型的简单易懂的信息套装。根据名称的不同，样本和信息也有所不同。

10天，10个小步骤，一个对你的业务或个人财务的巨大转机

如果你的个人或商业财务状况出现了问题，最困难的事情通常是向扭转你的财务状态迈出第一步。即时收入10天大逆转计划可以帮助你。在10天里，它帮助你完成每天的行动计划，计划果断而有效力，目标坚定明确，为你带来急需的资金。

你也可以向你的同事和朋友寻求支持……

即时收入10天大逆转计划向本地读者群体免费提供。现在下载计划，并通过行动不断地提升自己的财务状况。

在即时收入网站上，只需花费几分钟，你就会获得资料翔实的10天计划，这个计划会帮助你把麻烦和焦虑转化为行动和力量。

不管你是拥有一个小企业，为一个小企业主工作，还是每周有几个小时的时间赚取额外收入，即时收入10天大逆转计划都会向你提供容易操作的策略，帮助你快速赚取现金。

你可以从以下的决定性行动开始：

- 确定谁可以向你支付你需要的大量现金；
- 决定为了获得收入，你可以提供哪些产品、服务或其他有价值的东西；
- 清楚地说明你可以提供的益处，如果需要，就协议进行谈判；
- 选择你用来获取现金要采取哪些即时收入策略；
- 开始执行对你来说最容易，也是最适合的策略。

访问 www.instantincome.com/turnaround.html，注册你的读者群体，并获得10天大逆转计划！

后 记

在本书中，我教了你很多新技巧，但是只有当你实际执行了你所学到的东西后，你的收获才会最大。使用即时收入审计表，现在开始计划在你的小生意中执行一项新策略。如果你是一位员工，现在就开始探寻，在你雇主的企业中寻找藏匿着隐性收入的地方。如果你是业余创业者，想想你的下一个赚钱项目，确定哪些即时收入策略能帮助你用最短的时间获得最大的成果。

反复读这本书，记录以下的答案：你打算如何运用这些策略、你会对自己的雇主说什么、你会接近哪些合作者等等。通常，当你第二遍或第三遍阅读这本书时，你会有最佳的洞察力、观点或启示。如果你需要让别人参与到执行程序中，给他们这本书，这样他们也能弥补不足，有所收获。

最后，不要跳过本书的最后几页，相反，访问即时收入网站，寻找附加的培训、资源和信息。你可以通过点击你的浏览器获得以下的帮助：

即时收入审计：	www. instantincome. com/audit. html
与雇主的协议备忘录样本：	www. instantincome. com/resources. html
在本书中提到的资源：	www. instantincome. com/resources. html
在执行过程中哪些人会帮助你：	www. instantincome. com/coaching. html
给客户的免费礼物：	www. instantincom. com/freeB-to-B. html
即时收入网上培训课程：	www. instantincome. com
行业内的即时收入指南：	www. instantincome. com/plans. html
教授你的读者即时收入策略：	www. instantincome. com/turnaround. html
向珍妮特报告你的成功：	www. instantincome. com/stories. html

但是在我们即将结束这次阅读之旅前，在你快速地登录网站开始你的即时收入审计并取得你的额外礼物前，让我说一句：通过掌握即时收入策略，在你的生活或工作场所执行它们，你有能力改变自己的生意、你的保险福利计划以及你的财务未来。

你不仅能实现个人的成长，还会引领他人。试想一下，如果每个小生意在起步的时候都把自己的活动效果和隐藏的资产发挥到极致，那么在经济上就会得到全部的益处，创业也会更加激动人心，企业主和雇员都会提升他们的工作、他们专业关系以及他们的成果。事实就是，你越是帮助他人成长，他们就会越想帮助你成功。出于本性，人们会支持那些支持他们的人。

最后，请让我知道你是如何从执行本书的策略中获益的。我的目标就是建立一个世界级社团，这里的人们具有共同的思想、前瞻性、主动性，他们是极有头脑的创业者，他们在自己的生意、项目或工作中定期使用即时收入策略。我期待听到你的成功故事。